当代中国人文大系

冯俊 著

开启理性之门

笛卡尔哲学研究

中国人民大学出版社
·北京·

"当代中国人文大系"
出版说明

改革开放以来，中国社会的变革波澜壮阔，学术研究的发展自成一景。对当代学术成就加以梳理，对已出版的学术著作做一番披沙拣金、择优再版的工作，出版界责无旁贷。很多著作或因出版时日已久，学界无从寻觅；或在今天看来也许在主题、范式或研究方法上略显陈旧，但在学术发展史上不可或缺；或历时既久，在学界赢得口碑，渐显经典之相。它们至今都闪烁着智慧的光芒，有再版的价值。因此，把有价值的学术著作作为一个大的学术系列集中再版，让几代学者凝聚心血的研究成果得以再现，无论对于学术、学者还是学生，都是很有意义的事。

披沙拣金，说起来容易做起来难。俗话说，"文无第一，武无第二"。人文学科的学术著作没有绝对的评价标准，我们只能根据专家推荐意见、引用率等因素综合考量。我们不敢说，入选的著作都堪称经典，未入选的著作就价值不大。因为，不仅书目的推荐者见仁见智，更主要的是，为数不少公认一流的学术著作因无法获得版权而无缘纳入本系列。

"当代中国人文大系"分文学、史学、哲学等子系列。每个系列所选著作不求数量上相等，在体例上则尽可能一致。由于所选著作都是"旧作"，为全面呈现作者的研究成果和思想变化，我们一般要求作者提供若干篇后来发表过的相关论文作为附录，或提供一篇概述学术历程的"学术自述"，以便读者比较全面地了解作者的相关研究成果。至于有的作者希望出版修订后的作品，自然为我们所期盼。

"当代中国人文大系"是一套开放性的丛书，殷切期望新出现的或可获得版权的佳作加入。弘扬学术是一项崇高而艰辛的事业。中国人民大学出版社在学术出版园地上辛勤耕耘，收获颇丰，不仅得到读者的认可和褒扬，也得到作者的肯定和信任。我们将坚守自己的文化理念和出版使命，为中国的学术进展和文明传承继续做出贡献。

"当代中国人文大系"的策划和出版，得到了来自中国社会科学院、北京大学、清华大学、中国人民大学、北京师范大学、复旦大学、南京大学、南开大学等学术机构的学人的热情支持和帮助，谨此致谢！我们同样热切期待得到广大读者的支持与厚爱！

中国人民大学出版社

序

[法] 雅克·董特（Jacques D'Hondt）[①]

在这本精美的书中，冯俊教授不仅向他的同胞们展示了笛卡尔哲学，而且还使他们更好地认识了法国。实际上，人们常常说"笛卡尔精神"体现了法国人的特点，它也使法国人有区别于其他国家的精神面貌。冯俊先生清楚地知道在这个说法中有一些夸大其词，并不是所有的法国人每时每刻都表现出哲学家所期望的那种良知和精神的明晰性。幸运的是，人们实际上在不同的地方遇见了许多善于做出正确推论的人，冯俊先生尤其如此。

虽然笛卡尔本人仍然带有他时代的特异性，并且他有意与先前的思想家保持距离，但在他典型地描绘法国人的著述中包含的相对真理的颗粒并不少。因为他既不崇拜过去、不崇拜国家，也不崇拜个人和习惯，他只是被前进中的真理所吸引。趁冯教授现在这本著作出版之际，在众多作家当中，专门回忆一下笛卡尔其人其书的特色也是正合时宜的事。

一、决裂的大师

笛卡尔在物质上和精神上都不是一个根深蒂固的人。在他一生中，他避免安土重迁。现在普瓦图人（Poitevins）和图赖纳人（Tourangeaux）还时常重提那个不久以前针锋相对的争论：笛卡尔是出生在普瓦图（Poitou）还是出生在图赖纳（Touraine）——法国的这两个古老的省份？这样的问题能够被提出来是一件很有趣的事，它至少暴露出意味深长的不确定性。这是巧合，但是非常惊人的巧合。这个人在精神上极富自由、无拘无束，来到这个旅途中的世界，

[①] 雅克·董特：也有人译为雅克·敦德，法国哲学学会前任会长，国际法语国家哲学联合会前任主席。著名的哲学史家、哲学教授。现已去世。此序是他用法文写出，由本书作者翻译成中文。

在非常温暖的宿营地中发现了真理，热爱旅途生活，并且死在旅途中，他就是如此。至于学者们关于他的出生地的争论，他以其诉诸背靠背的诉讼和制伏各种轻蔑言辞时的声望事先给这个争论做出了结论。无论是普瓦图人还是图赖纳人，都没有显示出要把他留在它们身边的尊严。一有可能，他就既离开了普瓦图，也离开了图赖纳。他逃离了这个国家，决定要生活在一个遥远的国家，生活在非常不同的人们中间，但是又不过于亲密地融入他们的生活，既无牵挂又无依恋。他有精神孤独的趣味，他认为他在民众中找到了他的自由和幸福，除了在民众之中，无处能发现这种精神孤独。

二、距离

从许多方面看，笛卡尔都是一个决裂和否定的英雄，而不是传统的继承者和保卫者。毫无疑问，他未能有效地摆脱一切传统的影响，或未能摆脱得与他事先期望的那样多。另外，他对分离的迷恋使他得到了暂时的平静。他有几位朋友，然而并不十分亲密；他在几个非常喜爱的住所居住过，然而时间都不太长。人们不能忘记他对真理的不懈追求，这在很大程度上得益于他对其他一切东西清心寡欲。他离群索居，体会到人类的一种抽象的爱——在他生活的时代的伟大革新。对于一些人来说，对一部分人的爱和尊敬与对另一部分人的恨和轻蔑是相辅相成的；与这些等闲之辈相反，他给予一切人同样的尊严。在他看来，良知是"世界上分配得最均匀的东西"，理性的普遍存在，使他觉得所有的人在理智上和法律上都是平等的。他就是像这样尊重个人。然而，在这一方面，个人只是在"抽象的普遍性方面"才显现出来，就像人们常说的一样，它全部消失在它的纯粹思想和理性存在的本质中，而损害了它的具体方面和它的独特性。再说，笛卡尔对所有人的爱常常被表现为一种人们之间相互不信任的倾向。我们不能不承认笛卡尔处心积虑地完成的人文决裂的分量和重要性。因为如果他曾疏远了一些东西，这并不是为了和另一些东西保持亲密。

三、国家的及宗教的决裂

笛卡尔的决裂是国家的决裂，在某种程度上，也是宗教的决裂。他抛弃了他的祖国和故乡，他拒绝生活在法国。但是他并没有因此在别处找到安定。他似乎对一切参与性活动过敏。然而，在 1617

年，他21岁时，他确实"参与"了，这里是指这个词的军事意义——参军。他参加到那梭的摩里斯王子（Maurice de Nassau）的荷兰部队中。但这些参与也是非常相对的，因为这个有着天主教出身的法国人，进入到与天主教的西班牙人作战的新教首领的军营中，这又从另一个方面允许他从参与中摆脱出来。另外，1619年他换了一个军营，加入到天主教王子、巴伐利亚选帝侯（L'Electeur de Bavière）的军中。而这位选帝侯则离开了部队，转而就任布克瓦（Bucquoi）伯爵了。似乎笛卡尔被接纳参加了"白山战役"中的一次关键性战斗，在这次战役中捷克的新教部队被打垮。当然，笛卡尔生活的时代并没有像今天这样给予国家的归属以至高无上的重要性。还有，笛卡尔在这方面的兴趣走得太远了一些，改换门庭和背离祖国都同样地轻而易举。在这个全欧洲充满着宗教大战、宗教排他主义的时期，笛卡尔至少能表现出信仰追求的坚贞和坚定性。但有时候人们究竟怎么看待这位身处新教部队行伍之间的战斗着的哲学家的天主教信仰呢？就是在这种时代氛围中，在亲自参加打败法国新教徒之后，他做出了一个重要的决定——离开拉罗舍尔（La Rochelle，1628）的住所，去新教的荷兰生活二十年。在这个国家，他仍然是一种不可抑制的"旅行癖"的牺牲品，这种癖好的原因和动机是什么不清楚，这一点不能不使我们琢磨。大旅行家在那种困难的、常常是危险的条件下，跑遍了德国、匈牙利、波兰、瑞士和意大利。他本能够找到一个定居之所并享受安逸。但是恰恰相反，我们看到他在荷兰也不断地变换居所，阿姆斯特丹、代芬特尔（Deventer）、乌特勒支（Utrecht）、莱顿、哈勒姆（Harlem）、埃格蒙（Egmond）、恩德基斯（Endegeest）等地，好像每一个城市的太阳烧烫着他的脚掌，或像一个坏人试图逃脱追踪。他以他的方式驱逐定居生活的魔法。

四、家庭的决裂

笛卡尔不仅损害了国家和宗教的传统，他的离去也使他的家庭分裂。他再也没有回到祖国来接受一笔明确地分摊给他的遗产。无论他离开了他的家庭，抑或是他仍然待在家里，事实上人们可以认为家庭已离他而去——这并不是为了去建立另一个家庭。他在荷兰真的有过一个小女儿，但是年纪很小就死了，此后他表达出非常强烈的遗憾。人们可以想象，他破例地赞成这样一种爱。但是命运割断了笛卡尔的唯一亲情。对于这个小女孩的母亲，除了知道她是新教徒并且笛卡尔无意和她结婚以外，我们一无所知。这种严重的背信弃义导致了那种分离、分裂和异乎寻常的孤独的生活。笛卡尔的生活是坎坷的、充满痛苦和戏剧性的。但是，他的生活保持着一种大拒绝的严酷，这一点是真的。

五、决裂的世纪

不过，不应该根据单一的现象乱做评论。如果与这个时代的社会没有更深刻而又不可见的联系，这种存在的、自认为是个人的决裂大概是不可能的。个人主义和孤独对社会条件也要做出反应。笛卡尔出生在一个世纪末，在这个世纪刚刚结束了一场经济、社会、宗教和文化的动荡。中世纪的经济根本上是一种农耕经济，逐步地转变成一种商人的经济和工匠的经济。在笛卡尔选择定居的荷兰，人们可以看到这种转变的最好的例证。这个荷兰，它的大部分人口已经脱离了农民的状况，在那些对国际交通开放的大港口，人口众多、活跃、繁荣、集中。同时，古代的经济结构也逐渐地瓦解了，社会关系的形式发生了改变。为了从利益和服务的商业交换关系中得益，人们摒弃了作为中世纪特征的依附关系。现款支付和信用关系取代了效忠关系。农民社团解散了，将组成这些社团的个人解放出来。封建制度表现为人与人直接关系的等级体系，封建诸侯通过人身依附关系和封建首领结合在一起，这种人身依附关系具体地表现为臣从效忠，而从此以后人际关系的建立越来越以金钱为中介。贵族威风不再，越来越依靠资产阶级的君主取得了统治地位，在紧接着路易十四继位的君主政体中，贵族开始扮演一种寄生物和装饰物的作用。大批发商和穿袍贵族变成了社会的实际的领导阶级。个人的能动性和自由的企业取代了传统的习惯。在世界上，每一个人都按照他们自己的力量按劳取酬。在这种社会的急剧变化和16世纪社会的进步与它的过去的决裂之间，在现代个人主义的出现和笛卡尔思想的涌现之间有一种深刻的联系，所有这一切都早早地预示和宣布了法国大革命的"曙光"。然而，像他同时代的大部分人一样，笛卡尔对这种社会氛围并没有意识，他对于他的人文环境的震荡仍然是无动于衷。他对在这个世界的深渊中发生的一切全无觉察，他没有预见到随之而来即将发生的一切，他并没有关注这些。他在他的演讲中明确地提出，要警惕"与公众相关的一些最小的事情改革中出现的困难"，但他又如此矛盾地屈从陈腐的传统。他写道："我从来不会赞成这些糊涂人的性情，以及那些既不是由他们的产生也不是由他们的幸运唤起的不安，对于公共事物的管理，我要一直不停地去做。在观念中，不停止某些新的改革。"

六、哲学的决裂

笛卡尔并没有意识到，在一个风雨飘摇的社会中，在他分离生活的最美好的时刻，他显露出的那种否定、他无所畏惧地进行的那种精神决裂的社会含义和政治含义。这种不和谐影响了他的声誉。他愿意打破哲学的连续性，他起来反对自己的老师们，他否认文化遗产，他自认为是这种遗产的占有者和给予者。毫无疑问，拉·弗莱舍公学（Collège de La Flèche）的这位杰出的学生，早在幼年，就在那里享受了过多的优越性，这些优越性已经把他置于共同体的边缘——他知道应得到老师的表扬。但是他的真正的优点并不在此。和众多全盘接受课堂灌输但食而不化的学生不同，笛卡尔学会了学校教给他的一切，但目的是更好地批判它们和否认它们。他所学会的知识在他看来是空洞的和虚假的，他无可奈何地忍受着这些知识，把它们看作多余的负担。拜耶（Baillet）以一种很美好的形象和我们讲到他，"为了区别他和他的其他同伴，他的老师们给他们戴上的那些桂冠，在他看来只是一些荆棘"。他并不尊敬他的老师们从中得到灵感的那些伟大思想家的优越地位。他嘲笑"那些只相信古代书本的人"。他既不想模仿柏拉图，也不想模仿亚里士多德，也无意效法圣托马斯。他震撼了哲学从属或附属的地位。因为他注意到世世代代积累起来的全部知识的混乱和不确定性，他决心在他的著名事业中，除了"世界这本大书"和他自己的理性之外，不再相信也不再求助于任何东西了。

笛卡尔几乎把全部科学从那些阻碍他的古代神话中解放出来。他从他的感觉中剥去了古老的象征物，他撕碎了习惯的意象，他抗拒权威，指责权威的论证，而给一切人以及他本人以"更好地判断和区别善恶的力量"，并且肯定"为了获得真理，在一生中至少有一次清算人们已经接受的一切意见，从基础上做起，重建这些知识的一切体系"。他宣称要把一切过去积累和传播的知识推倒重来，他愿意从零做起，以他自己的力量重建科学的总体性，不是像一个"没有行李的旅行者"，而是像一个本人把全部行李都丢到阴沟去的探险者，向真理迈进。这在他的普遍怀疑的尝试中是有些过分。笛卡尔以其全部的历史局限性，将他的勇气、努力全部放在自然科学中，他没有把他自己的事业置于人类努力的连续性之中。

七、不可逆转性

在笛卡尔死后三百多年，他还能够使我们愿意效法他，甚至在中国也是如此。现在该轮到我们嘲笑"那些只相信古代书本的人"。以笛卡尔为榜样，我们问自己：是否还应该读笛卡尔的书《谈谈方法》或《沉思集》？我们的科学哲学也许还不十分完善，但是我们知道21世纪的认识论将不是笛卡尔式的。我们已经形成了另一种生活经验，形成了另一些思想英雄。我们不想从笛卡尔开始，一个笛卡尔就足够了。保持笛卡尔的独特性，既不修改又不伪造，这是非常重要的。在关于认识的问题上，尤其在关于我们的实际研究的方法上，我们几乎不再有任何东西要向笛卡尔学习，然而我们并不贬低笛卡尔的传统。因为在读他的著作时，即使我们在那里不能就我们应该怎样行事和思考找到任何指示，可是我们对我们是什么可以达到一种最好的认识。因为我们发现我们自己，在一个与笛卡尔的世界如此不同的世界中与笛卡尔如此不同，多亏这样一种疏远，我们才保留这份要传承笛卡尔的情感，以一种确定的方式传承，在反驳他的同时传承。今天我们有了这种历史感，但这种历史感未曾激发笛卡尔；我们感觉到了各种间断性和连续性，而他似乎并不了解他本人所创造的"中断"的相对特征。我们不再把人类的未来想象成一条笔直的大道，在这条大道上过去的每一个世纪都曾前进了一点，使人们更加远离他们的祖先。文化在我们看来不再是补充性获得物的一种堆积或叠放，而是一些时常矛盾的战利品的收复和再吸收。

成熟精神的本性就是认识人发展的每一个时期，他形成的每一个时期的必然性和优点，把它们看成是一些不可缺少的环节。成人如果不曾是他现在不愿意再是的那个孩子，他就不可能是现在这个样子，这就是为什么无须回忆他就能理解这个幼稚时期的原因。他知道他不能缺少这个阶段，他能愉快地回忆起这个阶段。

在文化中产生一种对过去的不断吸收和再吸收。前人世世代代获得的结果成为后几代人发明创造的起点和第一手材料。可是这个过程只是特别和个人的成长过程相似，因为与这里所说的情形相反，人类的生活并不因变老而被毁坏，也不会因死亡而突然中断。如果我们冒险遵循这个隐喻，我们就能够估价，笛卡尔在直到今天的思想进化中树立了一个很好的形象，就像在个体生活的童年时期的某种东西一样。与教条的传统主义的态度相反，笛卡尔高扬了理智的能动性、自由的探索。如果人们敢于这样说的话，笛卡尔涤除了他时代思想的独断论，驱除了传统的神圣性。这样他似乎也陷入到另一种极端，未能注意到传统的多样性，错误地攻击各种行动的主动性，而这些行动本只应该落在被动性上。他完全否认传统的价值，否定了绝对。他独立于肯定而存在，毫无保留和毫无顾忌地将其推至极端。这样，他也成了某些幻觉的受害者。一方面，他没有意识到，他并没有以像他所相信的那样一种如此独立的和个体的方式来活动，在很大程度上他对时代的呼唤做出了回应；另一方面，他没有觉察到也不会承认，在他的学说中他最终保留或恢复了很多过去他以最坏的方式简单地借用的理论和观念。他的科学和哲学极大地得益于他的前辈。我们不是易受骗者！此外，更有甚的是，除了他面前的人，其他人他都不愿意回忆，虽然以一种彻底的方法，但他仍然按照他的方式进行下去。无论他说了些什么，他都有先行者。许多人一直是相信真理而不相信大师们的传统。同样，笛卡尔在抛弃传统时，并没有意识到他本人又追随和加强了一种杰出的传统、最好的传统、主动性的传统和发明的传统、创造性的传统。

八、双重的回忆

正是为了我们今天不要犯和笛卡尔同样的错误，我们不要再像笛卡尔对待其他人那样对待他！我们深信，在 21 世纪还像笛卡尔那样思考和行事，这对我们来说是不可能的，另外这也不是我们所希望的；同样，对于一个成年人来说，也不能真的重新回到他的童年。我们现在能够以两种方式回忆起笛卡尔。首先，对我们来说，笛卡尔能够做的只在于一些僵死的东西、一些骸骨和一些固化的思想；只在于一些魔术书，它们按照一些程式来给我们提供他的凝固的思想；只在于一种确定的图画。在 1793 年，国民大会颁布了一项命令，将这位哲学家的遗骨转交给先贤祠（Panthéon），因为国民大会如是说："笛卡尔应得到归之于那样最伟大人物的最高的荣誉"。这项颁布了大约两百年的命令却从未执行过。在这一点上笛卡尔仍然表现出了他的个人主义，他反对把他的骨头和别人的骨头掺和在一起，他应该有自己的小先贤祠，奇特的、个人的先贤祠。他不应该轻视被动的传统、稳定记忆的恒久性、归还骸骨的荣誉。而我们为了重新发现笛卡尔，喜欢依靠客观的证据、手稿、发黄的书页、珍贵的雕刻。当然，我们不会烧掉笛卡尔的书！但是这些静止的记忆不应该束缚活的记忆的飞翔。让我们提防死去的记忆和墨守成规的传统，不要将笛卡尔监禁在石头的先贤祠中。笛卡尔活在那些革新和劳动的人中间，即使他们并不要求得到他的保护。奴颜婢膝地抄袭笛卡尔，那将是对他的背叛。当我们与木乃伊化了的历史决裂时，发现了一种活的历史，笛卡尔参与到这种活的历史之中。在这种情形中，真正的传统是那种不害怕断裂的传统，是把这些断裂彼此连接起来，把它们整合在一种连续性之中。人们可以说，这就是决裂的连续性、进步的连续性的传统。

目 录

第一章 人类知识之树的构想 ………………………………… 1
 一、从书的世界到读世界之书 ……………………………… 3
 二、人类知识之树：树根，树干，树梢 …………………… 8
 三、第一哲学和物理学的关系 ……………………………… 16

第二章 普遍的方法 …………………………………………… 23
 一、只有一种普遍的方法 …………………………………… 23
 二、普遍怀疑 ………………………………………………… 26
 三、直观和演绎 ……………………………………………… 29
 四、分析和综合 ……………………………………………… 31
 五、完全枚举或归纳 ………………………………………… 34

第三章 我思故我在 …………………………………………… 40
 一、最为确实的真理 ………………………………………… 40
 二、我，思，故，我在 ……………………………………… 43
 三、精神性认识主体的确立 ………………………………… 49
 四、近代哲学的起点 ………………………………………… 58

第四章 天赋观念论 …………………………………………… 65
 一、理论来源 ………………………………………………… 65
 二、观念和天赋观念 ………………………………………… 67
 三、直接呈现说 ……………………………………………… 75
 四、潜在发现说 ……………………………………………… 77
 五、能力潜存说 ……………………………………………… 78
 六、对"天赋观念论"的批判 ……………………………… 80

第五章 上帝的存在和外物的存在 …………………………… 88
 一、上帝存在的证明 ………………………………………… 90

二、外物存在的证明 ··· 106
　　三、上帝的认识论意义 ··· 109
　　四、笛卡尔的第一哲学和一般形而上学 ··················· 114
第六章　心身关系和心智哲学 ·· 129
　　一、心身区别 ·· 131
　　二、心身统一 ·· 138
　　三、心身难题与心智哲学的发展 ····························· 149
第七章　物理学——自然哲学 ·· 174
　　一、《论世界》 ·· 174
　　二、《哲学原理》 ··· 177
　　三、《灵魂的激情》 ·· 184
第八章　笛卡尔哲学的影响 ··· 197
　　一、笛卡尔哲学的传播者 ······································ 197
　　二、笛卡尔哲学的反对者 ······································ 200
　　三、笛卡尔哲学的继承者 ······································ 201
　　四、笛卡尔哲学的生命力 ······································ 207

参考书目 ·· 214
后　　记 ·· 220

Contents

Chapter Ⅰ The Conception of the Tree of Human Knowledge ············ 1
    1.1 from the world of books to the book of the world ······ 3
    1.2 the tree of human knowledge: the root, the trunk and branches ············ 8
    1.3 the relation between First Philosophy and Physics ······ 16

Chapter Ⅱ A Universal Methodology ············ 23
    2.1 there is only one methodology ············ 23
    2.2 universal doubt ············ 26
    2.3 intuition and deduction ············ 29
    2.4 analysis and synthesis ············ 31
    2.5 complete enumeration and induction ············ 34

Chapter Ⅲ Cogito, Ergo Sum ············ 40
    3.1 the most certain truth ············ 40
    3.2 I, think, therefore, I am ············ 43
    3.3 a posit about a knowing subject ············ 49
    3.4 the starting-point of the modern philosophy ············ 58

Chapter Ⅳ The Theory of Innate Ideas ············ 65
    4.1 the theoretical source ············ 65
    4.2 ideas and innate ideas ············ 67
    4.3 the theory of direct appearance of the innate ideas ······ 75
    4.4 the theory of discovering the potential innate ideas ······ 77
    4.5 the theory of potentialities of innate faculties ······ 78
    4.6 critique of "the theory of innate ideas" ············ 80

Chapter Ⅴ The Existence of God and the Existence of Things ············ 88
    5.1 the proof of the existence of God ············ 90

	5.2	the proof of the existence of things	106
	5.3	the epistemological meaning of God	109
	5.4	Descartes' First Philosophy and general metaphysics	114
Chapter VI		**Mind-Body Relation and Philosophy of Mind**	129
	6.1	distinction of mind and body	131
	6.2	unity of mind and body	138
	6.3	mind-body problem and the development of philosophy of mind	149
Chapter VII		**Physics—Philosophy of Nature**	174
	7.1	*On the World*	174
	7.2	*The Principles of Philosophy*	177
	7.3	*The Passions of the Soul*	184
Chapter VIII		**The Influence of Descartes' Philosophy**	197
	8.1	the disseminators of Descartes' philosophy	197
	8.2	the opponents of Descartes' philosophy	200
	8.3	the successors of Descartes' philosophy	201
	8.4	the vitality of Descartes' philosophy	207

References ... 214
Postscript ... 220

第一章　人类知识之树的构想

勒内·笛卡尔（René Descartes，1596—1650），1596年3月31日降生在法国西部图赖纳（Touraine）地区一个名叫拉·埃伊（La Haye）的小镇上，如今这个小镇很荣幸地以这位哲学巨匠的名字命名——拉·埃伊-笛卡尔（La Haye-Descartes）。笛卡尔的祖父是一位医生，从小耳濡目染，祖父的职业使他后来对生理学和解剖学有着强烈兴趣。父亲和大哥都是雷恩地区布列塔尼（Bretagne）议会的参议员，因此，他可也算是名门之后。在洗礼时他受名René，后来又取父名Descartes，在拉丁文中写成Renatus Cartesius，由此在英文和法文中演变出来的形容词Cartesian和Cartesien，表示"笛卡尔主义的"和"笛卡尔主义者"。

在笛卡尔生活的时代，法国天主教内部存在着两个颇有影响的团体。一个是奥拉托里会（L'Oratoire），它是1611年由红衣主教贝律尔（Pierre de Bérulle）创立的，这是一个比较自由的宗教团体，修道士可以个人静修，可以任教区里的教堂神甫，也可以当哲学家、神学家和大学教授等，主要是根据各人的才能、学识、爱好和兴趣自由地发展。该会主张摆脱中世纪经院哲学的桎梏，抛弃亚里士多德而宣扬奥古斯丁，并通过奥古斯丁而回到柏拉图那里去。另一个天主教团体是耶稣会（Les Jésuites），它是天主教内部顽固反对宗教改革的一个集团，强调会士绝对忠于教皇，无条件地执行教皇的一切命令，服从会长的森严纪律，通过布道、开办学校、担任封建王侯的忏悔神甫等方法，渗透到社会的各个阶层。

笛卡尔10岁那年（即1606年[①]）进入耶稣会士创办的拉·弗莱

[①] 笛卡尔何时进入拉·弗莱舍公学有两种说法：一是1604年，是拜耶在《笛卡尔先生的一生》（1691年法文版）中提出的；一是1606年，是亚当在《笛卡尔生平》中提出的。现在大多数学者支持后一种说法，笛卡尔研究家吉尔松用翔实的史料对这一观点做了论证。

舍公学学习，在这里接受耶稣会士的正规性传统教育，他主修希腊和拉丁语文学、哲学，对雄辩术、诗歌，特别是数学表现出强烈的兴趣。这个学校有着开明的办学精神，教授当时新兴的自然科学知识，小勒内就是在这里知道了伽利略刚刚发明的望远镜和他对木星的卫星的发现。1614年他离开了拉·弗莱舍，1616年他在普瓦捷（Poitiers）取得了业士学位①和法律证书。

笛卡尔诞生时，持续了三十六年的内战（1562—1598）才刚刚结束。战争虽然是在宗教外衣下进行的，但它是法国社会经济发展的必然结果。法国南部信奉加尔文教（胡格诺派）的资产阶级同希望教会财产世俗化的大批小贵族联合在一起，极力赞成宗教改革，进行着反王室的斗争；在巴黎和法国北部信奉天主教的新贵族和"穿袍贵族"，他们的利益和地位与政府休戚相关，自始至终维护王权和既得利益。宗教上两个对立的教派同时又是对立的经济政治集团，相互之间进行着殊死的斗争。天主教对加尔文教派进行了残酷的迫害。由于农民起义的兴起、西班牙的入侵，加尔文教和天主教双方相互妥协。1598年南特敕令颁布，规定天主教为法国国教，恢复天主教原有的特权，包括被没收的土地和财产；加尔文教派恢复信仰自由和提任官职的权利，并保留了两百多座城堡作为国王履行敕令的担保。至此，持续了三十六年的宗教战争宣告结束。

亨利四世（Henri Ⅳ）的统治给法国带来了繁荣与和平，使资本主义在一个时期中得到了迅速的发展，人民的生活状况也得到了改善，与此同时亨利四世的君主专制制度体系也大大地巩固了。亨利四世死后，开始了黎塞留（Richelieu）的统治时期（1624—1642），这位红衣主教出身的宰相，写出了法国专制制度史的重要一页。他一方面扶植工商业，促进资本主义的发展，另一方面又加强中央集权，迫害胡格诺派，废除了南特敕令中给予胡格诺派的一些政治特权，对内加强对人民的压榨，对外实行殖民扩张，从而为路易十四夺取欧洲霸权奠定了基础。

所以，在笛卡尔生活的法国社会，资本主义的生产关系和封建的专制统治已经构成了尖锐的矛盾，但是法国资本主义的力量还过于弱小，不足以也不敢起来推翻封建制度，并且还需要在封建政府的保护下求得发展；而封建政府也不能扼制资本主义的发展，并且

---

① baccalauréat，法国中学毕业时所获得的一种学位。

依赖资本主义的发展为自己提供财源。这就是马克思说的，"那时旧封建等级趋于衰亡，中世纪市民等级正在形成现代资产阶级，斗争的任何一方尚未压倒另一方"①。笛卡尔是资产阶级的思想代表，他的哲学既体现了资产阶级反对封建专制、反对封建神学统治、要求发展科学、要求发展资本主义生产的进取精神，同时又反映了资产阶级在政治上同封建贵族妥协、在思想上同天主教会妥协的现实状况。笛卡尔的二元论哲学不过是这种社会状况在理论上的反映。

一、从书的世界到读世界之书

笛卡尔对当时学校中占主导地位的中世纪传统的教学方法和教学内容感到厌恶，认为在学校里读书与其说是增加知识，倒不如说增加了更多的错误。因此，他决定离开书的世界，去读世界之书——他认为现实的、活生生的世界中包含着比书本更多的知识。

1618年他在荷兰参军，加入到那梭的摩里斯王子的军中，因为当时荷兰是法国的盟友。笛卡尔并没有参战，他与其说是参军不如说是旅行。而且幸运的是，参军使他结识了一位影响他一生命运的人物爱萨克·比克曼（Isaac Beeckman）。1618年11月10日，他第一次见到了刚刚从卡昂（Caen）大学取得医学博士学位的比克曼。他比笛卡尔大八岁，熟知当时各门新兴科学的进展，主张机械论。而笛卡尔也对机械论有着极大的热情。笛卡尔说，正是比克曼把他引导和召唤到各种科学问题上。1618年，笛卡尔交给比克曼第一篇论文和一篇关于音乐的短论，比克曼把笛卡尔的物理学和数学论文编入到他主编的杂志中。比克曼后来（1627年）成为多德雷赫特学院的院长，他对于笛卡尔的科学天才给予了热情的赞扬，从而刺激了笛卡尔对这些天才的发挥和运用，使笛卡尔后来敢于去从事雄心勃勃的事业。这位良师益友的影响使笛卡尔在人生的转折点上迈出了关键的一步。

1619年4月笛卡尔辞去军中的职务，离开了荷兰，先后去了丹麦和日耳曼。到了法兰克福，他有幸赶上庆祝波希米亚和匈牙利的国王斐迪南（Ferdinand）加冕节（7月20日—9月9日），并且又加

---

① 马克思恩格斯全集：第1卷. 北京：人民出版社，1956：340.

入到巴伐利亚的天主教徒马克西米连（Maximilien）公爵的军队中。笛卡尔回忆说："我当时在日耳曼，那场还没有结束的战争把我召唤到那里。当我参加完皇帝的加冕典礼回到军队中的时候，冬天到了，使我在一个驻留所待了下来。在那里因为我找不到任何人消遣，同时，幸好也没有任何挂虑和欲念打扰我，我整天关在一间暖房里，在那儿我有足够的闲暇和我自己的思想打交道。"① 笛卡尔所说的这个驻留所和暖房在乌尔姆（Ulm）。

笛卡尔对数学问题的思考，使他决定要对以往所有的信念进行一次审察，把一切或然的东西暂时放在一边。他希望能像在几何学和算术中一样，有一种自明的、无可怀疑的确实性，以这些为起点，推演出确实的真理。"书本上的那些学问，至少那些只有或然的理由而并没有任何证明的学问，既然是由许多不同的人的意见逐渐积累而形成的，它们接近真理的程度，就根本比不上一个有良知的人对所遇见的事物可以自然地做出的那些简单的推理。"② 笛卡尔就想做这样一位具有良知、对一切事物能做简单明确推理的人。他意识到，"要想改造各门学问的整体或学校里讲授各门学问的陈规，也确实办不到。但是，说到我心里直到现在所信服的那些意见，我却没有别的更好的办法，只有把它们一下通通清除出去，以便空出地位，然后或者安放上另外一些更好的意见，或者当我把原来的意见放在理性的尺度上校正之后，再把它放回去"③。这就是把以往的一切信念放在理性的法庭上进行审判。

笛卡尔颇具神秘主义色彩地叙述了他的思想形成过程。他回忆说，就在他遇见比克曼整整一年的那一天（即 11 月 10 日）晚上，命运降临到他的身上。在乌尔姆的暖房中，连日来的欣喜和悲伤、坚信和沮丧，使他的头脑一片混乱，因此这天晚上他连续做了三个梦，而这三个梦对于他选定自己的人生道路起了至关重要的作用。

第一个梦是一个非常恐怖的梦。他觉得有许多幽灵出现在他面前，吓得他到处乱跑。醒来之后，他觉得有一种痛苦，使他害怕这一切都是某些恶魔来勾引他，不让他去完成他的任务。大约有两个

---

① Oeuvre de Descartes, Tome Ⅵ: Discours de la méthode et essais. Charles Adam et Paul Tannery. Paris, 1902: 11.

② 笛卡尔. 谈谈方法//16—18 世纪西欧各国哲学. 北京：商务印书馆，1975: 142.

③ 同②142-143.

小时没睡着,他向上帝祈祷,祈求上帝支持他,并饶恕他的罪恶和缺点。接着他又睡着了,于是又做了第二个梦。

在梦中他好像听见了一种尖锐刺耳的声音,他以为是一声雷响,这使他惊醒了。睁开眼睛一看,他觉得在他房里到处是火星。这并没有什么奇怪的,笛卡尔常常有这种经验,半夜醒来,眼前星光闪烁,使他能看见周围的物体。笛卡尔慢慢地恢复了平静,这时他求助于哲学的理由,得出了符合他的理解的结论,把那声雷响解释为是"真理降临到他身上,来占有他的一种信号",于是他又睡着了。

过一会儿,他做了第三个梦。这与前两个梦不同,温和而又令人愉快,他在梦中见到了两本书,一本是字典,另一本是他曾非常喜爱又多次读过的诗集。最为有趣的是,笛卡尔还没醒就在梦中解梦。他判断,那本字典仅仅是指结合在一起的各门科学,而诗则更显著明白地标志着哲学和智慧的统一。他还对他读到的诗逐一解析。他认为,前面那两个梦是对他过去的生活可怕的谴责,因为他过去的生活,在上帝面前和在人面前一样,并不是无可指责的。而第三个梦温和而又令人愉快,预示着未来,预示着在他的后半生将要发生的事,说明他将有能力去进行他设想的伟大事业,这使他有"天将降大任于斯人"之感。

在1619—1621年,笛卡尔曾在一篇题为《奥林匹克》的手稿中对他的梦做了详细说明。他死后,这一手稿落到克莱色列尔(Clerselier)手中,莱布尼茨在1675—1676年访问巴黎期间有机会从中抄了一些段落,这些一直保留在汉诺威皇家图书馆。在20世纪初,马克西姆·勒瓦邀请著名的精神分析学家弗洛伊德发表对笛卡尔释梦方式的看法。弗洛伊德在《马克西姆·勒瓦的信》中做了回答。弗洛伊德鉴定,笛卡尔的这些梦是属于"关于上方的梦"(Vom oben),即由先前清醒意识中发生的"观念形成"(idea formations),它们只是从来自心灵深藏状态的某些部分中抽取它们的内容。在这种关于上方的梦中,病人能够立即解析它们而没有困难。所以弗洛伊德似乎承认,笛卡尔关于那些梦的主要的、显著的特征的意见可能是正确的,而对笛卡尔对梦中其他从头到尾表现出来的无数奇怪的、几乎是荒谬的成分所做的解释则表示怀疑。当然,弗洛伊德并没有给勒瓦做出满意的答复,似乎避开了勒瓦的提问。

无论怎样,笛卡尔的梦不过是他前几天头脑中一直考虑的那些问题的曲折再现。这些梦使他深信,真理的精神在过去的几天中一直鼓舞着他去肩负一项重任，因而，这一夜的三个梦仿佛也是笛卡尔人生道路上的一个重要契机。

笛卡尔认为，这些梦是神向他指出：他的命运就是要建立一门令人羡慕的科学。这门令人羡慕的科学要消除中世纪的不确实的科学，使科学具有和数学一样的确实性。笛卡尔要把数学的确实性推广到一切科学中去，使得不仅几何学和代数是能够统一的，而且一切科学都能够统一。这就是要设计出一种各门科学统一起来的方法，为科学寻找一个确实的基础。

从1619年11月开始，笛卡尔就以数学为借鉴，设计他的方法论规则，并利用这些规则去研究各种科学问题，在各门具体科学的研究中接受检验。笛卡尔回忆说：在这个冬天以后，"我还继续练习运用我所规划的那种方法，因为我除了按照这些规则小心地对我的一切思想做普遍的引导之外，还不时留下一点时间，特别用来解决数学上的一些难题，有时也用来解决一些别的科学上的难题。我可以把这些问题弄得几乎和数学问题一模一样，使它们脱离其他科学中一切我发现不够坚实的原理"①。经过九年的实验和总结，笛卡尔在1628年上半年将他的方法写成《探求真理的指导原则》(Règles utiles et claires pour la direction de l'esprit en la recherche de la vérité)一书，这是笛卡尔最早的哲学著作。在该书中，笛卡尔打算用36条规则来概括他的全部方法，计划分成三个部分，每部分12条。第一部分描述了新方法的一般特性，提出了建立关于量的一般科学的思想；第二部分过渡到这个方法在数学领域的运用；第三部分是要说这个方法在一般哲学问题上的应用。遗憾的是，这部著作并没有写完，写到规则21就中断了，并且第二部分的后3个规则的解释也省略了，第三部分根本就没写。这部未完成的著作，在笛卡尔生前也没有发表，直到他死后的1701年才在阿姆斯特丹问世。这本书基本上体现了笛卡尔的方法论思想，在内容上它和后来他的著作《谈谈方法》基本上是一致的。

1637年，在荷兰的莱顿，让·迈尔（Jan Maire）出版了笛卡尔的方法论著作（也是笛卡尔出版的第一部著作）——《谈谈方法》，笛卡尔将自己在这个时候设计出的方法归结为四条基本的规则。

这部著作是和三篇论文一起发表的，它们是《折光学》、《气象

---

① 笛卡尔. 谈谈方法//16—18世纪西欧各国哲学. 北京：商务印书馆，1975：146-147.

学》和《几何学》。在《折光学》中，笛卡尔探讨了光的折射问题，并且独立地发现了后来人们所说的斯内尔（Snell）规律。在《几何学》中，笛卡尔奠定了我们现在所说的解析几何学的基础。《谈谈方法》是放在这三篇论文前面的一个序言，它表明了它和这三篇论文的关系。《谈谈方法》的全名应是《谈谈这种为了更好地指导理性并在各门科学中探求真理的方法》（Discours de la Méthode pour bien conduire sa raison et chercher la vérité dans les sciences）。笛卡尔在1637年2月27日给麦尔塞纳（Mersenne）神甫的信中说："我不把它叫作'方法论'（Traité de la Méthode），而把它叫作'谈谈方法'（Discours de la Méthode）。这就相当于说它是'关于这个方法的前言和意见，是表示我的目的不是要教授这个方法，而只是谈谈这个方法。"① 笛卡尔在书中也讲过，"我的目的并不是要在这里讲授每一个人为了更好地指导他的理性所应遵循的方法，而只是表明我是以什么方式来引导自己的理性"②。笛卡尔还说，"我把下面这些论文叫作'关于这个方法的论文'（Essais de cette Méthode）"，以表示他讲的方法是后面几篇论文中的方法，而这些论文是表现这个方法的论文。这本书的名字准确地讲应叫作《谈谈这个方法》（Discourse on the [this] Method），所以有些哲学史家把这本书译为《方法谈》（Discourse on Method）是误译。

笛卡尔在这本匿名发表的书中不仅以自传的形式记叙了他的思想发展过程，而且在其中透露了他在1633年因得知伽利略受到教会的责难后而不敢发表的《论世界》一书中关于世界和宇宙的机械唯物主义的基本思想。这本书是用法文即"我们的母语"写成的，目的是"希望那些只运用自己的自然理性的人比那些只注意古人著作的人对我的意见能够做出更好的判断"③。笛卡尔不用学术界流行的拉丁文写作，而要用大众化的语言写作，用意就是要使更多的人了解他的新方法，掌握新方法，使广大的人民通过他的方法"能够得到一些能在生活中非常有用的知识，找到代替学校中讲授的思辨哲学的实践哲学。借助这种哲学，我们就能通晓火、水、空气、星辰、

---

① Descartes' Philosophical Letters. translated by Anthony Kenny. Oxford University Press，1970. First paperback edition by University of Minnesota Press，1981：30.
② Oeuvre de Descartes，Tome Ⅵ：Discours de la méthode et essais. Charles Adam et Paul Tannery. Paris，1902：4.
③ 同②77-78.

天空和周围一切物体的力量和作用,正像我们知道我们的手工业者有多少行业那样清楚,我们就能够准确地把它们做各种各样的应用,从而成为自然的主人和拥有者"①。因而,笛卡尔的方法就成为指引科学前进的航标。

二、人类知识之树:树根,树干,树梢

笛卡尔哲学的目的与弗朗西斯·培根一样,是使人成为"自然的主人和拥有者",利用自然并且按照自然而行事,最终获得人类的幸福,这反映的是文艺复兴时期人们的愿望。要达到这个愿望就需要科学,科学就是力量,这是他和培根的共同呼声。在那个时代,科学和哲学仍然是融为一体的,笛卡尔经常把"科学"、"哲学"和"自然之光"或"理性的自然之光"等词等同或互换地使用。笛卡尔要建立一个庞大的哲学体系,这就是他所描绘的人类知识之树。"哲学的第一部分是形而上学,它包括知识的一些原理,在这些原理中要解释上帝的主要属性、灵魂的非物质性、在我们之中的全部清楚的简单的观念;第二部分是物理学,在其中,我们在发现物质事物的真正原则之后,就要一般地考察整个宇宙是怎样组成的,接着特别要考察地球的本性和最常被看成是和地球联系在一起的全部物体,像空气、水和火,磁石和其他矿物质的本性。所以,必然要分别地研究行星、动物,特别是人的本性,目的是我们以后能够发现其他对人有用的各门科学。所以,哲学作为一个整体,像是一棵树,它的根是形而上学,它的干是物理学,它的那些由这个干发展而来的枝是全部其他科学。它们又归结为三门主要的学科,即医学、机械学和伦理学——后者我是指最高和最完善的道德科学,它以其他各门科学的全部知识作为前提,是智慧的最高等级。"② 要进行哲学研究,建立和把握这一庞大的哲学体系,首先就要掌握逻辑学,即科学方法论。逻辑学教导我们怎样最好地指导我们的理性发现那些我们不知道的真理。这就是前面所说的《谈谈方法》中所讲的内容。

---

① Oeuvre de Descartes, Tome VI: Discours de la méthode et essais. Charles Adam et Paul Tannery. Paris, 1902: 61-62.

② Oeuvre de Descartes, Tome IX-2: Principes de la Philosophie. Charles Adam et Paul Tannery. Paris, 1904: 14.

只有当我们掌握了这一发现真理的工具或技艺之后，我们才进入到真正的哲学。

笛卡尔的人类知识之树是由形而上学、物理学和其他有益于人生的科学所组成的。笛卡尔认为，果实不在树干上，而是在其枝端上，哲学的功用体现在各门具体科学之中，在医学、机械学和伦理学的枝端上结的是人类幸福之果，医学直接是为了恢复和保护人的身体和健康，机械学是为了减轻和解放人类的体力，而伦理学则是使人的精神安宁和幸福。一切学问都直接或间接地为了人。哲学的目的就是人、人的幸福。笛卡尔对完成他的这一伟大事业矢志不渝，充满信心，决心只要一息尚存就将不遗余力，留给世人一套完整的哲学。

笛卡尔的这一思想尽管是在《哲学原理》的法译本序言中才明确表述出来，但是，在青年时代，他早已把这个作为他的奋斗目标和工作计划。既然一切科学的原则都应当是从哲学里面取得的，而在当时的哲学里找不出任何原理是确定的，那么他想，应当首先努力建立哲学中的原则。但是他又想，既然这项工作是世界上最重要的工作，就应该谨慎从事，避免仓促判断和偏见。要想在这件事上取得成就，还需要更长的一段时间来做准备工作，使自己更成熟一些。他给自己规定，在这段时间里，"一方面要把以前我所接受的一切坏的意见都从我的心里拔除干净，一方面积累若干经验，作为我以后进行推论的材料，同时经常练习应用我所规划的那种方法，以便使自己这一方面的能力逐渐巩固起来"①。

笛卡尔回忆说，从 1619 年算起，"九年过去了，对于学者们惯于争论的那些困难，我还没有得出任何确定的意见，或者说我还没有开始寻找任何比通行的哲学更为确实的哲学基础。在我之前许多杰出的人曾力图进行同样的工作，但在我看来，他们并没有成功。他们的例子使我想象，它是如此的困难，以至于如果我没有发现我已经得出结论的那个报告被传播出去，我可能就不敢着手这项工作"②。

与尚都和贝律尔的会见，成为笛卡尔建立他的哲学体系的直接动力。1628 年 11 月，在巴黎罗马教皇特使的住所举行了一次会议，

---

① 笛卡尔. 谈谈方法//16—18 世纪西欧各国哲学. 北京：商务印书馆，1975：145.

② Oeuvre de Descartes, Tome Ⅵ：Discours de la méthode et essais. Charles Adam et Paul Tannery. Paris，1902：30.

各界名流都前往参加。笛卡尔也应邀参加了会议，和他同去的还有麦尔塞纳神甫。会上一个叫作尚都的人宣讲他关于哲学的新观点。尚都是一位才子，对医学特别是化学有很深的造诣，具有解放精神，要冲破经院哲学的羁绊；他在讲演中反对亚里士多德和漫步（逍遥）派哲学，认为科学只能建立在或然性之上。尚都的观点激发了大家的兴趣，引起了普遍的争论。在同座的奥拉托里会首领、红衣主教皮埃尔·德·贝律尔等人的催促下，笛卡尔也发表了自己的观点。笛卡尔表示佩服尚都先生的雄辩和讲演天才，赞成尚都哲学应该在经院哲学和漫步（逍遥）派哲学的绝对统治下解放出来的主张，但他认为尚都并没有提出更好的哲学来代替它们，他所提出的东西比根据经院哲学的方法提出的东西更有争议，因而和经院哲学只是名词的不同，实际上是殊途同归的，他的原则和经院哲学的原则一样，是含糊不清的，不能解决实际问题。笛卡尔用严密的论证驳斥了科学可以建立在或然性（Vray-semblance）上的观点，认为科学只能建立在确实性（Certitude）的基础上。大家问他是否知道某种无误的方法来避免各种诡辩。他说，他已经发现了一种无误的方法来建立这种确实性，这一方法是从数学宝库中抽取出来的。他认为，根据他的方法论原则，任何真理都能够被清楚地证明。这个方法能使人们看到任何给定的命题是不是或然的，因为用这个方法人们就能得到和代数的规则所提供的同样的知识和确实性。另外，这个方法还能使命题表达的问题得到正确的解决。笛卡尔表示，他认为在哲学的领域内建立一些更清楚、更确实的原则，并据此更容易地说明自然中发生的一切事件，这是可能的。笛卡尔的论证力量使大家折服，原来表示反对经院哲学改从尚都观点的人马上改变了意见，并进而表示赞成笛卡尔的观点。

红衣主教贝律尔对笛卡尔讲的这些特别感兴趣，并请求笛卡尔单独再给他讲一次。盛情难却，几天后笛卡尔去拜访了他，和大主教讲了他在认识到通常人们所运用来研究哲学的方法的无用之后，在心中对哲学产生了许许多多的想法，并谈到他的这些思想如果被合理地展开可能会产生出的各种结论，以及如果把他的推论方法运用到医学和机械学当中去，可能会产生的各种实际利益。红衣主教以他的敏感性一下子就抓住了笛卡尔这一成果的重要性和实际效用，于是，他以他的权威说服笛卡尔从事这项伟大的工作——发展他的哲学体系。

建立哲学体系，是笛卡尔多年的愿望，而贝律尔的恳求和敦促加强了笛卡尔实现这一愿望的决心。笛卡尔回忆道："正是在八年前（即 1628 年），这个愿望使我决心离开一切可能有熟人的地方，而隐居到像这样一个国家，在那儿长期的战争已经使这样一种秩序建立起来：军队只是用来保护市民如此安全地享受和平的果实。在那个伟大而活跃的民族的人群中，他们更为关心的是他们自己的事务而不是别人的事务。但是又有最为众多的城镇的各种方便，使我可以独自生活着就像隐居在遥远的沙漠中一样。"① 笛卡尔所说的这个国家就是荷兰，1628 年年底，笛卡尔移居到荷兰去从事伟大的工作，并且此去二十余载。

笛卡尔在给一位朋友的信中讲到，他到荷兰的头九个月陷入了玄学的沉思，进行了他的形而上学的研究，先是写了一篇论文《论神性》，这实际上是《第一哲学沉思集》（简称《沉思集》）的雏形，基本思想在笛卡尔于 1629—1630 年与麦尔塞纳的通信中得到了充分的反映。

笛卡尔建立形而上学的目的是要从形而上学的基本原理中推演出别的真理，即自然哲学的真理来。他在确立了形而上学的基本思想之后，从 1629 年年底开始又继续研究他的自然哲学，而把他的形而上学思想的表达往后拖了十年。从 1629 年到 1633 年，他对自然哲学的研究取得了丰硕成果，并将其概括和总结成《论世界》（*Traité du Monde*）一书，系统地论述了他的物理学和宇宙学的观点。可以说，它是哥白尼和伽利略的思想在科学上的继续和在哲学上的发展。全书分成了两个主要部分，第一部分是《论光线》（*Traité de la lumière*），主要论述了感觉和物理条件的区别，光和热的本性，物质的广延、硬度、流动性等特性，物质的三要素，地球上和天体上物质运动的规律等等。第二部分是《论人》（*Traité de l'homme*），主要论述了包括人在内的动物有机体的运动，同时还说明动物是一种无意识的机器。笛卡尔原打算写的第三部分是《论灵魂》，但在笛卡尔的手稿中根本就找不到这一部分，也许根本就没有写出来。为了争取更多的读者，这本书是用法文写成的，并尽可能避开了全部特殊的、深奥的数学问题。

正当笛卡尔准备发表这本书的时候，1633 年 6 月 22 日，伽利略

---

① Oeuvre de Descartes, Tome Ⅵ：Discours de la méthode et essais. Charles Adam et Paul Tannery. Paris, 1902：31.

因在《两大世界体系的对话》中论述了地球运动的思想而被罗马教廷判罪。笛卡尔觉得在伽利略的论述中看不出任何有违宗教的地方，他害怕落得和伽利略同样的下场，因此不敢发表《论世界》。笛卡尔心想，凡是自己认为重要的东西就应该继续写下去，只要不在活着的时候发表就行了，把它留给后人去评判。这本书直到笛卡尔死后十多年才第一次出版。但是，笛卡尔这篇文章中的物理学和宇宙学的思想过了三年多，在《谈谈方法》一书的第五部分中第一次得到了公开的表述，它给我们简单地描绘了物质世界的图景。

第一哲学、形而上学是笛卡尔哲学的根本部分，它的主要目的是要论证上帝存在和灵魂的非物质性。笛卡尔认为，这两个问题应该从哲学上来论证，而不应该从神学上来论证。上帝的存在不仅可以从《圣经》中推论出来，也可以通过自然理性来证明，并且只有通过理性来证明才能使更多的人，包括不信教的人信服。对于上帝的知识不是来自别处而是来自我们自己，来自对我们心灵的本性的简单考虑。在哲学上以更清楚、更精确的方式证明这两个事实，寻找出更好的理由，使它们对于每个人来说都是颠扑不破的证明，这是一件非常有益而值得做的工作。笛卡尔说："既然很多人都把希望寄托在我身上，他们知道我制订过某一种解决科学中各种难题的方法……不过他们知道我在别的一些机会上相当顺利地使用过这种方法，因为我认为我有责任在这个问题上用它来试一试。"① 笛卡尔的形而上学是笛卡尔运用他的方法取得的重大成果。

《第一哲学沉思集》是用拉丁文写成的，1641年在巴黎由索里出版。第一版里还附有六组反驳和答辩，1642年在阿姆斯特丹路斯·埃尔泽维尔（Louis Elzevir）出版第二版时，又增补了第七组反驳和回答及作者致迪奈的一封信。笛卡尔原本是想得到巴黎神学院的支持，借助它的权威来论证他的论证的正确性。他在致神学院院长及神学家们的信中说："假如你们在这一点上敢于不辞辛苦地做一个声明，证明它们是真实可靠的，那么无疑在有关这两个问题上曾经发生的错误见解就会很快地从大家心中清除出去。"② 他将六个沉思与他自己收集来的第一组反驳［由荷兰的一位牧师卡特鲁斯（Caterus）提出］以及自己的回答送给麦尔塞纳，希望他收集他人的意见。以麦尔塞纳为首的一批神学家就向他提出了第二组反驳，

---

① 笛卡尔. 第一哲学沉思集. 北京：商务印书馆，1986：3.
② 同①5—6.

第三组反驳是英国哲学家霍布斯提出的。这并不是笛卡尔的心愿，因为与这样一位异教徒和唯物主义者的联系将会使巴黎神学院反感，但幸好霍布斯对笛卡尔的观点采取的是敌对态度。第四组反驳是詹森派牧师、29 岁的阿尔诺（Arnauld）提出的。麦尔塞纳又违反了笛卡尔的心愿，将《第一哲学沉思集》送给了唯物主义的原子论者伽森狄。伽森狄对笛卡尔的《第一哲学沉思集》中的六个沉思逐一进行了分析，并且详细地举例和批判了笛卡尔的全部论点、论据及其论证方法，重点段落是逐字逐句地批判，因而在体系上是和笛卡尔著作一一对应的，就如同后来的莱布尼茨的《人类理解新论》对洛克的《人类理解论》的批判一样。可以说这是对笛卡尔的第一哲学最全面、最详细、最猛烈的批判。并且后来他又对笛卡尔的回答做了反驳。第六组反驳是由麦尔塞纳集结起来的一批哲学家、几何学家和神学家们提出的。出版第二版时，又增补了巴黎耶稣学院的教授布尔丹（Bourdin）提出的第七组反驳。这组冗长的反驳曾使笛卡尔大为不快，因为他挑了笛卡尔论文中很多逻辑的和语言的毛病，而对文章中真正实质性内容倒触及不多。因此，后来笛卡尔干脆就把它去掉了，不和其他六篇一起出版。这些诘难和反驳的意见大致可分为两个方面：一方面以唯物主义的哲学家霍布斯和伽森狄为代表，他们对笛卡尔的唯心主义的唯理论和二元论进行了批判，这成了欧洲近代哲学史上唯物主义和唯心主义的第一次大论战；另一方面是以神学家麦尔塞纳、阿尔诺、卡特鲁斯为代表，他们站在神学的立场，对笛卡尔关于上帝的存在、精神和物体的本性、天赋观念等思想的论述提出了批判，这是唯心主义内部的理论分歧。这些诘难和笛卡尔本人的回答实际上是欧洲近代第一次公开的直接的哲学论战。笛卡尔对他们提出的批判一一做了答辩，这些"反驳与答辩"成为笛卡尔第一哲学的一个不可分割的部分。这些论战对笛卡尔第一哲学进行了最早的、最直接的批判。它是哲学史上唯物主义和唯心主义以及唯心主义与唯心主义内部直接展开针锋相对的斗争的一个范例，是哲学史为我们留下的一笔宝贵财富。它们对于了解笛卡尔的哲学思想以及近代西方哲学的形成和发展，有着十分重要的意义。

笛卡尔为了把自己的哲学确立为天主教的官方哲学，1644 年他用拉丁文以教科书的形式写了一部著作，名为《哲学原理》（*Principia Philsophiae*）。全书分为四个部分：第一部分"人类知识原理"叙述了他的形而上学的思想，第二部分"物质事物的原理"，第三部分"可见的世界",第四部分"地球",全面系统地阐述了他在《论世界》中的机械唯物主义的基本思想,用的方式是经院哲学所喜欢的演绎形式。《哲学原理》是用拉丁文写成的,由他的朋友皮科(L'abbé Picot)翻译成法文,于1644年7月10日在阿姆斯特丹出版。笛卡尔校对了全文并给皮科写了一封信,附在法文版前面以作为前言。

《哲学原理》一书是笛卡尔献给他的一位女友——波希米亚公主伊丽莎白(Elisabeth)的,笛卡尔在1642年的信件中第一次提到她。她是一位才华出众的女性,1618年生于海德堡,她的父亲弗里德克(Frédéric)是德国选侯,她的母亲伊丽莎白·斯塔特是英国詹姆士一世的女儿、查理一世的妹妹。伊丽莎白公主通晓法语、英语、德语、弗莱芒语、意大利语和拉丁语,还精通数学,解决了笛卡尔提出的一些数学难题,对天文学和物理学也很感兴趣。她是一个加尔文主义者,她和笛卡尔在长时间内就多种题目进行了通信讨论,讨论的主要问题之一就是情感的本性及控制。由于他们之间的讨论的激发,笛卡尔写作了他的最后一本著作——《灵魂的激情》(Les passions de l'âme),1649年11月出版。这部书的一大部分是讲情感的分类和对各种情感的描述,另一部分主要是阐述笛卡尔关于心身关系和伦理学的观点。至此,笛卡尔基本上完成了他的哲学体系即人类知识之树的建构。

如果考察笛卡尔一生的思想发展进程,可以将它分成两个阶段。一是思想形成阶段,从1619年开始到1633年,一共十四年的时间,笛卡尔在《谈谈方法》中对他这个时期思想发展的整个历程做了一个简明而又全面的回顾。二是思想的表述和完善阶段,从1637年《谈谈方法》问世到1650年笛卡尔逝世,这也是十四年的时间,在这个阶段笛卡尔的著作才开始出版面世。

从笛卡尔思想发展的这两个阶段来看,笛卡尔哲学思想发展的历史顺序和他哲学体系的逻辑顺序是一致的。就逻辑顺序来讲,笛卡尔先要找到一个人类知识的工具即方法,然后再建立人类知识之树,从树根(形而上学)开始,再到干(物理学)。从他研究的历史顺序来看,笛卡尔也是遵从这个顺序的。对于树枝(医学、机械学和伦理学),笛卡尔也做了一些工作,他原打算写《哲学原理》的第五部和第六部,但没有来得及写,于是将一些基本思想提到第四部中讲了。在笛卡尔逝世的前两年,他还进行了大量的医学和解剖学的研究,写作了《对人体的描述》《解剖学》等论文(1648—1649)。关于伦理学的思想在1646—1648年完成的《灵魂的激情》中得到了表述。

1648年4月16日，莱顿大学学生弗朗克·柏曼（Franc Burman）在埃格蒙（Egmond）笛卡尔的乡间寓所拜见了笛卡尔，受到了笛卡尔的热情接待，他们共进晚餐，进行了长时间的谈话。柏曼是有准备而来的，他从笛卡尔的著作里挑出了几十个问题，和笛卡尔进行了讨论，提出了许多问题，笛卡尔都一一做了解答，主要是围绕着"我思"、"精神哲学"、"天赋观念"和"自由意志"等问题展开的。他们的谈话用拉丁文进行。四天之后，在阿姆斯特丹，另一位青年克劳伯格（Clauberg，比柏曼大六岁，后来成为哲学教授）将柏曼的笔记整理出来，一位不知姓名的人将克劳伯格的手稿抄录成了一个四开的小册子，后来收藏进了德国神学家克留斯由斯（Crusius）的图书馆，现存哥廷根（Göttingen）大学图书馆，史称《哥廷根手稿》。这篇谈话在1896年由《勃艮第高等教育杂志》第一次发表，后由亚当和特纳里收入《笛卡尔全集》。

法国的内忧外患，以及几乎贯穿笛卡尔大半生的欧洲三十年战争（1618—1648），使笛卡尔力图逃避法国的现实，而到一个和平自由的世界、资本主义革命已经成功的荷兰安身立命。笛卡尔的生活准则是：服从命运，屈服现实。他在《谈谈方法》一书的第三部分开诚布公地说：

> 为了使我此后仍然能够尽可能地过最幸福的生活，我曾经给自己订立了一个暂行的行为守则，这个守则只包括三四项规条，我很愿意把它们报告给各位。
>
> 第一项是：服从我国的法律和习惯，笃守上帝恩赐我从小就领受到的宗教信仰，并且在其他一切事情上，遵照那些最合乎中道、离开极端最远、为一般最明哲的、我应当在一起相处的人在实践上共同接受的意见，来规范自己。……
>
> 我的第二项规条是：在行动上要尽可能做到最坚决、最果断，当我一旦决定采取某些意见之后，即便这些意见极为可疑，我也始终加以遵守，就像它们是非常可靠的意见一样。……
>
> 我的第三项规条是：始终只求克服自己，不求克服命运，只求改变自己的欲望，不求改变世界的秩序。……①

---

① 笛卡尔. 谈谈方法//16—18世纪西欧各国哲学. 北京：商务印书馆，1975：145-146.

但是，无论笛卡尔怎样保持中庸，明哲保身，现实终归是不能摆脱的，他的一生可以说是在各种争论中度过的。除围绕《第一哲学沉思集》展开的反驳与答辩之外，他还和荷兰其他神学家们展开了论战。笛卡尔最大的敌人是乌特勒支大学教授、神学家吉尔伯特·沃埃提乌斯（Voëtius）。1641年，他反对笛卡尔的弟子雷吉斯（Régius），后来反对笛卡尔本人，并向市法院控告笛卡尔。1643年，笛卡尔为了自卫，发表了《勒内·笛卡尔给著名的吉尔伯特·沃埃提乌斯的信》，结果市法院站在沃埃提乌斯一边，乌特勒支的校董会宣布笛卡尔哲学是不当的，要当众焚毁笛卡尔的著作。笛卡尔请求法国公使干预，才免遭这一厄运。

1647年，他又和莱顿大学展开了争论。这一次是神学家雷维由斯（Revius）攻击笛卡尔。笛卡尔在《致莱顿大学财产管理人的信》中对他们做了回答。这场争论一直闹到奥朗日王子出面来迫使反笛卡尔派沉默。正是这些斗争使他感到厌烦。1647年，笛卡尔在离开祖国约二十年之后才想到离开荷兰回法国，看看是否能在国王手下谋一个职位。结果并不令人满意，老朋友麦尔塞纳也去世了，物是人非，祖国的一人一事都似乎充满了异国情调，自己倒显得像是一位异乡的过客。如果在巴黎久留又会惹许多政治麻烦，走为上策，笛卡尔在郁郁寡欢中又回到了荷兰。

由法国驻瑞典代表的推荐，1649年9月笛卡尔应瑞典女王克里斯蒂娜（Christina）的邀请前往斯德哥尔摩宫廷，给女王讲哲学。每周三次，早上五点钟开始，并且他的住处离宫廷较远。这改变了他多年来养成的睡懒觉的习惯，身体不适，得了肺炎，生活不到半年，便于1650年2月11日凌晨四点逝世。女王为了显示对哲学家的尊敬，特别用军舰将笛卡尔的遗体送回法国，这大概是哲学家有生以来没有享受过的最高礼遇。

1663年梵蒂冈将笛卡尔的全部著作定为有罪的，列为禁书。1671年，法国教皇路德维希十四命令：在法国学校中禁止讲授笛卡尔的哲学。

三、第一哲学和物理学的关系

在笛卡尔生活的时代，虽然各门科学开始独立且已经有了长足的进步，但是，"哲学"一词仍然和亚里士多德生活的时代相类似，意义非常宽泛、含糊，实际上它是"科学"的等义词或各门科学的总称。笛卡尔仍然以亚里士多德为样板，将哲学区分为第一哲学和第二哲学，即形而上学和物理学。只有"第一哲学"研究的才是真正的哲学。因而，在笛卡尔的著作中，"哲学"一词有两种含义：从广义上讲，哲学是科学的等义词；从狭义上讲，它是指"第一哲学"，即形而上学的等义词。

"第一哲学"和"形而上学"都因亚里士多德而得名。亚里士多德把研究"作为有的有"或"作为存在的存在"、关于智慧的科学或神学叫作"第一哲学"。但是，"形而上学"一词并不是亚里士多德自己使用的。公元1世纪，他的第11代传人罗德岛的安德罗尼科（Andronicuo of Rhodes）编纂亚里士多德的著作时，在编纂完了《物理学》之后，就引用"ta meta ta physika biblia"，意即"那些在自然的著作之后的著作"，或"物理学之后"、"后物理学"来称呼他的第一哲学。"metaphysics"（形而上学）一词源于希腊文"meta ta physika"，它的字面的意思是"在自然事物之后"。从此之后的古典哲学就用这个题目来指那些"在自然事物之后"、"远离感官知觉"、难于理解的研究科目。中世纪的哲学又给予"meta"（在后）以一种哲学上的含义，形而上学不是意味着在"物理学"之后，而是指超越自然事物、独立于自然而存在，并且比自然事物有更多的实在性和价值的研究。在近代哲学中，"形而上学"通常是指研究事物的存在、实体、属性、样式、因果、变化、时空、一般和个别、个体和类、心灵和形体、外部世界的实在性、人类知识的可能性、人类知识原理等问题的理论。形而上学的基本特征是：运用先验的逻辑研究，求助于概念的分析来把握世界，而不是像科学那样利用感官的明证、观察和实验来了解世界。它研究的是世界的不可知觉的本体界，而不是感官所能接触的现象界。

笛卡尔作为文艺复兴之后形而上学的重建者，接受了本体和现象的区分。形而上学的对象是本体界，它的内容仍然是灵魂不死、上帝存在、意志自由；物理学的对象是现象界，研究自然界可感实体的运动和变化。笛卡尔对形而上学和物理之间的关系做了许多论述。他认为"形而上学"即真正的哲学的功能是为其他科学提供基础，而其他各门科学必须从形而上学那里借助原则，也就是说形而上学是基础，为科学提供解释自然现象的原则。他在《谈谈方法》

中叙述他的思想发展过程时，对哲学曾说过这样的话，"我注意到，一切科学的原则都应当是从哲学里面得到的，而在哲学里我还找不出任何原理是确定的，所以我想，我应当首先努力建立哲学的原则"①。"至于别的学问，由于它们都是从哲学取得它们的原理的"②，所以如果哲学的基础不稳固，在上面就不能建立起坚实的东西。

尽管形而上学和物理学在其对象和方法上是截然不同的，即一个的对象是本体，一个的对象是现象，一个的方法是先验的概念分析，一个的方法是经验的观察和实验，但是两者之间又有着内在的、必然的联系。笛卡尔把这种联系比作树根和树干的联系，形而上学是树根，物理学是树干，因而两者是一种有机的统一，物理学是形而上学发展的必然结果。

笛卡尔给形而上学规定了特定的内容和范围。他说："哲学的第一部分就是形而上学，其中包含各种知识的原理，这些原理中有的是解释上帝的主要品德的，有的是解释灵魂的非物质性的，有的是解释我们的一切明白简单的意念的。"③ 由此可见，上帝的存在及其本性、灵魂的本性和心身关系、天赋观念等是笛卡尔形而上学的主要内容。

笛卡尔还认为，形而上学的主要任务是寻找"第一原则"，或"第一原理"、"第一原因"。他说："哲学一词表示关于智慧的研究，至于智慧，则不仅指处理事情的机智，也兼指一个人在立行、卫生和艺术的发现方面所应有的完备知识而言，至于达到这些目的的知识一定是要由第一原因推演出的。因此，要研究获得知识的方法（正好称为哲学思考），则我们必须起始研究那些号称为原理的第一原因。这些原则必须包括两件条件。第一，它们必须是明白而清晰的，人心在注意思考它们时，一定不能怀疑它们的真理。第二，我们关于别的事物方面所有的知识，一定是完全依靠于那些原理的，以至于我们虽然可以离开依靠于它们的事物，单独了解那些原理；可是离开那些原理，我们就一定不能知道依靠于它们的那些事物。因此，我们必须努力由那些原则，推得依靠于它们的那些事物方面

---

① 笛卡尔. 谈谈方法//16—18世纪西欧各国哲学. 北京：商务印书馆，1975：144.
② 同①140.
③ 笛卡尔. 哲学原理. 北京：商务印书馆，1958：XVII.

的知识,以至使全部演绎过程中步步都要完全明白。"① 其他事物的知识是从第一原则推演出来的,而发现第一原则就是第一哲学、形而上学的任务。从人类智慧的等级或达到智慧的途径来讲,智慧有五种:第一级的智慧,它包含的观念是很清楚的,不借助思维就可以得到;第二级的智慧包括感官经验所指示的一切;第三级的智慧包含别人谈话所教给我们的知识;第四级的智慧是通过阅读启发人的著作家的作品所得到的知识。但是古往今来的天才和贤哲所探求的不是这四个等级的智慧,而是第五级的智慧,即一种比前四级高妙千万倍的智慧。"他们所试探的途径,就是要寻找第一原因和真正的原理,并且由此演绎出人所能知的一切事物的理由。"② 他们才配称为哲学家。

笛卡尔根据第一原理的两个条件,即第一,清楚明晰、无可怀疑,第二,由此出发可以演绎出一切其他事物的知识来,在普遍怀疑之后,找到了这种第一原因、第一原理或第一原因的命题(表现形式)就是"我思故我在"。他说:"我就把这种思想的存在认为是第一原理,并且由此分明推得下述的真理:例如说,有一位上帝,他是世上万物的创造者,而且它既然是一切真理的源泉,所以他给我们所造的理解力,在对各种事物有了很明白、很清楚的知觉时,它的判断一定不会错误。这些就是我在非物质的对象或形而上的对象方面所利用的原理,由这些原理,我又在物质的或有形的事物方面,极其明白地演绎出别的一些原理来。就是说:有些物体有长、宽、高三个量向,而且它们有各种形相,并且可以在各种途径下被运动。这就是我的总原理,由此我可以推演出一切别的真理来。"③笛卡尔这里所说的一切别的真理或与总原理相对应的次级原理是指对一般自然现象的解释和对具体事物的说明,如宇宙、太阳、地球、行星、彗星的形成,动、植物的本性及其构造,水、火、空气、磁石等的本性及其特征等等。

在笛卡尔看来,全部科学或广义的科学构成了一个庞大的原理演绎体系。这个体系的最高层次是"第一原理",第二层次是由第一原理推演出来的其他形而上学的原理,第三层次是物质事物的总原理,第四层次是解释自然现象的个别原理。前两个层次属于形而上学的范围,

---

① 笛卡尔. 哲学原理. 北京:商务印书馆,1958:IX-X.
② 同① XI.
③ 同① XIV-XV.

后两个层次属于自然事物的范围，因而他总是说形而上学"推演出""演绎出"物理学的原理。这是笛卡尔将几何学的方法在建立哲学体系方面的具体运用，哲学也如同一个几何学的演绎系统。他说形而上学"推演出""演绎出"物理学原理，也正是服从于几何学方法的需要。其实，以笛卡尔所说的这些形而上学原理并不能逻辑地演绎出物理学的原理，后者的原理并不是先天地包含在前者之中的，因而它们的关系不是分析的，而是综合的（取康德的含义）。

在笛卡尔的哲学中，尽管从形而上学的原理不能必然地演绎出物理学的原理，但是，在形而上学和物理学之间确实有一种依赖关系。因为形而上学证明了"我"的存在、思想的存在，证明了上帝的存在和品性，证明了物质世界的存在，这就为说明自然、解释自然创造了前提条件。首先，是上帝创造着并保存着世界，给予物质世界以规律，自然界就按照上帝给予它的这些规律不停地运动。"因为上帝已经以这样奇妙的方式建立起这些（运动的）规律，以至于我们不能假设他已经创造了超出我们所提到的（有广延的物质……）之外的任何东西。甚至他没有给物质引入任何顺序和比例，这些规律也足以使这种混沌的各部分以极好的顺序清理自己和安排自己，以至于使世界以非常完善的形式出现，在其中不仅能看到光，还能看到全部其他东西，既能见到个别也能见到一般，他们在世界中出现就像我们现在发现的一样"①。没有形而上学很好地说明上帝的存在和品德，也就不能很好地说明物质世界的运动和规律。其次，上帝给予我们认识能力。如果按照他给我们的这些认识能力来认识世界，一定不会出错。"上帝既是至善的，又是一切真理的来源。因此，他所给我们的那种分辨真伪的官能，就一定不能是错误的——只要我们能正确地运用它，并用它清晰地了解一切事物。"② 上帝不仅给了我们认识的能力，而且还直接给了我们正确的概念、永恒的真理。"上帝一方面把这些规律建立在自然之中，一方面又把它们的概念印入我们的心灵之中，所以我们对此充分反省之后，便决不会怀疑这些规律之为世界上所存在、所发生的一切事物所遵守"③。因

---

① Oeuvre de Descartes，Tome Ⅸ-2：Principes de la Philosophie. Charles Adam et Paul Tannery. Paris，1904：34.

② 笛卡尔. 哲学原理. 北京：商务印书馆，1958：62.

③ 笛卡尔. 谈谈方法//16—18 世纪西欧各国哲学. 北京：商务印书馆，1975：152.

为上帝，我们的思维和存在就直接统一了。我们对于自然界认识的确实性依赖于存在的确实性。如果没有形而上学证明思想的存在、我的存在，没有证明上帝是我们认识可靠性的保证，上帝给予我们作为永恒真理的"天赋观念"，在物理学领域就不能得到科学的知识。

尽管笛卡尔把形而上学和物理学之间的关系比作树根和树干的关系，形而上学是基础，但是笛卡尔哲学的目的和笛卡尔的主要兴趣所在是物理学，即新兴的自然科学。他要追求的是确实无误的科学知识，他确立的方法实际上是科学中应用的方法，它把我们引向科学真理。笛卡尔继承和发展了近代以来的自然科学的新思想，基本上确立了一个比较完整的自然观。但是，一方面这种新的自然观还不能彻底地、科学地说明世界，特别是在一些带有根本性的问题上仍然需要形而上学的帮助。例如，世界存在、世界的规律性、世界的运动等这些原理都是要依靠形而上学来帮助确立的。另一方面，这种新的自然观还需要形而上学的神学的保护，因为在当时的历史条件下科学还没有具备与神学相抗衡或完全冲破神学束缚的力量，如果完全与以往的学说或神学相反对，就有可能使这种新的学说被扼杀在摇篮之中。所以，笛卡尔仍需要形而上学来作为科学的前提和基础或保护伞。但是，归根结底，形而上学在笛卡尔那里是手段，是准备工作，是服从于物理学，为物理学和其他具体科学的目的服务的。所以说，笛卡尔形而上学的一个革命性转变是：他"力图用以形而上学为基础的物理学来代替以物理学为基础的形而上学"①。因为被中世纪改造过的亚里士多德是把他对上帝存在的论证建立在运动理论之上的，运动属于物理学，物理学是为神学做论证的。由此可见，笛卡尔哲学是对亚里士多德理论的一种颠倒，从根本上来讲是进步的、革命的。

笛卡尔的最终目标是要建立新的物理学。第一哲学是为物理学寻找理论基础、确立支点。第一哲学提供一种关于心灵的理论，它说明我们的心灵具有哪些认识能力和原理，它对物体有哪些最一般的认识；上帝保证了心灵关于物体的一般思想的正确性。物理学和第一哲学中关于物体的本性思想紧密相连，物体是有广延的、可分的、能运动的存在，物理学中关于物体运动规律的描述都是从这个理论中推演出来的。

---

① Leon Roth. Descartes' Discourse on Method. first edition. Oxford：Clarendon Press，1937：23.

但是，在教会统治人们思想的时代，笛卡尔的第一哲学必须采取一种取悦于教会的形式，涂上一层宗教的保护色。所以，他在致巴黎神学院的信中说，他的第一哲学是要证明上帝存在和灵魂不朽，使那些不信教的人会毫不怀疑地相信上帝的存在。其实，笛卡尔的上帝并不是《圣经》中的上帝，而是认识论的上帝；笛卡尔的灵魂也不是上帝所拯救或惩罚的那种灵魂，而是一种认识主体。笛卡尔的真实思想在他给他的好友麦尔塞纳的信中做了暴露。"在我们之间我可以告诉你，这六个沉思包含了我的物理学的全部基础。但不要告诉别人，因为那样可能使亚里士多德的支持者们更难以赞成它们。我希望读者们在注意到它们毁灭了亚里士多德的原理之前，将逐渐地习惯我的原理并承认它们的真理性。"①

笛卡尔在物理学中阐发了他的机械唯物主义和自然观，运用当时的科学成果对于世界的产生、发展及其运动规律做出了说明。他的思想闪耀着唯物主义的光辉。如果说他在本体论范围内是一个二元论者，那么在物理学范围内则是一个彻底的唯物主义者。马克思指出，笛卡尔"把他的**物理学**和他的**形而上学**完全分开。在他的物理学的**范围内**，**物质**是唯一的**实体**，是存在和认识的唯一根据"②。

笛卡尔描绘了一棵完整的人类认识之树，第一哲学、形而上学仅仅是树根，而他的最终目的是要在树的枝端上摘取人类认识之果，获得人的自由和幸福。笛卡尔的一生是追求真理的一生，让我们在笛卡尔伟大人格精神的感召下努力探求，去摘取人类科研智慧之果吧！

笛卡尔的物理学在当时的历史条件下是与唯物主义相联系的，他提出的许多原理，如物质不灭、运动量守恒、光的折射定律、反射弧理论、宇宙演化理论等等在科学史上产生过巨大的作用，对科学的进步产生过积极的影响。然而，从现在来看，它们是属于科学的领域，而不再属于哲学，并且其中许多结论也早已过时，为新的科学理论所取代。因此，笛卡尔的物理学已不再作为哲学研究的对象，而应是作为自然科学史研究的对象。因而，只有他的第一哲学、形而上学才属于笛卡尔的真正哲学，并且其中所阐述的主体性问题、心身关系问题、思维和存在的关系问题、上帝的存在和意志自由等问题，仍然是当今哲学研究的长久主题。

---

① Oeuvre de Descartes，Tome Ⅲ：CorrespondanceⅢ．Charles Adam et Paul Tannery．Paris，1899：297-298．

② 马克思恩格斯全集：第2卷．北京：人民出版社，1957：160．

第二章　普遍的方法

方法论或逻辑学是一切学问的基础，是建立任何哲学的工具。因而，笛卡尔没有把它看作人类知识之树的一部分，而是把它看作获得各种知识的准备工作。笛卡尔作为近代哲学的创始人，像弗朗西斯·培根创立了一种经验主义的方法一样，他在批判中世纪经院哲学所运用的亚里士多德的逻辑学的基础上创立了一种理性主义的方法，形成了较完整的科学方法论，并且运用这种方法来建立他自己的哲学体系。

一、只有一种普遍的方法

什么是科学？笛卡尔认为，"科学，从整体上讲是真的和确切的认识"①。要发展科学，要"使我们自己成为自然的主人和所有者"，就要探求确实可靠的知识，并且，首先就应该探求得到这种"真的和确切的认识"的方法。

因而，我们的心灵就不应该局限在一个狭窄的、特殊的领域，我们的研究就不应该执着于个别的、具体的问题，而应该树立一个总的目标，那就是"应该考虑如何增加他的理性的自然之光"②，提高人的认识能力。

要发现真理，首先就应该寻找我们在探求真理的过程中急需的工具。对于关心真理的人来说，应该在研究和解决各种具体问题之前，先确定人类知识的本性和范围，看看人类理性是否适合解决这

---

① The Philosophical Works of Descartes：vol. 1. Rendered into English by Elizabeth S. Haldane and G. R. Ross. Cambridge University Press，First Edition 1911. Reprinted with corrections 1973：3.

② 同①2.

些问题。因此，我们首先应该建立另外一门科学。他说："这样一门科学应当包含人类理性的基础知识，它的范围应当扩展到在每一个学科中引出正确的结论，自由地说，我深信，它是比人类力量已经赋予我们的其他任何工具更有力的知识工具，它是其他一切知识工具的源泉。"① 笛卡尔所说的另外一门科学，就是他的方法论，他的科学发现的逻辑。

在笛卡尔看来，科学是一个整体。知识只有一种知识，即确实的、无误的知识。而科学最终也只有一门科学，这门科学是由一些相互联系的分支组成的。"全部科学是如此的相互联系着，以至于把它们总起来研究比把它们孤立起来研究容易得多"②；"被总到一起的各门科学和人类智慧是同一的，它永远是一，并且是同一个东西，然而当应用到不同的门类中时，就会从它们中产生出差别，和太阳光照射到各种各样的物体上所产生的差别一样多"③。这门科学实际上就是一门一般的科学。因而方法也只有一种方法，一种一般的方法，它对于科学的各个分支都是适用的。这实际上是对亚里士多德的科学及其方法是多元的思想的一种否定。

但是，从何处能得到这种赖以获得确实的、明确的知识的一般方法呢？只有到当时公认的确实的、明确的知识中去寻找启示了。在17世纪的欧洲，人们都认为，只有数学才是最确实的科学。"迄今为止的全部科学，只有算术和几何学摆脱了虚假的和不确实的污点。"④ 算术和几何学在确实性上优越于其他科学，因为它立足于公理之上的证明是无懈可击的，并且也提供了有力证明这一结果的方法。笛卡尔就是要到这种具有无可比拟的确实性的科学中寻找发现真理的方法。

可是，经过一番研究，笛卡尔得出了这样的结论：我阅读了许多数学家的著作，看到他们在数和形方面的许多结论和命题是正确的，"但是他们在心灵中并没有足够清楚地认识到为什么那些事物是如此，他们是怎样发现它们的"⑤。也就是说，数学家们没有研究科学发现的逻辑，没有研究获得真理的方法，尽管他们运算、推演的

---

① The Philosophical Works of Descartes: vol. 1. Rendered into English by Elizabeth S. Haldane and G. R. Ross. Cambridge University Press, First Edition 1911. Reprinted with corrections 1973: 11.
② 同①2.
③ 同①1.
④ 同①4.
⑤ 同①1.

结论是正确的，但是他们不能说明它们为什么正确，是怎样发现的。笛卡尔说："正是这些反思把我从对算术和几何学的特殊研究中召唤到对数学做一般的考察，随即我试图确定：（数学）这个名词的一般意义精确地说到底是什么？并且为什么不仅上面提到的这些科学（算术和几何学），而且天文、音乐、光学、机械学和一些其他科学都被称为数学的部分？确实，这里从词源上来考察是不够的，因为'数学'这个名词和'科学研究'完全是一样的意思。这些其他的分支和几何学本身完全一样，都能够叫作数学。"①

笛卡尔看到，各门科学的共同性就在于它们都研究"顺序"（order）和"度量"（measurement），正是这两点把各门研究统一起来了，使它们和数学相关。所以他想，"必须有某个一般科学把那些元素解释为一个产生关于顺序和度量的整体，而不是把它们限制在特殊的对象上。我觉得，人们可把这个叫作'普遍数学'"。"在这门科学中包含有另一种因为它而使其他科学被称做数学的部分的东西。我们看到在效用和简明性方面，它远远优越于从属于它的那些科学。"② 现在许多人努力地追求其他依赖它的科学，而没有一个人喜欢掌握这门科学，是因为大家把它看得太简单而忽视了。然而笛卡尔认为，在探求真理时，应该先从最简单、最容易的开始，直到在这个范围内显得无事可做时再前进得更远一些。他说，这就是他"尽最大的力量研究这个普遍数学的原因"③。这个普遍数学就是笛卡尔的方法论。

这个"普遍数学"（Universal Mathematics）不同于"普通数学"（Ordinary Mathematics）。普通数学是由算术、几何学组成；而普遍数学不仅包括算术、几何学，而且也包括天文、音乐、光学、机械学等其他科学，但是它又撇开了其他这些科学的具体对象，只是研究这些科学中关于顺序和度量的问题。在普通数学中，许多自明的公理、确实的命题构成了它的内容，是它的成分、元素；而在这个普遍数学中，它们只是外壳，也就是说，只能借助它们的形式，从它们那里吸取一种从自明的真理出发，以一种合理性的、系统的顺序发现和证明真理的形式。但是普遍数学又与普通数学有一个相

---

① The Philosophical Works of Descartes：vol. 1. Rendered into English by Elizabeth S. Haldane and G. R. Ross. Cambridge University Press，First Edition 1911. Reprinted with corrections 1973：13.

② 同①.

③ 同①14.

同点，这就是它必须具有一种高度的确实性，必须是自明的、确实的、不包含错误的，并且通过这个普遍数学，要使其他科学也能像算术和几何学一样得到确实的、不包含错误的知识。可以看出，笛卡尔要从数学中借鉴的，不是数学的结果，而是数学的方法，它从最简单的、无可怀疑的东西出发，经过合理的推演而得出全部知识。笛卡尔要把这种数学的方法推广到其他一切科学中去，应用于对自然的研究，因为笛卡尔确定了世界的物质同一性和运动的同一性。世界上的一切物质都是广延的，一切运动都是机械运动，这就为把数学运用于研究整个自然界奠定了基础。它的深刻意义就在于，笛卡尔要改变经院哲学那种用质的方式去观察世界的观点，而在承认世界质的统一性的前提下，用量的方式观察世界，因而这是一种思维方式的变革。

二、普遍怀疑

笛卡尔曾经在《谈谈方法》一书中简明地将自己的方法概括为四条方法论原则：

第一条是：决不把任何我没有明确地认识为真的东西当做真的加以接受，也就是说，小心避免仓卒的判断和偏见，只把那些十分清楚明白地呈现在我的心智之前，使我根本无法怀疑的东西放进我的判断之中。

第二条是：把我所考虑的每一个难题，都尽可能地分成细小的部分，直到可以而且适于加以圆满解决的程度为止。

第三条是：按照次序引导我的思想，以便从最简单、最容易认识的对象开始，一点一点逐步上升到对复杂的对象的认识，即便是那些彼此之间并没有自然的先后次序的对象，我也给它们设定一个次序。

最后一条是：把一切情形尽量完全地列举出来，尽量普遍地加以审视，使我确信毫无遗漏。①

要得到确实性，就要进行一次普遍的怀疑。怀疑的方法是笛卡尔的第一个方法。因为笛卡尔觉得，他从幼年开始就把一大堆错误

---

① 笛卡尔. 谈谈方法//16—18世纪西欧各国哲学. 北京：商务印书馆，1975：144.

的见解当作真的接受下来，这些知识以及据此形成的一些见解都是靠不住的、非常可疑的。学校的教育只能加重他的烦闷，求学除了越来越使他觉得自己无知外，没有什么其他的好处。笛卡尔认为，应该"认真地、自由地来对我的全部旧见解进行一次总的清算"①；"如果我想要在科学上建立起某种坚定可靠、经久不变的东西的话，我就非在我有生之日认真地把我历来信以为真的一切见解统统清除出去，再从根本上重新开始不可"②。

笛卡尔的普遍怀疑是方法论上的怀疑，它不同于怀疑论者以怀疑为目的而走向虚无主义，它是以发现真理、得到确实的知识为目的。因为在我们原来所接受到的一切知识中，有些是真的，有些是假的，有的确实程度高，有的确实程度低，而它们又如此紧密地纠缠在一起，从而使我们在头脑中形成了许多偏见，把这些东西都信以为真，阻碍了我们对于真理的认识。任何一个想要发现真理的人，在一生中至少要进行一次普遍的怀疑。对于这种普遍怀疑，笛卡尔做了两个形象的比喻：一是把它比作建造大厦，为了找到坚实的基础，先把"浮土和沙子排除掉，以便找出岩石或黏土来"，"在拆除旧房时通常总是把拆下的材料保存起来，以便用它来建造一间新的房屋"③。二是把这种怀疑比作挑选烂苹果，如果一个人有一篮子苹果，"他害怕其中有些是不新鲜的，想把它们拿出来，以免弄坏其余的苹果。他能如何着手呢？他是否会首先把篮子倒空，而后把苹果一个一个地检查一遍，把那些他看到没烂的苹果挑起来，重新装回篮子里，而把其他的扔掉？这就同这样一些人的情况完全一样，这些人从前没有很好地研究过哲学，他们在自己的头脑中保留着从早年就开始积累的各种各样的看法。当他们很有道理地确信这些看法的大多数不符合真理时，他们便试图把一些看法同另外一些看法区别开来，因为他们害怕把这两类看法混淆在一起会使得全部看法不可靠。为了不犯错误，最好还是一下子把它们全部抛掉，不管它们当中哪些是真理，哪些是谬误，而后再对它们逐一加以研究，只保留其中那些被认为是真理的和无可怀疑的东西"④。怀疑的目的是使

---

① 笛卡尔. 第一哲学沉思集. 北京：商务印书馆，1986：15.
② 同①14.
③ 笛卡尔. 谈谈方法//16—18世纪西欧各国哲学. 北京：商务印书馆，1975：146.
④ The Philosophical Works of Descartes：vol. 2. Rendered into English by Elizabeth S. Haldane and G. R. Ross. Cambridge University Press，First Edition 1911. Reprinted with corrections 1970：282.

我们在经过怀疑之后,能够更真切地认识到真的东西。由于怀疑"可以让我们排除各种各样的成见,给我们准备好一条非常容易遵循的道路,让我们的精神逐渐习惯脱离感官,并且最后让我们对后来发现是真的东西决不可能再有什么怀疑,因此它的好处还是非常大的"①。普遍怀疑是发现真理的一种方法。

有哪些东西是值得怀疑的呢?笛卡尔认为,第一,感官知觉的东西是值得怀疑的。因为它们常常是骗人的。对于那些曾欺骗过我一次的东西都不要相信它。第二,梦是骗人的。我常常不能区别醒与梦,我常常认为是坐在桌子前看书,其实是一丝不挂地躺在床上。是庄周梦蝴蝶,还是蝴蝶梦庄周,真假难辨。第三,物理科学和数学的确实性也是值得怀疑的。一切考察组合物的科学,如物理学、天文学、医学等,都是极其可疑、极不确实的,因为在这些组合中会产生许多不确实的东西;而算术、几何学以及其他从本性上说只讨论极简单、极一般的东西,而不考察自然中有没有这些东西的科学,则似乎是包含着确实的、无可怀疑的成分,如 $2+3=5$,正方形有四条边,都是一些明白的真理。但是,我们难道能担保在这一方面不受骗吗?我怎么知道在一些问题上上帝不欺骗我呢?也许人们会说上帝是至善的,使我们常常受骗或偶尔受骗是与它的本性不相符合的;然而,我们确实是常常受骗,常常犯错误的。第四,为了寻找一个将成为科学和哲学之基础的真理,我们暂时假设上帝是骗人的。"因此我要假定有某一妖怪,而不是一个真正的上帝(他是至上的真理源泉),这个妖怪的狡诈和欺骗手段不亚于他本领的强大,他用尽了他的机智来骗我。我要认为天、空气、地、颜色、形状、声音以及我们所看到的一切外界事物,都不过是他用来骗取我轻信的一些假象和骗局。我要把我自己看成是本来就没有手,没有眼睛,没有肉,没有血,什么感官都没有,而却错误地相信我有这些东西。"② 在笛卡尔看来,形体、广延、运动等也都是虚构的,好像世界上没有一件东西是确实的。为了认识真理,笛卡尔把上帝这个至高无上的神明暂且也当作恶魔,列入了可以怀疑的东西,这里可以看出笛卡尔普遍怀疑的大无畏的启蒙主义精神。当然,笛卡尔作为一个天主教徒是信仰上帝的崇高和至善的,这种怀疑只是方法上的需要,所以笛卡尔把他的怀疑也称作"夸张的怀疑"。

---

① 笛卡尔. 第一哲学沉思集. 北京:商务印书馆,1986:10.
② 同①20.

那么，还剩下什么东西是无可怀疑的呢？只有"我在怀疑一切"这一点是无可怀疑的。我在怀疑，所以我存在；我在受恶魔之骗，我受骗，所以我存在；我相信以上东西是值得怀疑的，我相信，所以我存在。如果说我在怀疑一切，而我自己却不存在，这是一个明显的矛盾。怀疑、相信等都是思想，因而"我思想，所以我存在"，这是一个无可怀疑的事实。

我是一个思想的东西，我是一个理性或理智。怀疑之后要确立人类理性的存在，怀疑是要还其没有任何偏见而具有理性能力的心灵，使人能够更好地运用自己的良知、自己的健全理智，根据理性的能力、天赋的自然之光做出正确的判断，遵从正确的方法、规则，去重建新的科学大厦。因而，怀疑只是人类重建科学的起点。

三、直观和演绎

什么叫方法？笛卡尔说："方法，我是指确实和简单的规则，如果某人准确地遵从它们，他将绝不会把假的东西当成真的，绝不会把他的精神努力无目的地花费，而将总是逐渐地增加他的知识，这样对于所有不超过他的能力的东西得到一个真实的理解"①。

笛卡尔认为，我们以往得不到关于事物的确实的知识，是因为我们没有得到获得这种知识的方法，或者说以往的方法不恰当。"但是，如果我们的方法正确地解释了应该怎样运用精神的洞察力，以至于不陷入矛盾的错误，并且解释了应该怎样发现演绎，以使我们能够获得全部事物的知识，我看不出还需要什么使这个方法更完全，因为我已经说过，除了通过精神的直观和演绎外得不到任何科学。"② 这就是说，这个方法的内容有两个方面，一是正确地解释怎样运用直观，一是正确地解释怎样发现演绎。直观和演绎就是这个方法的实质和内容。

那么，直观是什么呢？笛卡尔说："'直观'，我理解为，不是感官的往复不定的证据，也不是起源于想象力错误地建构出来的骗人的判断，而是一个纯净的和专注的心灵如此迅速、如此清楚地给予

---

① The Philosophical Works of Descartes：vol. 1. Rendered into English by Elizabeth S. Haldane and G. R. Ross. Cambridge University Press，First Edition 1911. Reprinted with corrections 1973：10.

② 同①.

我们的概念，以至于对于我们理解的东西完全用不着怀疑。"或者换一句话："直观是一个纯净的、专注的心灵所具有的无可怀疑的概念，只是来自理性自然之光，它比演绎本身更确实，因为直观本身更简单，虽然演绎……不能被我们错误地运用。"①

我们运用直观就应该像运用眼睛一样，不要把思想分散在全部事物上，而应集中在某一点上。想一眼把什么都看清的人什么都看不清，想在思维的一个单一活动中同时专注于许多事物，那么思想必然混乱；应该像那些从事细微和精巧的操作的工人那样，把视力集中在某一点上，通过实践获得一种区分各种微小和精细的对象的能力。我们的思想也不应该被各种对象所干扰，而应专心于那些最简单、最容易的特殊事物，这样它才能清楚。

直观应该有两个特点：一是直观的命题必须是最清楚明白的，二是它（命题）必须是同时地（而不是相继地）、整个地被理解。因而，直观和演绎的区别就表现在：（1）某种运动和连续进入到演绎的概念中，而没有进入到直观的概念中；（2）演绎并不要求像直观所拥有的那种直接呈现出来的证明，它的确实性在某种程度上宁可说是记忆赋予它的；（3）第一原则只是由直观直接给予的，而相反，要通过一系列的间接论证才能得来的结论只是演绎提供的。

笛卡尔把演绎作为除了直观之外"认识的补充方法，即通过演绎来认识。我们把演绎作为起源于其他那些我们确实地认识到的事实的全部必然推论"②。需要这种补充方法，也是对象本身的要求，因为许多事物虽然不是由它们本身的证据确实地认识到的（通过直观认识到），但却是由心灵的持续的、不间断的活动，从真实的、自明的原则推演来的，这就如同我们握着一根长链条的第一节就可以认识它的最后一节一样。这就是说，直观是一种直接的认识方式，而演绎则是一种间接的认识方式。

直观和演绎是认识事物的根本方法，它们是笛卡尔方法的实质和核心，"除了那些自明的直观和必然的推演，人类没有直接通向确实知识的道路"③。

---

① The Philosophical Works of Descartes: vol. 1. Rendered into English by Elizabeth S. Haldane and G. R. Ross. Cambridge University Press, First Edition 1911. Reprinted with corrections 1973: 7.
② 同①8.
③ 同①45.

简而言之，直观就是要找到最简单、无可怀疑、无须辩护的人类知识元素，即发现最简单和最可靠的观念或原理。然后从它们开始进行演绎推理，导出全部确实可靠的知识。

四、分析和综合

笛卡尔说："方法完全在于对象的顺序和排列。"顺序是笛卡尔方法的主要秘密，要想发现真理就应该遵循这个顺序。发现顺序是笛卡尔《探求真理的指导原则》一书的"唯一的主题"。

笛卡尔要遵循的顺序就是："我们要将那些复杂的、隐晦的命题逐步地变成那些更简单的命题。然后，从对所有绝对简单的命题的直观理解出发，以精确相似的步骤力图上升到其他事物的知识。"① 这里，一个是下降的顺序，一个是上升的顺序，实际上一个是分析，一个是综合。

分析和综合就是直观和演绎的具体体现。它们从内涵上讲是直观，也就是说要得到确实、清楚明白的知识；从外延上是演绎，笛卡尔说："通过演绎，我们只能从语词得到事物，从结果得到原因或从原因得到结果，从相似的东西得到相似的东西，或是从整体得到部分，或是从部分得到整体自身。"② 这里既包含分析的过程，又包含综合的过程。

我们先看看下降的顺序。"我们要将那些复杂的、隐晦的命题逐步地变成那些更简单的命题"，直至最简单的命题，这就是笛卡尔在《谈谈方法》中立下的第二条方法论原则：把我们要考察的每一个难题尽可能地划分成许多细小的部分，而且为了能够以最好的方式解决它，需要怎样划分就怎样划分。这就是分析。

分析的主要任务，就是要找到最简单的东西、最简单的事实或命题。我们首先就是要找出那个最简单、最容易的东西。这就是从个别去找一般，从具体走向抽象，这个过程是通过对具体事物的分割来进行的。

那么何谓简单呢？笛卡尔说："我们将只是把对它们的认识是如

---

① The Philosophical Works of Descartes：vol. 1. Rendered into English by Elizabeth S. Haldane and G. R. Ross. Cambridge University Press，First Edition 1911. Reprinted with corrections 1973：14.

② 同①48.

此清楚和如此明晰，以至于它们不能被心灵分析成其他更为清晰地被认识的东西叫作简单的。"① 我们把它们看作第一性的和自身存在的东西，而不是依赖于任何其他东西的事物。

有哪些简单的（即不可被心灵再分割的）事物呢？笛卡尔认为，被我们的理智叫作简单的事物有三种：或是纯粹理智的，或是纯粹物质的，或是纯粹理智和纯粹物质共同的东西。第一种有认识、怀疑、无知、意识等；第二种有形象、广延、运动等；第三种有存在、同一、绵延等。它们都是简单性质，是就其本身被认识的、完全摆脱了错误。对这些简单性质的认识是依赖于直观的。我们的认识是不能超出这些简单性质的范围的，我们的认识或是简单性质，或是简单性质的混合物，即由简单性质结合而成的东西。找出了最简单的东西既是分析过程的完结，又是后面认识的起点。

我们再来看看上升的顺序。"从对所有绝对简单的命题的直观理解出发，以精确相似的步骤力求上升到全部其他事物的知识"，这就是综合。应该把全部事物看作一个从绝对到相对，从简单到复杂，相互依赖、相互联系、层层隶属的有顺序的系列，认识以最简单的事物为起点，"然后，一步一步地前进，探寻是否其他的真理能从这个真理中推演出来，并且另外一些真理又从这些结论推演出来，等等，这样依次进行下去"②。综合实际上就是把分割得到的最简单的东西还原为具体的事物。这就是从一般走向个别、从抽象回到具体。

但是，必须注意，全部事实应该以某种系列来排列，这种系列不是就其本体上的意义而言，即不是存在的系列，而是就其认识上的意义而言，是我们去认识它们的系列，是方法上的顺序。正像简单性质也不是客观存在的简单性质，而是我们在认识它们的过程中，心灵不能把它们分得更简单了。这就是《谈谈方法》中规定的第三条方法原则："以适当的顺序引导我们的思想，从最简单、最容易理解的对象开始，以便一点一滴地逐步上升到最复杂的对象的知识。即便是那些彼此之间没有自然的先后次序的对象，我们也要给它假定出一个顺序来。"③ 因此，综合的任务是：从那

---

① The Philosophical Works of Descartes: vol. 1. Rendered into English by Elizabeth S. Haldane and G. R. Ross. Cambridge University Press, First Edition 1911. Reprinted with corrections 1973: 41.

② 同①17.

③ Oeuvre de Descartes, Tome VI: Discours de la méthode et essais. Charles Adam et Paul Tannery. Paris, 1902: 18-19.

些自明的、通过直观得来的简单性质（或简单命题）出发，通过一种方法上的顺序（由简单到复杂的排列），把其他一些事情演绎出来。

一个下降的顺序，一个上升的顺序，一个分析，一个综合，就构成了一个认识的总过程。

在证明问题上，笛卡尔区别了证明的顺序和证明的方法。证明的"顺序仅在于，首先提出的那些事情，它们不需要后来提出的事情的帮助就可以认识。然后安排其他的事情，使它们的证明仅仅取决于先于它们的那个东西"①。笛卡尔说他在《第一哲学沉思集》中就可能遵循这个顺序。笛卡尔的《第一哲学沉思集》中，最初只有一个抽象的自我，然后自我中有天赋观念，包括上帝观念，接着从上帝的观念证明上帝的存在，又从上帝的存在来证明整个世界的存在。这实际上就是一个从抽象到具体的方法。另外，笛卡尔在这里又提出了两种证明的方法：一种是分析的方法，一种是综合的方法。这里的分析法和综合法与前面提到的分析和综合的意义有些不同，笛卡尔说，分析法指出了一条我们有顺序地发现和得到一个事物的真正道路，就像结果从原因中得来一样。"综合法则相反，走的是一条完全不同的道路，发现和进展就像从结果走向原因（虽然证明本身常常是比前一种情形在更大的程度上从原因走向结果），它确实清楚地证明它的结论，用了一连串的定义、假定、公理、定理和疑问，以至于如果其中得出的一个结论被否认了，它马上就会表明这个错误就包含在前面的过程中。"② 在这种方法里，读者感到满足，但事物本身是怎么发现的，它并不告诉你。古代的几何学家们在他们的写作中运用的就是这种方法。他们不是对于分析法一无所知，而是把它作为一个秘密留给自己。然而分析的方法的优越性在于它能告诉我们发现的过程，而综合的方法却不能说明它所推演的那些事物是怎样发现的。所以，从本性上来讲，综合的方法不太适合于研究形而上学。因为它不能向我们揭示形而上学清楚、分明的第一概念是怎样发现的，所以笛卡尔在第一哲学的沉思中仅仅采用了分析的方法。

---

① The Philosophical Works of Descartes：vol. 2. Rendered into English by Elizabeth S. Haldane and G. R. Ross. Cambridge University Press, First Edition 1911. Reprinted with corrections 1970：48.

② Oeuvre de Descartes，Tome IX-1：Méditations. Charles Adam et Paul Tannery. Paris, 1904：121.

在这里，实际上笛卡尔认为分析的方法是研究的方法、发现的方法，而综合的方法则是叙述的方法、教导的方法。笛卡尔的这一区分无非是欧几里得方法中发现真理的过程和证明真理的过程的区分的进一步明确化。而它对于后来社会科学的研究有着极大的帮助。马克思在对资本主义社会进行研究、写作《资本论》时，就特别注重发现的方法和叙述的方法的区分，正确地运用了从具体到抽象，又从抽象到具体这两种科学研究的方法。

五、完全枚举或归纳

如前所述，笛卡尔认为，直观和演绎是得到确实的知识的根本方法；而演绎从本质上来说，是对直观的补充，最终还是归结为直观。演绎就其为一个过程而言，"它似乎不是同时出现的，当它从一个东西推出另一个东西时，是与心灵的一种运动有关的"①，所以从这个意义上讲两者是对立的。但如果把演绎作为一个完成了的事实、一个运动的完成状态来考虑，只要推理是简单明确的，它就是通过直观表现出来的，每一步都是一个直观。所以，直观"这种精神的洞察力既伸展到那些简单性质上，也伸展到它们必然联系的知识上去"②。

但是，直观仍有它范围的局限性。"如果我们从各种各样而又没有联系的事实中推论出任何单个事物，常常我们的理智能力不足以在一个单一的直观中全部地把握它们。"③ 在这种情形下，我们的心灵就要求助于列举或归纳了，当我们对某个事物的知识不能归结为直观的时候，那么归纳就是给我们留下的唯一方法了。同时，还可以用列举来审查推理的步骤，将这些步骤全部列举出来，使它们毫无遗漏，保证推理的正确性。笛卡尔说："如果我们希望使我们的科学完善……列举也是需要的。"④

什么是列举呢？这个列举或归纳是那些和提出的问题有关的全部事实的概览和详细目录，它非常全面、精确，无一遗漏。这也就是笛

---

① The Philosophical Works of Descartes：vol. 1. Rendered into English by Elizabeth S. Haldane and G. R. Ross. Cambridge University Press，First Edition 1911. Reprinted with corrections 1973：33.
② 同①.
③ 同①45.
④ 同①20.

卡尔在《谈谈方法》中所确立的第四条方法论原则："在一切情形下，列举尽量全面，审视必须广泛，使我们确信没有遗漏任何东西。"①

从确实性而言，列举或归纳尽管不如直观，但还是能够使我们对吸引我们注意力的东西做出正确的、确实的判断。通过适当的列举或归纳，"我们可能获得比通过其他任何类型的论证（简单的直观除外）所能获得的更确实的结论"②。我们的心灵应该满足于这种确实性。

笛卡尔还规定，要想得到比较确实的知识，列举必须做到以下三点：（1）列举应该是恰当的，如果有缺陷就会导致错误；（2）列举必须完全；（3）列举应该是有顺序的。

这样，笛卡尔的方法最后就归结为两种方法，即直观和归纳。笛卡尔说："所有我们能够赖以完全摆脱幻想而获得事物的知识的心智作用，现在我只承认两种，即直观和归纳。"③ 直观是最根本的方法，是笛卡尔整个方法的主体部分，演绎、分析和综合都是以直观为基础的，而列举或归纳是当直观无能为力时用的一种方法，是笛卡尔方法的补充形式。

笛卡尔的方法还没有全部结束。他认为，我们的知识是由两部分组成的，一部分是简单命题，一部分是"疑问"，笛卡尔把它规定为每一种其中存在着真理或错误的东西。虽然前面所讲到的一些方法规则是我们得到简单命题知识的规则，但是，在解决"疑问"时，我们同样可以综合地运用前述规则，对"疑问"的考察也是笛卡尔方法的一个重要部分。

在西方哲学史和科学史上，对笛卡尔的方法有着不同的概括，有人谓之为演绎法，有人谓之为分析法或分析—综合法，有人谓之为怀疑法。我觉得这些似乎都失于以偏概全，未能恰当地反映出方法论体系。我认为，笛卡尔的方法论体系是：以建立普遍数学为目标，以普遍怀疑为起点，以直观和演绎为内容，以分析和综合为形式，以列举或归纳为补充的完整体系。从以上可以看出，笛卡尔的方法可谓独树一帜，其中有许多重要的特点是值得我们注意的。

---

① The Philosophical Works of Descartes：vol. 1. Rendered into English by Elizabeth S. Haldane and G. R. Ross. Cambridge University Press，First Edition 1911. Reprinted with corrections 1973：92.

② 同①20.

③ 同①7.

第一，笛卡尔的方法是以他的理性论为认识论根据的。笛卡尔的方法是典型的理性主义的方法，精神直观在他的方法中占有极其重要的地位。他是把直观的清楚、分明作为真理的标准。

到底怎样才算是清楚、分明的呢？笛卡尔后来在《哲学原理》中做了解释："所谓清楚，我是说它出现或显现于那个注视的精神，如同我们说清楚地看见了对象，当对象以相当大的力量展现于眼前时，眼睛才能看见他们。所谓分明，是说它是如此的精确并且和其他一切对象完全不同，在它之中只包含如此的精确并且和其他一切对象完全不同，在它之中只包含明晰地展现那个本来考虑它的精神的东西。"① 他还以痛苦为例说，一个知觉即使不分明，也可以是清楚的，但是一个不清楚的知觉则不可能是分明的。当一个人感到剧痛之后，他对于这个痛苦的知觉是很清楚的，但并不总是分明的，他往往会把痛苦的知觉和痛苦的本性混淆了，以为在痛处就有一种痛的东西。但是如果一个人根本就不能清楚地感到痛，则更难以分明地辨别这个痛苦了。

笛卡尔运用这条标准来贬低感性认识。他认为，对于物体的认识，不能靠感觉，也不能靠想象，而只有理智才能对它们认识得最清楚。事物的感觉性质是多种多样的，在不同的条件下是不断发生变化的，你刚刚清楚、分明地感觉到的现在又变了，只有理智的清楚、分明的领会才是可靠的。而且，我们的感官所感觉到的东西，最终还需要我们的理智来做出判断。外部世界的本质依赖于人的精神去理解、领会，去做出判断，"尽管我的判断里还可能存在某些错误，不过如果没有人的精神，我就不能把它像这个样子来领会"②。所以，笛卡尔得出结论："真正来说，我们只是通过在我们心里的理智功能，而不是通过想象，也不是通过感官来领会物体，而且我们不是由于看见了它，或者我们摸到了它才认识它，而只是由于我们用思维领会了它。"③

笛卡尔把主观上即理解上的清楚、分明看成是检验真理的标准，脱离了认识对象，离开了实践讲真理，这无疑是唯心主义的。但是，也应该看到，在笛卡尔时代，能够提出这个标准不能不说是一个不凡之举，它意味着，西方人开始要以我心中的是非为是非，而不再

---

① Oeuvre de Descartes, Tome Ⅸ-2: Principes de la Philosophie. Charles Adam et Paul Tannery. Paris, 1904: 44.
② 同①32.
③ 同①33.

以宗教和权威的是非为是非了。它是对外在权威的否定，使每一个人都有认识真理的权力。笛卡尔也看到了理智的认识优先于感觉的认识，它能够把握事物的本质，并且即使感觉的认识也不能脱离理智，如果没有理智的判断，人们根本不知道他感觉的到底是什么，这些在认识论上都是有合理因素的。

同时，笛卡尔的方法是以他的天赋认识能力的思想为基础的。每一个人都有着健全的理智、良知，天赋的自然之光。人的认识能力是由理智、想象、记忆、感觉几个部分组成的，其中最主要的是理智。"理智确实能独立感知到真理，然而，它应该依赖想象、感觉和记忆的帮助。"① 直观和演绎就是理智的两种作用，它的基础是理智；而列举或归纳的确实性在某种程度上依赖于记忆。理智、想象、感觉、记忆是同一个心灵的认识能力的不同功能，或不同的表现形式，它们之间也是相互影响、相互作用的。

第二，在笛卡尔的方法中开始了对"演绎和归纳"与"分析和综合"之间的内在关系的探讨，但是，绝不是像某些人理解的那样，分析等于归纳，演绎等于综合；并且，在笛卡尔这里对分析、综合、归纳、演绎有着自己特殊的规定，他的归纳并不像培根的归纳那样是从个别中概括出普遍公理，他的综合也并不一定就是把许多个别的本质综合成一个理性的具体。从经验论者（如培根、霍布斯、洛克）和理性论者（笛卡尔、斯宾诺莎和莱布尼茨等）到康德、黑格尔，他们对分析和综合、归纳和演绎都有着自己特殊的规定，因而我们不能把它们和后来马克思、恩格斯、列宁对这两种方法的规定相等同。

第三，我们还必须注意，笛卡尔的演绎也不是传统的三段论。笛卡尔在他的著作中很少讲过他的演绎就是从大、小前提推出结论的三段论。而相反，他却多次对经院哲学常用的三段论提出了批判。他的任务是要发现真理，要找到发现真理的方法，而他认为，三段论式的证明完全无助于真理的发现。"从这种公式中他们不能收集到什么新的东西，所以通常的辩证法对于那些发现真理的人来说是很没有价值的。它唯一可能的作用就是用来偶尔向他人更容易地解释我已经发现了的真理，所以它应该从哲学变成修辞学。"② "三段

---

① The Philosophical Works of Descartes：vol. 1. Rendered into English by Elizabeth S. Haldane and G. R. Ross. Cambridge University Press，First Edition 1911. Reprinted with corrections 1973：36.

② 同①32-33.

论……用来向其他人解释某人已经知道的东西比用来知道新的东西更好。"① "三段论的形式对感知对象的真理没有任何帮助,完全排除它们会对读者有利。"②

笛卡尔羡慕的是代数学的简单明了的推理链条,他在演绎中强调的是顺序,强调的是比较,"在每一串推理中,只有通过比较我们才能获得真理的精确知识"③。在序列中,在比较中确定一个事物的地位、关系、性质,从而得出关于它的真理。

第四,笛卡尔尽管坚持理性主义的方法,但他并不排斥实验的作用。他本人就亲自做过解剖学和心理学的实验。笛卡尔理性主义方法是以经验、实验为前提的,没有从实验得来的经验材料就无从直观、分析或综合。分析、综合就是对观察材料的分析和综合。笛卡尔对那些忽视经验而设想真理会从他们的大脑中跳出来的哲学家是很蔑视的。他批评他们说:"他们像一个试图从地面蹦到房顶上的人,要么是没有想到帮他上房的梯子,要么是没有看到这些梯子。所有的占星学家就是这样行事的,他们虽然不懂天体的本性,甚至没有对天体运动做适当的观察,就期望着指出天体运动的结果。那些离开物理学来研究力学的人也是这样,他们轻率地设计出产生运动的新器械。与他们同出一辙的是那些哲学家,他们无视经验,想象真理将会从他们头脑里产生出来,就像帕拉斯从宙斯的脑子里变出来一样。"④ 就知识而言,笛卡尔注重的不是经验材料,而是认识者怎样加工、处理这些材料,加进了哪些主观的东西。

第五,笛卡尔的方法既适用于各门科学,也适用于哲学。在17世纪,科学开始从哲学中分离出来成为独立的学科,但从探求真理、崇尚理性、反对权威的角度来看,哲学和科学又是同一的。按照笛卡尔的看法,哲学是关于智慧的学问,而各门科学是和智慧同一的,因而从本质上讲哲学和科学是一致的,这就决定它们在方法上也是共同的。笛卡尔反对亚里士多德认为由于各门学科的对象不同因而它们的方法也各异、方法不是一而是多的观点。他强调自己的方法是一般方法论,是一而不是多,既适用于科学,也适用于哲学。同

---

① The Philosophical Works of Descartes: vol. 1. Rendered into English by Elizabeth S. Haldane and G. R. Ross. Cambridge University Press, First Edition 1911. Reprinted with corrections 1973: 90.

② 同①.

③ 同①55.

④ 同①14—15.

时，他还强调他的方法是发现的方法，主要是通过分析法体现出来的，认为这是他阐述他的纯粹哲学学说的最好方法。他说，他在《第一哲学沉思集》中运用的就是分析的方法，遵从的是发现的顺序。他认为，综合的方法是表述发现的那些东西的方法，是一种几何学的演绎。笛卡尔在《对第二组诘难的回答》中，曾经按照几何学的形式，将他的哲学体系重新表述，按照定义、假说、公理或共同原则、命题的形式组成了一个体系。笛卡尔在《哲学原理》中运用的也是综合的方法，要表明如何通过第一原则将其他一切东西推演出来。

笛卡尔是欧洲近代第一位企图以数学为模型建立哲学和科学方法论的人，因而与弗朗西斯·培根创立归纳逻辑不同，笛卡尔的方法极大地丰富和发展了演绎逻辑，他们两者的方法对现代西方哲学流行的归纳主义和演绎主义产生了深远的影响。笛卡尔要将数学的方法引进哲学，是斯宾诺莎运用几何方法来建立哲学体系的直接思想先驱。他要建立一种普遍数学的思想不仅对现代逻辑学中的"数学主义"有着重大影响，而且对我们今天如何建立哲学和科学方法论也不无启迪。

第三章 我思故我在

在笛卡尔的哲学中，他首先要确立的是精神性主体的存在。可以说，笛卡尔是西方近代主体性哲学的先驱。笛卡尔的主体性的思想是通过他对"精神"实体，即灵魂或心灵的论述和他的著名的命题"我思故我在"表现出来的。"我思故我在"是笛卡尔二元论哲学的基石，是笛卡尔为他的哲学寻找到的第一原则，同时它又是近代认识论发展的起点。这一命题成为一种公式，在欧洲哲学史上产生着长久的影响。不理解这一命题，也难以很好地理解欧洲近现代哲学。因此，分析笛卡尔的"心灵"或"精神"的概念，阐明"我思故我在"这一命题的内涵，探讨它在笛卡尔哲学体系中的地位以及对于欧洲近现代哲学的影响，对于我们把握笛卡尔的哲学体系是非常必要的。

一、最为确实的真理

蒙台涅（Michel Eyguem de Montaigne，1533—1592，又译蒙田）可以说是法国近代哲学的始祖，他像其他人文主义者一样把人作为中心。他崇拜苏格拉底，认为重要的不是对自然界的认识，而是对人自身的认识，即"认识你自己"。从他这里开始，意识又成了自我意识。他在近代第一个恢复了古代的怀疑论，他的名言是"我知道什么"。他认为感觉、理性和知识都是不可靠的，一切真理都是相对的，怀疑一切在他看来是最有效、最可靠的武器。蒙台涅怀疑的矛头直指神学和经院哲学，在当时是有积极意义的。他对经院哲学的怀疑和批判，对笛卡尔产生了深刻的影响，使笛卡尔认识到，在一生中必须对以往的一切知识进行一次全面的、彻底的怀疑。但是，蒙台涅的怀疑导致了对人类理性的否定而走向信仰主义，而笛卡尔是从彻底怀疑走向了对自我的发现，走向对人类理性的肯定和确立，要将一切放在理性面前重新审视。笛卡尔的怀疑是一种辨别无可怀疑的东西的武器。

"我思故我在"是笛卡尔在普遍怀疑之后所得到的一个最为确实、再也无可怀疑的命题，它是一个坚固的、不动的、全部知识大厦可以立于其上的"阿基米德式的点"（the Archimedean Point）。因为，阿基米德曾经说过，只要给我一个支点，我就可以撬动地球。笛卡尔的意思是说，只要我有了一个坚实的基点，我就可以建立起科学知识的大厦。

笛卡尔的普遍怀疑怀疑一切感性经验，怀疑自然界一切事物，怀疑数学和其他一切科学知识，甚至怀疑上帝，假定上帝是一位骗人的恶魔。在经过一次彻底的、普遍的怀疑之后，笛卡尔认为，"我可以设想我没有身体，可以设想没有我所在的世界，也没有我所在的地点，但是我不能就此设想我不存在，相反地，正是从我想到怀疑一切其他事物的真实性这一点，可以非常明白、非常确定地推出：我是存在的"①。"假定没有上帝、没有天、没有形体，是很容易的，但是我不能同样地设想，怀疑这些事物的我也不存在，因为设想思想的东西在他正在思想时不存在是一种矛盾。因此，'我思故我在'这个结论是一个有顺序地进行思考的人得到的第一种和最为确实的知识。"②

怀疑是一种抽象、否定，同时又是一种肯定。怀疑否定了天地、形体和运动，人的感官、血肉、躯体都作为"非我"被否定和抽象掉了，而剩下的是对"我思"、对"我"自身的肯定。笛卡尔普遍怀疑的结果是确立"我思"和"精神"的存在，把它看作哲学的基础和本原。用费尔巴哈的话来讲，笛卡尔"只有通过怀疑、否定当做哲学的发端，才奠定和能够奠定那种新的、自由的、从自身开始的哲学的开端和基础"③。

"我思故我在"是笛卡尔哲学的第一原则。

笛卡尔"第一原则"与亚里士多德的"第一原则"不同。亚里士多德的"第一原则"也是第一原因、第一推动者、纯形式，它是

---

① 笛卡尔. 谈谈方法//16—18世纪西欧各国哲学. 北京：商务印书馆，1975：148.
② Oeuvre de Descartes，Tome Ⅸ-2：Principes de la Philosophie. Charles Adam et Paul Tannery. Paris，1904：27.
③ 费尔巴哈哲学史著作选：第1卷. 北京：商务印书馆，1978：164.

一切事物存在的第一原则（因）；而笛卡尔把"我思故我在"作为第一原则，是认识的第一原则，它是我们最先认识的东西，也是最确实的东西，同时又是整个认识过程的起点。他曾经说第一原则的特点是：第一，它是最为确实、无可怀疑的知识；第二，从它出发可以推论出其他事物的知识，其他事物的知识依赖于它，而它则不依赖于其他事物的知识。笛卡尔从这条第一原则出发，推出了他的整个哲学的原理。

笛卡尔无论是在《探求真理的指导原则》还是在《第一哲学沉思集》中都注意区分"实在情况的次序"和"思路的次序"。有人反驳笛卡尔说："不能从人的精神对它本身进行反思时只看出它自己、看不出别的什么东西这一事实就得出结论说，人的精神的本性或本质仅仅是思维；因为那样一来，'仅仅'这一词就把其他凡是有可能说得上也是属于灵魂的东西都排除掉了。"① 笛卡尔回答说："我在那地方并不是有意按照事物的实在情况的次序（因为那时我还没有谈到事物的实在情况），而仅仅是按照我的思路的次序，把它们排除了。我的意思是：我那时还不知道我是属于我的本质的，我只知道我是一个在思维的东西。不过以后我将指出我是怎样从我不知道别的东西是属于我的本质这件事引申出来事实上并没有别的东西是属于我的本质的。"② 这就是笛卡尔所说的他在《第一哲学沉思集》中运用的是"发现的方法"，他最先发现的是"我思故我在"，然后才发现其他的东西。所以我认为目前通行的教科书中说笛卡尔是主张只有我存在才有上帝存在和外部世界的存在，是不对的，这样显得笛卡尔是一个彻头彻尾的主观唯心主义者。应该说笛卡尔是首先认识到我的存在，然后通过我的存在进一步认识到上帝的存在和外部世界的存在。从发现的进程来说，发现自我是发现其他一切事物的关键。要想认识到其他事物存在，首先必须意识到自己的存在，要有对象意识，必须有自我意识。这样，笛卡尔就不会像有些人说的那样荒谬。

第一，笛卡尔从"我思故我在"中引出了唯理论的真理标准。"我思故我在"是最为确实的真理，因此，可以引出一条基本原则，凡是我清楚、分明地领会的东西都是真的。实际上，这也是笛卡尔的真理标准。

---

① 笛卡尔. 第一哲学沉思集. 北京：商务印书馆，1986：7-8.
② 同①8.

第二，笛卡尔认为，从"我思故我在"出发，可以证明精神和物体、心灵和形体的区别。笛卡尔就是要确立人的主体性。他首先把人的精神作为一种实体和物质世界对立起来，认为人可以通过灵魂，通过"自然之光"——理性去认识世界，按照世界的本性而行动，从而做世界的主人，而物质世界则只是人的认识对象和征服、改造的对象。这样，笛卡尔就从他的"第一原则"引出了他的二元论。精神和物体、灵魂和肉体在本质上是绝对对立、可以分离存在的，这种二元论不仅使世界分裂为二，更重要的是使人分裂为二。

第三，笛卡尔从"我思故我在"出发，从上帝观念和具有上帝观念的我的存在来证明上帝的存在。我在怀疑，证明我还不完善，但我心中有一个绝对完善的观念，那么这个观念的这种完善性不能从我自身得来，它一定是来自在我之外的一个确实绝对完善的东西，这个东西就是上帝。这个上帝不是骗子，他是绝对完善、全智全能的。他创造并且保存着我，给予我们永恒真理和认识能力，是我们认识可靠性的保证。

第四，笛卡尔从"我思故我在"出发，证明了外部世界的存在。在我心中还有许多清楚、分明的外物的观念。凡是我清楚明白地领会到的东西，上帝就会按照我领会到的那个样子把它们产生出来。所以，外部世界也是存在的。这样，"我思故我在"从确立"我"的存在、灵魂或精神的存在，进而确立了上帝的存在和物质实体的存在。

由此可见，笛卡尔是把"我思故我在"作为他的全部哲学体系的基石、他的演绎体系的逻辑起点或第一原理。

二、我，思，故，我在

"我思故我在"，拉丁文是 Cogito, ergo sum。cogito 是动词 cogitare（思想）的第一人称单数的变位形式。从形式上看，没有出现"我"（ego），是"思，故在"，或"思，在"。但实际上"我"是包含在 cogito 这个变位动词形式之中的，即这个思想是我的思想。所以译成法文就是：Je pense, donc je suis，译成英文就是：I think, therefore I am。我们中文则译作"我思，故我在"，或"我思想，所以我存在"。

下面我们来对"我思故我在"这一命题做一分析。

"我"。在笛卡尔那里,"我"确实不仅仅是暗含在动词的变位形式之中的"我",而且是有着特殊规定的"我"。那么,"我"是什么呢?笛卡尔说,以前他认为"我是一个人","我首先曾把我看成是有脸、手、胳臂,以及骨头和肉组合的这么一架整套机器,就像从一具尸体上看到的那样,这架机器,我曾称之为身体。除此之外,我还曾认为我吃饭、走路、感觉、思维,并且我把我所有这些行动都归到灵魂上去"①。既然现在我认为上帝是一个骗人的恶魔,根本就没有天地万物,那么也就没有了形体,没有手、脸、臂,因而也就不会摄取营养,不能走路,不会感觉。那么,我还有什么呢?我发现我只有一种属性属于我,与我不可分,这就是思想。"现在我觉得思维是属于我的一个属性,只有它不能跟我分开。有我,我存在这是靠得住的;可是,多长时间?我思维多长时间,就存在多长时间;因为假如我停止思维,也许很可能我就同时停止了存在。……因此,严格来说我只是一个在思维的东西,也就是说,一个精神、一个理智,或者一个理性,这些名称的意义是我以前不知道的。那么我是一个真的东西,真正存在的东西了;可是,是一个什么东西呢?我说过:是一个思维的东西。"② 我是一个没有形体的、不能诉之于感觉的、精神的东西,它的唯一属性是思维、思想。

"思"。思维或思想是什么呢?拉丁文的动词 cogitare(思想、思维)和法文动词 penser(思想、思维)以及相关的名词 cogitatiot 和 pensée,其意义比英语中的 think 和 thought 宽泛得多。在英语中,思维或思想只是指推理的或认识的过程,而笛卡尔这里所用的"思维""思想"是指任何一种意识状态或意识活动。它不仅包括理智的推论、判断或信念,而且包括意志的活动和作为心理活动的感觉、想象。笛卡尔说:"'思想',这个词包括以一种我们能够直接地意识的方式存在于我们之中的每一种东西。所以,全部意志的活动、理智的活动、想象的活动和感觉的活动都是思想。"③ 他还说:"我们

---

① 笛卡尔. 第一哲学沉思集. 北京:商务印书馆,1986:24.
② 同①25-26.
③ The Philosophical Works of Descartes:vol. 2. Rendered into English by Elizabeth S. Haldane and G. R. Ross. Cambridge University Press,First Edition 1911. Reprinted with corrections 1970:52.

注意到，在我们之中思维的一切方式可以归为两大类：其中一类是通过理智而知觉，另一类是通过意志而决定。这样，感觉、想象，并且对于纯粹心智事物的领会，都只是知觉的不同方式；而欲望、厌恶、肯定、否定、怀疑是意志的不同方式。"① 所以在笛卡尔这里，"思维"不仅和"思想"是同一个意思，而且和"意识活动"也是同一个意思。为了更贴切地体现笛卡尔的原意，我认为在中文译成"我思想"比译成"我思维"更好。不过我们在平常的谈论和写作时，并没有将它们严格地区分开来。

"故"。"我思故我在"这个命题中的"故"字是什么意思呢？"故"，拉丁文为 ergo，法文为 donc，英文为 therefore。这一副词用在这里，给我们一种感觉，似乎这里有一个推理：一切思想的东西都存在，我思想，所以，我存在。其实，"故"在这里只是一种语气的转折、顺延的意思，而不表示推理。尽管笛卡尔偶尔也运用一些字眼，使我们觉得"我思故我在"是一个推理。如他在《谈谈方法》中说："正是从我想到怀疑一切其他事物的真实性这一点，可以非常明白、非常确定地推出：我是存在的。"② 这里用的"推出"二字不是从严格意义上讲的。笛卡尔很谨慎地强调"我思故我在"不是一个推理。他说："当我们发觉我们是在思维着的东西时，这是一个第一概念，这个概念并不是任何三段论式推论出来的。当有人说：我思维，所以我存在时，他从他的思维得出他的存在这个结论并不是从什么三段论式得出来的，而是作为一个自明的事情；他是用精神的一种单纯的灵感看出它来的。从以下的事实看，事情是很明显的，如果他是从一种三段论式推论出来的，他就要事先认识这个大前提：凡是在思维的东西都存在。然而，相反，这是由于他自己感觉到如果他不存在他就不能思维这件事告诉他的。因为，由个别的认识做成一般的命题，这是我们精神的本性。"③ 这就是说，如果这是一个三段论的话，首先必须要有一个大前提：一切思维着的东西存在着。可是这个大前提是依赖于每一个人的经验，它是建立在观察（每一种个别的思想的东西也同时存在着）上的一种归纳，而从个别归纳

---

① The Philosophical Works of Descartes：vol. 1. Rendered into English by Elizabeth S. Haldane and G. R. Ross. Cambridge University Press，First Edition 1911. Reprinted with corrections 1973：232.
② 笛卡尔. 谈谈方法//16—18 世纪西欧各国哲学. 北京：商务印书馆，1975：148.
③ 笛卡尔. 第一哲学沉思集. 北京：商务印书馆，1986：144.

出"凡是在思维的东西都存在"这种一般是精神的本性,这个大前提的得出实际上是以人的精神的存在、以我思为前提的。因此,如果认为有大前提那就是循环论证。另外,如果是三段论推理,则要求一个中项,把大前提和结论联结进来,可是在笛卡尔这里也不存在这个中项,思想和存在是直接同一的,是自身等同的。笛卡尔认为,我认识到我存在是通过一种直观,"精神的一种单纯的灵感",而不是推理;直观这种思维的直接性,使我觉得我自己比外物更好认识,我能比认识外物更好地认识到我自己。

笛卡尔否认存在着一个大前提:一切思维的东西都存在。但是,他并不否认在"我思"和"我在"之间有一种必然联系。他说他在他自身中观察到,他思想着而不存在这是不可能的。"我发觉在'我思想,所以我存在'这个命题里面,并没有任何别的东西使我确信我说的是真理,而只是我非常清楚地见到:必须存在,才能思想。"① 似乎在笛卡尔看来,承认有一个大前提"每一个思维着的东西都存在"和承认"要思想,必须存在"这个命题两者之间是不同的。他不承认"我思故我在"有一个大前提,但承认在我思和我在之间有一种必然联系。他曾在《哲学原理》中说:"当我说'我思想,所以我存在'这个命题在那些有条理地进行思维的人看来是第一种和最确实的知识时,我完全没有否认必须首先知道思想是什么,确实性是什么和存在是什么,也没有否认要思想必须存在这条真理和其他相似的东西。而是因为这些都是如此简单的,概念在它们之中,它们不能给予我们关于任何存在的事物的知识,所以我觉得在这里没有必要把它们算在内。"② 笛卡尔认为,"要思想,必须存在",这是一种抽象的必然性,它不能给我们任何关于外部世界的知识,因为它是永远正确的抽象公理,它与外部世界的事物无关,因为这时我们还没能知道有外部世界和任何外物的存在的知识。"当某人说一个东西同时既存在又不存在这是不可能的,已经做过的事不可能没做,一个思想的人在他思想时不可能不存在,以及其他一些相似的性质时,这些只是一些真理,而不是在我们思想之外的事物。"③ 笛卡尔

---

① 笛卡尔. 谈谈方法//16—18世纪西欧各国哲学. 北京:商务印书馆,1975:148.

② Oeuvre de Descartes,Tome Ⅸ-2:Principes de la Philosophie. Charles Adam et Paul Tannery. Paris,1904:29.

③ 同②46.

认为以这样的一些抽象公理作为"我思故我在"的前提条件是可以的，因为它们对外部世界不做任何判断。而说"一切思想着的东西都存在"则和外部世界有关，与经验观察有关，是对存在的事物做出判断。有些人认为，笛卡尔这个思想与传统的三段论逻辑假定相似，"所有的A都是B"，这个大前提，是指A实际是存在着的，如果用这个理论来看"一切思想着的东西都存在"这个大前提，就无异于说"一切实际上存在着的思想着的东西是存在的"，这就在判定一个还不知道是否存在的东西时已经以它的存在为前提了，这是逻辑矛盾。但是，也有人认为，"我思故我在"仍是一个推理，尽管不是三段论推理，因为并不是一切推论都是三段论。"要思想，必须存在"，"我在思想，所以我存在"，这也是一个很明显的推理。这种看法不是没有道理的。

"我在"。"我在"是指什么呢？我在思想，所以我就存在；我思想多久就存在多久；如果完全停止了思想，我也就完全停止了存在。思想和存在之间是直接同一的，没有任何差别，存在是思想的存在，没有"我思"就谈不上"我在"。"我在"就是一个思想的东西存在。从我思想就可以得出我存在。

值得注意的是，法国的一些学者考证，笛卡尔的"我思故我在"在《第一哲学沉思集》的拉丁文原文中并不是"Cogito, ergo sum"。巴利巴尔教授考证说①，笛卡尔在《谈谈方法》的第四部分中用法文写的是"je pense, donc je suis"；在《哲学原理》中的拉丁文是"Ego cogito, ergo sum"，翻译成法文后也是"je pense, donc je suis"；但是，在《第一哲学沉思集》中的说法就不一样了，只是简单地说"Ego sum, ego existo"。应该说，《沉思集》的表述是最正规的，因为，它是一本专门表述第一哲学的学术专著，是深思熟虑后提出来的，而《谈谈方法》则是一种通俗性的著作，《哲学原理》是便于学生学习的教材，所以，理应以《沉思集》中的表述为准。《沉思集》中的"Ego sum, ego existo"，译成法文应该是"Je suis celui qui suis"，或"Je suis celui qui est"，"Je suis qui je suis"，意思是"我就是那个存在的东西"，或"我是其所是"，"我是我所是的那个人"。从历史渊源来考证，笛卡尔的这种表达方式出自《旧约圣经·出埃及记》中的一种表述模式——在第三章第14节中，"上帝对摩

---

① Etienne Balibar. Descartes au point hérésie. Bulletin de la Société. Séance du 22 Février 1992.

西说：'我是我所是的那个人'"①。上帝说的这句话就是"Je suis qui je suis"（法文），"I am who I am"（英文）。按照基督教的理解，上帝在这里用"第一人称"的神圣称呼对自我的存在做大声的宣示，"我就是我"，"我就是我所是"，"我就是我所是的那个人"，"我就是存在着的存在"。上帝的这种自我断定，是在宣布一个必然真理。我们可以看出，笛卡尔的"Ego sum，ego existo"的表述方式和基督—犹太教的传统本身一样古老。而笛卡尔把这种第一人称的表述方式引进到近代哲学中来，是对"主体"的自我确认或自我承认。笛卡尔要凸显这里所做的陈述或判断都是"我"的判断，是我所喜爱或所选择的陈述或判断，是我每一次都要大声宣示的陈述或判断。另外，"Ego sum，ego existo"它是一种概括，它不只是现在真，而且将来也是真的，在任何时候都是真的。为什么笛卡尔要用"sum"和"existo"两个词来表示存在呢？它们之间有什么区别呢？"Ego sum"是指"我存在，我活着"，"我是一个活着的东西"。从《沉思集》一开始，笛卡尔就用"existere"表示实在的存在、真正的存在、在现实中存在，而不是虚构的存在或想象的存在。所以，"ego existo"，是指"我是、我真正是我"，"我在实在的意义上存在"。

不管"我思故我在"最初的形式是"Cogito，ergo sum"，还是"Ego sum，ego existo"，它的基本特征是：第一，"我思故我在"只是对自我的一种肯定，是对自己意识活动的一种直接感知，是对自我的本质、思维能力、认识能力的一种肯定。而不是说，没有我存在就没有世界存在。第二，笛卡尔也不是说，世界上只有我一个人存在而别的人都不存在，或他们的存在依赖于我的存在。他在说明"我思""思想""观念"时，常常把"我"换成"我们""他"。笛卡尔哲学专家威尔逊夫人（Margaret Dauler Wilson）认为："他在《第一哲学沉思集》中用第一人称'我'来表达他的思想是最有效的表达方式。对他的哲学最重要的说明依赖于第一人称，这既有着修辞学的理由，也有着哲学的理由；他的《第一哲学沉思集》的目的是要改变人的思想，运用第一人称对于读者来说，可以增进辨别力，从而使他的思想从黑暗和虚无的哲学向近代新的光明的哲学和科学转变得更顺利。"②这就是说，笛卡尔运用第一人称这种最有效的表

---

① Holy Bible. New International Version. The Gideons International in the British Isles Lutterworth，England，1984：113.

② Margaret D. Wilson. Descartes. London：Routledge and Kegan Paul，1978：4-5.

达方式，是为了使读者更容易摆脱中世纪哲学的黑暗和空虚去迎接近代新哲学的光明。笛卡尔在《哲学原理》中主要用"我们"、"它"（灵魂），在《用自然之光去探求真理》中则大量用第二人称"你"，然而表达的意思和"我"是同样的。因此，笛卡尔的"我"不是指笛卡尔一个人，而是指一般的"我""心灵"，或所有的"我""心灵"。

三、精神性认识主体的确立

笛卡尔提出"我思故我在"这一命题的主要目的就是要确立精神性的认识主体"我"的存在，把"主体"的存在看成是最为确实的东西。主体的存在是认识其他一切存在的前提。但是，笛卡尔确立的"我"是一个精神性的我、一个灵魂、一个思想的东西，而不是物质的我、感性存在的我。为此，唯物主义哲学家们甚至部分神学家和笛卡尔展开了辩驳和论战。

唯物主义哲学家霍布斯对笛卡尔提出的首要问题就是：思维的主体到底是精神的还是物质的？精神到底能不能离开物质而存在？物质能不能思维？

笛卡尔从"我思故我在"得出：我是一个思维的东西，我是一个精神、一个灵魂、一个理智、一个理性。他把思维主体描述成一个纯粹精神的东西、一个脱离物质而存在的实体。

霍布斯指出，首先，笛卡尔的推论是错误的。从我在思维，不能推论出我是一个思维，或一个理智、一个理性。从"我思维"可以推论出"我是有思维的"，这是对的；从"我思维"得出"我存在"，这也没有什么不妥，因为思维的东西并非什么都不是，要思维必须存在，只有存在着的东西才能进行思维。但是不能说：我思维，所以我是一个思维。这个推论是错误的，就如同说我散步所以我是散步一样荒谬。霍布斯认为，笛卡尔这个错误的根源就在于把体和用、实体和功能混淆起来了，把理智的东西和理智、在思维的东西和思维、跳跃者和跳跃混淆起来了。"我"是思维的主体，思维是"我"的一种活动、一种能力，这两者是既不能分割又不能混同的，这是体和用、实体和功能的关系，实体是功能的寄托者，而实体的本质和活动是靠功能来体现的。笛卡尔是把思维主体和思维活动混淆起来、等同起来了。

其次，霍布斯还认为，思维的实体也不一定就是一个精神的东西，它可能就是一个物质的东西，一个物体性的东西具有思维、理智或理性这些功能。霍布斯说："从这里似乎应该得出这样一个结论，即一个在思维的东西是某种物体性的东西；因为一切行为［用］的主体［体］似乎只有在物体性的理由上，或在物质的理由上才能被理解。"①霍布斯认为，哲学的对象是物体，是从物体的产生求知物体的特性，或是从物体的特性求知物体的产生，因此，它排除既非物体又非物体特性的学说。物体是客观存在、具有广延的东西，宇宙的全体和部分都是物体，任何不是物体的东西都不存在。既然"有形体的东西"与"物体"、"物质实体"都是一回事，那么断言有所谓"无形体的实体""非物质的实体"就是自相矛盾的。笛卡尔把思维主体看作与肉体相脱离的、无形体的"精神实体"，它可以不具有任何物质特性而独立存在，这是一种纯粹的虚构。霍布斯说："既然对我存在这个命题的认识是取决于对我思维这个命题的认识，而对我思维这个命题的认识是取决于我们不能把思维跟一个思维的物质分开，那么似乎应该得出这样的结论：一个在思维的东西是物质的，不是非物质的。"②

伽森狄也对笛卡尔把认识主体、思维主体仅仅看作"一个思想的东西"的观点进行了批判。

笛卡尔经过普遍怀疑，认为"我"仅仅是一个思想的东西，既不是气，也不是风，既无形体，又无广延，是一个脱离了一切物体性的、独立的精神实体。而伽森狄则认为，世界上的一切东西都是物质性的，都有广延。人的灵魂，或笛卡尔所说的"我"，在他看来，并不是什么精神本原的东西，从本质上来讲也是一种物质的东西，不过是一种渗透和散布到肉体中的非常精细、非常稀疏的物质。伽森狄一眼就看出，笛卡尔的"我"并不是一个整个的人，而仅仅是灵魂。并且，对把灵魂看成是没有任何物质特性的东西，伽森狄反问道："为什么你不可以仍然是一阵风，或者是被心脏的热或不拘什么别的原因所刺激起来的、由你最单纯的血所形成的一种非常精细、非常稀疏、散布到你所有的肢体里的精气，它，也就是你，给你的肢体以生命，并能用眼睛看，用耳朵听，用大脑想，就是这样

---

① 笛卡尔. 第一哲学沉思集. 北京：商务印书馆，1986：174.
② 同①175.

执行着通常归之于你的一切功能?"① 伽森狄认为灵魂和肉体一同生长、发育、吸收营养。

笛卡尔说,我就是一个心灵、一个灵魂、一个理智、一个理性,只有思想与我分不开。伽森狄质问道:"我还犹疑,不太知道当你说思维是同你分不开的时候,你的意思是否说:只要你存在,你就一直不停地思维。"如果是这样,"对于不能懂得你怎么可能在昏睡状态中思维,怎么可能在你母亲的肚子里思维的那些人,却不好说服"②。

伽森狄认为大可不必像笛卡尔那样从"我思想"来证明"我存在"。为了证明你的存在,我看不出为什么需要费那么大的事,你可以从你的其他任何活动来证明你的存在,因为凡是起作用的东西都必然存在。那么你可以说,我走路,所以我存在,我感觉,所以我存在。笛卡尔回答说:"因为,当你说我从我的任何一个行动中都本来可以毫无差异地得出同一的结论时,你完全弄错了。因为这些行动中没有一个是我完全清楚的,我是指这种形而上的可靠性说的,除了思维以外,在这里问题只在于这种形而上的可靠性。因为举例来说,我散步,所以我存在,这个结论是不正确的。除非我具有的、作为内部认识的是一个思维,只有关于思维,这个结论才是可靠的。关于身体的运动就不行,它有时是假的,就像在我们的梦中出现那样,虽然那时我们好像是在散步,这样从我想我是在散步这件事我就可以推论出我的精神(是它有这种思想)的存在,而不能推论出我的身体(是它在散步)的存在。其他一切也都是这样。"③ 笛卡尔认为"我走路"、"我感觉"以及相似的一些活动是不真实的,是值得怀疑的,因为它们要以身体的存在为前提,而身体的存在是笛卡尔还没有证明的。他只承认"我在思想"这一点是真的。如果把"我走路"、"我呼吸"和"我感觉"等理解为"我想我在走路"、"我想我在呼吸"和"我想我在感觉"等,那么这是对我的思想的肯定,这是笛卡尔所能接受的。所以费尔巴哈说伽森狄误解了笛卡尔的意思。如果说,笛卡尔要建立的是一个物质的"我"存在,那么伽森狄的批驳是对的,然而笛卡尔要确立的是精神的"我"的存在。

伽森狄是站在唯物主义的立场上来批判笛卡尔的,认为认识的

---

① 笛卡尔. 第一哲学沉思集. 北京:商务印书馆,1986:263.
② 同①267.
③ 同①355.

主体、思维主体是具有物质特性的，不是完全摆脱了物质特性的独立实体。但是他的唯物主义过于朴素、原始，把人的思想、灵魂完全解释成一种精细的、稀疏的物质性的气，因而从理论水平上无法超过笛卡尔。从根本上来说，笛卡尔和伽森狄都不懂得人的思维这一特殊现象的本质。笛卡尔为这一特殊现象所迷惑，认为人的理性思维是不能等同于任何物质运动或物质过程的，它是在本质上完全不同于物质的东西。笛卡尔看到了思维和物质的差异和本质区别，但他把这种区别绝对化了，使精神脱离了物质，成为一种独立的实体。实际上，这种脱离了物质的独立实体不可能成为真正的认识主体。而伽森狄则看不到人的理性思维的特异性，把它简单地等同于一种物质的运动，因而看不到人的主体地位，看不到认识主体和作为认识客体的物质世界的不同就在于人是一种有理性、有思维的能动主体，认识不仅仅是一种具有物体特性的主体，而且是一种具有思维、具有意识活动的物质性的能动主体。因而，尽管伽森狄坚持唯物主义的立场，论证了认识主体的物质性，但是笛卡尔对伽森狄十分鄙弃，把他称作没有精神的一块"极好的肉"。

神学家们对笛卡尔的"我仅仅是一个思想的东西，是一个思维的思想的存在物，我思想，所以我存在"的观点同样进行了质疑。

麦尔塞纳等神学家们说："你认识到你是一个在思维着的东西，可是你还不知道这个思维着的东西是什么。你怎么知道这不是一个物体由于它的各种不同的运动和接触而做出你称之为思维的这种行动呢？……你怎么证明一个物体不能思维，或者一些物体性的运动不是思维的本身呢？为什么你的你认为已经抛弃掉的肉体的全部系统，或者这个系统的某几个部分，比如说大脑那些部分，不能有助于做成我们称之为思维的那些种类的运动呢？你说，我是一个在思维着的东西；可是你怎么知道你不也是一个物体性的运动或者一个被推动起来的物体呢？"[①]

神学家阿尔诺也认为用"除了思想以外，我不知道有任何其他东西属于我的本质"来证明"我仅仅是一个思想的东西，我的本质是思想"是不妥的。"从他不认识其他任何东西是属于他的本质这一

---

① 笛卡尔. 第一哲学沉思集. 北京：商务印书馆，1986：126.

点，怎么就得出也没有其他任何东西是属于他的本质"①呢？其实，这只能说明，"我可以不用对物体的认识而取得对我自己的认识"②。阿尔诺指出笛卡尔在这个问题上的看法和柏拉图学派的意见是类似的，"即任何物体性的东西都不属于我们的本质。因此人仅仅是一个精神；肉体只是装载精神的车辆。所以他们把人定义为一个使用肉体的精神"③。如果说肉体并不绝对地从我的本质中排除出去，而只是就我是一个思维着的东西而言时才把它排除出去，那么就是说，仅仅把我看作一个思维的东西，实际上是我们没有对一个完整的存在体形成一个完整的观念。在这里是运用了某种抽象，如同几何学家把线领会为没有宽的长，把面领会为没有高的长和宽一样，实际上这些是不可分离的，精神、思维和广延也可能是不可分离的，"这种思维的能力似乎是和肉体器官接合在一起的"④。

笛卡尔把认识的主体仅仅作为一个没有形体的精神性的存在，而不是一个物质的存在，这不能不说是一个大错误。唯物主义哲学家们对他的批驳也不乏深刻之处。

笛卡尔对"我"的规定具有二重性。一方面，他把我理解为"思想"。笛卡尔经过普遍怀疑之后，认为除了怀疑本身不能怀疑之外，一切都是可以怀疑的，怀疑是一种思想，那么只有思想的存在不可怀疑。有形体的东西、物质性的东西、实体性的东西，包括作为实体的"我"都否定掉了，那么就剩下一个最为抽象、最为空洞的"思想"；通过普遍怀疑得出的是"我是思想"，我是一个理智、一个理性。另一方面，笛卡尔又从"要思想，就必须存在"这一必然推论过渡到"我是一个思想的东西"。因为在他看来，必须有一个实体才有思想，没有实体，没有一个思想的东西，思想就无法存在，从而他肯定我是一个实体、一个思想的东西。这样，我就不是一种抽象、一个空洞的否定词，而是一个具体的东西、一个个体、一个肯定的实体。这就是笛卡尔的"我"的二重性或矛盾性。在前一种意义上，"我"是一种普遍的、抽象的精神，是一种人类认识活动的共相，是人类的"自我意识"。"我思故我在"的意思是"思想在思想，所以思想存在"，我是思想，思想是一种功能（用）而不是一种

---

① 笛卡尔. 第一哲学沉思集. 北京：商务印书馆，1986：202.
② 同①204.
③ 同①206.
④ 同①207.

实体（体）。因而，在这种意义上，可以说"我思故我在"不是一种推论，而是直观的结果，是同义反复的重言式，也就是"思，在"这样一种直接的形式。在后一种意义上，我是一个具体的、个别的认识主体，是我的思想的一种载体，因而"我"变成了一个经验的主体。它既不是一种抽象的思想，也不是一个先验的主体，而是在具体地进行着领会、意欲、希望、肯定、否定、想象、感觉的东西，尽管它是一种没有肉体的规定性，是一种纯粹的灵魂，但在这里，"我"不再只是"用"而是"体"了。并且到后来，论述心身关系的时候，笛卡尔的"我"的这种经验主体的性质越来越明显。他力图表现"我"怎样在松果体中与肉体发生关系，如何通过动物元气和神经系统而与身体相互作用。所以在这里的"我"就不再是 cogito 和 sum 这两个动词变位中暗含的"我"，而是一种实实在在的、具体的"我"。笛卡尔"我思故我在"中的"我"自身是包含着矛盾的，这个矛盾是一般和个别的矛盾、抽象和具体的矛盾。同时，还可以看出笛卡尔的普遍怀疑是一种不彻底的怀疑，把应该怀疑的东西——一切实体性的东西——又偷偷地引出来了。

普遍怀疑本身要求排除怀疑本身之外的一切东西，是对怀疑行为之外的一切东西的否定，无论是外部事物还是其他精神事物。"我思故我在"就是这种普遍怀疑的结果，除了我在怀疑这个确实无误的事实之外，一切皆可疑。因此，"我思故我在"是一个没有前提、无须证明的第一个原则。"当我们发觉我们是在思维着的东西时，这是一个第一概念。"① 可是笛卡尔又说，他在肯定"我思故我在"是第一种和最为确实的知识时，完全没有否认必须首先知道思想是什么、确实性是什么和存在是什么，也没有否认"要思想必须存在"这条真理和其他相似的东西。那么在这里，第一原则、第一概念并非第一，而是以其他的知识、公理为前提的。即我是在知道了"思想是什么、确实性是什么、存在是什么、要思想必须存在"等等之后，才知道"我思想，所以我存在"。因而"我思故我在"也不是一种直接的知识、直观的知觉，或纯粹灵感的瞬间捕捉，而是在一定知识准备基础上的认识。至于我为什么、是怎样知道思想是什么、确实性是什么、存在是什么以及"要思想必须存在"这条公理，笛卡尔没有论证。在这里笛卡尔并没有遵从他自己的"认识的顺序"

---

① 笛卡尔. 第一哲学沉思集. 北京：商务印书馆，1986：144.

或"认识的思路",看看我们是怎么得到这些知识的,而是武断地设定,不加证明地把它们引出来。除了上述的"思想、存在、确实、要思想必须存在"等知识而外,笛卡尔还肯定"当某人说一个东西同时既存在又不存在这是不可能的","已经做过的事不可能没做","一个在思想的人在他思想时不能不存在","A 不是非 A"等等抽象公理都是"我思故我在"的前提条件,这些都是"天赋观念"、永恒真理。从这里笛卡尔也向我们揭示出,他的普遍怀疑并没有怀疑"同一律"等简单的公理和其他天赋观念,因而普遍怀疑并非普遍;另外他也表明"我思故我在"这条第一原则并非第一,而是以许多其他知识为前提的。

笛卡尔通过怀疑发现了一个在怀疑、在思想的"我"存在。也就是说从怀疑到"我思故我在"是一种"我"的自觉过程、"我"的自我认识,或说自我意识。在认识到"我存在"之前,"我"已经存在着,并且进行着自我认识的活动。"我思故我在"实际上就是对于"我在进行普遍怀疑就是进行自我认识"这一事实的直觉。在进行普遍怀疑的"我"不是一块白板,它是有着选择能力和决断能力的。普遍怀疑是以"意志自由"为前提的,因为我有意志的自由,有选择和决断能力,我才能进行普遍怀疑。我的意志能力是无限的,我不仅能怀疑我的肢体的存在、外部事物的存在、一切科学知识的可靠性,我还可以怀疑上帝,把神圣的上帝当作一个骗人的恶魔。这说明的一个事实就是:在进行普遍怀疑之前,在认识到"我存在"之前,"我"是存在着的,我的"意志自由"是存在着的。这里体现出了笛卡尔的两种顺序,即"存在的顺序"和"认识的顺序"的矛盾,实际上也就是"时间上在先"和"逻辑上在先"的矛盾。"我"就其存在而言,是先于对我的认识的,在我认识到自我之前,我就已经存在着,我的"自由意志"也就存在着。但从认识上来说,只有先认识到我的存在,然后才认识到我有"自由意志"和其他理智的能力,如不先认识到我的存在也就不能认识自由意志。笛卡尔讲的"存在的顺序"实际上是一个时间上在先的问题,讲的"认识的顺序"则是一个逻辑上在先的问题。

最为重要的是,笛卡尔的"我思故我在"为我们建立起一条"主体性"原则。这条原则至少包含以下几个方面的内容:

第一,它向我们表明,认识主体是有意识和自我意识的一种东西。"我"是能够思想的精神实体而不是物质事物,自然物和动物是不能思想的,更没有自我意识,所以,他们不能成为认识主体。自我意识是作为一个认识主体的前提条件。没有自我意识就不能成为认识主体,只有"我思故我在"才能体现出这种自我意识,而"我呼吸,所以我存在","我走路,所以我存在",则不能体现出这种自我意识,所以它不能确立起认识主体。另外,笛卡尔否定"我""思维的实体"有任何物质的特性,力图把精神和物质这两种实体绝对分开,把心和身绝对分开,否认物质能够思维。他说:"我从来没有看见过,也没有了解过人的肉体能思维。"① 在思维的实体中没有任何属于物体的特性,在物体中没有任何属于思维的特性。实际上,笛卡尔是要反对将思想、意识现象、精神活动还原为物理、生理的事件和特殊状态。

第二,认识主体是能动的实体。认识主体必须是自己活动的,不活动也就不能成为认识主体。思想是一种活动,只有我在思想时我才存在、我才是一个认识主体,我思想多久就存在多久,一旦我完全停止了思想,也就完全停止了存在,因而也就不是一个认识主体。笛卡尔生活时代的科学认为外部世界的物质事物只有靠外力推动才能运动,整个自然界是由机械规律所支配的。但是,人和自然界不同,人并不完全受机械的决定论所支配,他有能动性。尽管他在接受来自外部世界的知识时是被动的,只有物体的运动才能在其中刺激起各种感觉来,但是,人有想象,可以自己制造出许多观念来,这是能动性的一种表现。并且更为重要的是能动性表现在人有自由意志,人只要按照清楚、分明地认识到的东西而决断、而选择、而行动,就能获得自由。人因为有理性、有自由意志而逃离了自然界的机械决定论的必然统治,进行着一种能动的认识活动。

第三,认识的能力是和认识主体不可分的。认识主体具有直观、理解、意欲、想象和感觉等能力,正是这些能力的作用才产生我的"思想"的全部内容。说我是一个思想的东西是指我具有这些认识能力而言的,也就是说我是"一个在怀疑、在领会、在肯定、在否定、在愿意、在不愿意、在想象、在感觉的东西"。哪怕我所理解、意欲、想象和感觉的这些对象是不存在的,但我所具有的这些能力仍然是存在的。人的这些认识能力使他能够认识世界,获得关于外部

---

① 笛卡尔. 第一哲学沉思集. 北京:商务印书馆,1986:427.

世界的各种知识。

第四，理性主义的基本原则。笛卡尔通过"我思故我在"也确立起了理性主义的基本原则。"我思故我在"是一条十分确实的真理，它是清楚、分明地直接呈现于我的心灵的。从对于这条真理之所以为真的必要条件的分析，我们可以断定："凡是我们十分清楚和十分分明地设想到的东西都是真的"，因而笛卡尔把这条规则设定为一条一般的规则。笛卡尔说："我确实知道了我是一个在思维的东西。但是我不是因此也就知道了我需要具备什么，才能使我确实知道什么事情吗？在这个初步的认识里，只有我认识的一个清楚、明白的知觉。老实说，假如万一我认识得如此清楚、分明的东西竟是假的，那么这个知觉就不足以使我确实知道它是真的。从而，我觉得我已经能够把'凡是我们领会得十分清楚、十分分明的东西都是真实的'这一条订为总则。"①

笛卡尔在《谈谈方法》一书的开篇处就说："良知是世界上分配得最均匀的东西……那种正确地作判断和辨别真假的能力，实际上也就是我们称之为良知或理性的那种东西，是人人天然地均等的；因此，我们的意见之所以不同，并不是由于一些人所具有的理性比另一些人更多，而只是由于我们通过不同的途径来运用我们的思想，以及考察的不是同样的东西。"② 在理性面前人人平等的思想是资产阶级民主平等的思想在哲学上的反映。笛卡尔要求人们必须以自己的理性、自然之光为根据，对于以往的一切观念、学说进行彻底的怀疑，把一切放在理性面前重新审视的理性主义的理想，后来变成了一种强大的时代精神。启蒙主义者们"不承认任何外界的权威，不管这种权威是什么样的。宗教、自然观、社会、国家制度，一切都受到了最无情的批判；一切都必须在理性的法庭面前为自己的存在作辩护或者放弃存在的权利。思维着的知性成了衡量一切的唯一尺度"③。

尽管说笛卡尔的主体是一种精神性的主体而不是物质的主体，是认识的主体而不是实践的主体，但是，他能够第一次将"自我"确立为具有思维能力和自我意识的、自由和能动的、具有认识世界

---

① 笛卡尔. 第一哲学沉思集. 北京：商务印书馆，1986：34-35.
② 笛卡尔. 谈谈方法//16—18世纪西欧各国哲学. 北京：商务印书馆，1975：137.
③ 马克思恩格斯选集：第3卷. 北京：人民出版社，2012：391.

的各种认识能力的主体。而每一个"自我"都是理性的主体。在理性面前人人平等，理性是衡量一切的尺度，把这种主体的存在作为最为确实的真理，是一切哲学理论的前提条件。这应该说是西方哲学史上的一场革命。

同时，笛卡尔的"我思故我在"也向我们提出了许多重要的哲学问题：

一是，认识主体在本质上到底是物质的还是精神的？笛卡尔把"我"作为一种独立的精神实体，它不具有任何物质的特性，可以与物体分离而存在。人的肉体和动物无异，人之所以区别于动物是在于他有思想，"动物是一架机器"，而人则是一个精灵，人是一个思想的东西，他的本质就在于他能思想。所以，在笛卡尔看来，认识主体在本质上是一种精神性的实体，而不是物质的东西。从这一点来看，笛卡尔是唯心主义的而不是二元论的。

二是，在个体的认识主体之外是不是还存在一个类主体？在个别的理性之外是不是还存在一个共同的思想、共同的理性，或者最高的思想、最高的理性呢？笛卡尔认为理性是人类共有的一种能力，这不仅表现在良知是大家所共有的，而且还表现在"天赋观念"这一永恒真理是为大家普遍同意的。理性知识之所以具有必然性是因为大家普遍同意，之所以普遍同意是因为大家有一种共同的理性作为基础。不仅如此，笛卡尔还承认有一种最高的理性、无限的理性，或曰最高的认识主体，这就是上帝。个体的认识主体是一种相对的认识主体，而上帝是一种绝对的认识主体；个别的理性是一种有限的理性，而上帝的理性是一种无限的理性。它不仅是个体的理性的来源，而且也是我们共同的理性、"天赋观念"的来源。它是我们认识真理性、知识的普遍必然性的最后的保障。笛卡尔认为人类的理性具有共同的本质、类主体，这一点也是值得现代认识论研究的。

四、近代哲学的起点

笛卡尔的"我思故我在"对欧洲近代哲学的影响是巨大的，可以说这一原则也是近代哲学的起点，它开始了近代认识论的研究。"我"、心灵、精神或灵魂、人类的全部意识内容成为认识论研究的对象。笛卡尔哲学不仅对唯理论影响很大，而且也影响了经验论。

洛克、贝克莱、休谟的哲学也都是以主体的认识活动、全部意识内容作为研究对象的。

特别重要的是，"我思""我思故我在"成为一条哲学公式、一个哲学套子，后来的哲学家们都从自己的立场出发，把他们的哲学代换进"我……故我在"这一公式。

第一个借用"我思故我在"这一公式的是马勒伯朗士。马勒伯朗士和笛卡尔一样都是从"我思"出发，都是从"我思"到"我在"。他们二人的区别在于：对于笛卡尔来说，"我思"是一个直接的认识，并且同时是一个清楚明晰的认识。不仅我以确实的方式知道，而且当我思想时，我绝不会弄错。因为我们心灵对其有清楚、分明的观念的一切东西，全都是真的。马勒伯朗士认为，"我思"只能达到一种意识，通过它我们只能把握我们的存在，而不能把握我们的本质。这种意识虽然是清楚的、分明的，但不是认识。我们的心灵不仅没有全部理性的观念，而且没有任何观念，甚至心灵自身的观念。我们的心灵是无能为力的，心灵只有和神相结合才能看到观念，只有在神之中我们才能认识。我们是在上帝之中看到一切、认识一切。马勒伯朗士就是这样搭起了一座从"我思"通向神、上帝的桥梁。

"我思"概念也是康德哲学的一个中心概念。但是康德的"我思"和笛卡尔的"我思"有着极大的区别。如果按照康德的观点来看，笛卡尔的"我思"是一种经验的"自我意识"，即自己意识到自己在思维、感知、想象，也就是主体的自我反省。因而这种"我思"是一种自我感觉，这种"自我"是一种"自我意识"，这种"自我"是一种个体的感知经验、一种经验的自我。而康德所讲的"自我意识"，是一种在逻辑上先于任何确定的思维，而又存在于一切具体的感知、想象、思维、意识之中的认识的纯形式，它不是个人的内部感觉，而是人类共同的认识形式，因而它不是经验的自我，而是先验的自我。

我们还看到，笛卡尔最初从"我思"推断"我在"时，自我意识与对象意识是相分离的，或者可以说是没有对象意识的自我意识、没有客体的主体。他是排除了一切事物、对象的存在之后而确立"我在"，世界上没有任何存在，或者我思想的一切东西都是不存在的，都是假的，而"我思"和"我在"这一点却是真的。当然，后来笛卡尔也讲到了"我思"伴随着对象意识，并且通过对象意识更进一步地证明我的本质就是思想，所以他说对于"自我"的认识比对于对象的认识更容易。而康德的"自我意识"自始至终是不能和"对象意识"相分离的，两者是相互依赖的，离开了对象意识，自我意识就不能存在，同时也只有先验统觉将知性的认识形式运用于感官经验之上，对象意识才成为可能。因而康德的"我思"和"自我意识"是"纯粹统觉"，是"统觉的综合统一"，它是认识主体的能动功能，是我们形成认识以及认识具有普遍必然性的先决条件。

另外，笛卡尔从内部感觉、从反省，即以经验为依据来证明作为思维主体的自我存在、自我是精神实体。而康德则否认"自我"是实体，他批评了笛卡尔把"我在"中的"我"看成是一个"精神实体"，认为自我是一种伴随对象的能动的功能形式，它是先验的、超时空的，不具有任何感性特征，不是感觉直观的对象，我们感知不到它，所以我们不能从"我思"推断出"我在"。因为任何存在必须具有来自"自在之物"的感性材料，是在时、空之内的。所以在康德看来，笛卡尔从"我思"推出独立的精神实体"我"的存在是一个错误推论。康德的"我"实际上是一种思维活动，而不是一种思维实体，或者说，康德认为"我思"中的"我"和"我在"中的"我"是两个不同的"我"，他承认前者，不承认后者。

费希特的哲学也是从"自我"出发的，但是他的自我也不是每一个人的"经验自我"，不是个人的经验的自我意识，而是像康德一样，是"先验的自我""绝对的自我"，是全人类的自我意识。费希特把康德的纯粹统觉的综合统一这一能动作用变成了主体的能动的、无限的创造活动，因而，他的"自我"的本质是与笛卡尔不同的。笛卡尔认为"我"的本质就是思想，而费希特的"自我"的本质则是活动、行动，自己设定自我，又设定非我，并同时设定着自我和非我。自我的存在不是通过我在思想而断定的，而是自我在进行一切规定之前，首先设定自己本身，"我设定，我活动，我行动，所以我存在"。因此在费希特这里，非我是自我设定的、创造的，而在笛卡尔那里则是由上帝设定的，并且从存在的次序来说，自我本身最终也是由上帝设定的。因为我只是一种抽象的思维能力，而不是一种能动的创造活动。主体不能设定客体，只能感知客体，而客体依赖于上帝的创造。

黑格尔把笛卡尔誉为近代哲学的真正奠基者，是因为笛卡尔的哲学抛开了一切假设，思想从其自身开始。他认为，这具有极大的重要性，从意识和思想开始这是笛卡尔在哲学中发动的一场革命。但是，黑格尔对笛卡尔的哲学并不满意，他说："他还只是把思维理解为抽象的理智，因此确定的观念、内容并不是他从理智中推演出来的，而是以经验的方式取得的。"① 黑格尔的客观唯心主义认为，从思维本身开始只是一个开端，是通向绝对精神的第一步，因为我要从我的思维出发达到客观的东西。"笛卡尔的原则虽然是思维，但这种思维首先是从经验取得具体内容的。他还没有感到需要从思维中发展出特定的东西。"② 黑格尔的"自我"实际上就是"绝对精神"。"绝对精神"既是客体又是主体，它是唯一客观独立自存的实体，是构成世界万物的内在本质和灵魂，同时又作为主体辩证地发展着，把自己外化成自然界和人类社会，最后又回到自身。绝对精神在这种发展中实现自己、认识自己，完全地认识自己是绝对精神所追求的最高目的。所以，黑格尔的"绝对精神"就是"自我意识"。

费尔巴哈要确立的不是人的抽象的精神存在，而是人的感性存在。人的本质不是思想，而是人的自然欲望。人通过各种感觉从自然中获得营养和美的享受，人与人之间的爱、友谊感、同情感、快乐感，特别是性爱才真正证明了人的感性存在。所以，他认为"人的最内秘的本质不表现在'我思故我在'的命题中，而表现在'我欲故我在'的命题之中。"③ 人的本质不仅是一种思维的东西，还是人和人之间的统一。但是，他把人和人之间的关系只理解为爱与友情的关系。当然，费尔巴哈也讲人的类意识和类本质，认为人能够意识到自我的本质、类的本质，并把自我、人类同对象区别开来，意识到自己的类存在，这里作为类存在的人的类本质就是灵魂、理性、意志、心。在这点上，他和笛卡尔有几分相似之处。

在现代哲学的现象学和存在主义思潮中，"我思故我在"这一命题的作用更为显要，许多哲学家的哲学都是以批判、改造"我思故我在"为起点的。

现象学的创始人胡塞尔（Edmund Husserl，1859—1938）和笛卡尔一样，要为人类认识找到一个无可怀疑的起点，从而使哲学成为一门严格的科学，并为各门具体科学提供理论基础。笛卡尔通过怀疑之后，得出一个无可怀疑的东西就是"我思""我在思想"，这

---

① 黑格尔. 哲学史讲演录：第4卷. 北京：商务印书馆，1978：66.
② 同①92.
③ 费尔巴哈哲学著作选集：上卷. 北京：商务印书馆，1984：591.

种排除了一切对象的思想是一种自我反省意识、反思、对思想自身的思想，并且笛卡尔认为"我思想"和"我存在"是在同一个层次上，从"我思想"可以直接证明"我存在"，一个思想着的我是存在着的。笛卡尔就把这个"思想着的我"作为无可怀疑的出发点。胡塞尔高度评价了这种"我思"，认为他已经步入了先验现象学的门槛。但胡塞尔认为对笛卡尔的"我思"必须改造，因为笛卡尔的"我思"是一种经验的自我意识，"我"是一种经验心理学的实体，这不符合现象学的要求。笛卡尔包括全部意识状态的"思想"，在胡塞尔这里找到了一种"先验的自我"，或称"纯粹自我"。胡塞尔认为，纯粹自我或先验的自我的结构是：先验的自我——我思——所思之物。胡塞尔从这一基本结构出发，改造了笛卡尔的"我思故我在"。他认为，这一命题应改为"我思所思之物"。按照胡塞尔的意向性理论，意识活动（我思）总是指向意识的对象（所思之物）的，两者是不可分离的，只要在思想就必须有思想的对象，如果没有思想的对象也就没有思想，笛卡尔怀疑对象的存在，而不怀疑思想这是不合理的。并且，从"我思"也不能证明"我在"，因为意识活动是指向对象而不是指向自身，从"我思"只能证明"所思之物"的存在，而不能证明"自我"的存在。"自我"是在"我思——所思之物"或"意向性——意向对象"之外的，它俯瞰着这些，并以它们作为意识活动的对象。自我是世界的本原，它通过我思构成、统一并解释认识对象。胡塞尔通过对"我思"进行现象学的还原，发现的不是一个经验的自我，而是一个先验的自我。世界上的一切事物都与自我的意识相关，并且自我通过我思或意向性建立相关的意识对象。胡塞尔把笛卡尔的"我思"改造成"先验的自我"、"纯粹自我"，并以此作为他的现象学整个理论的出发点和世界上一切事物的基点。

"我思"也是萨特存在主义哲学的出发点。他要建立一种以真理为基础的学说，因而也就需要找到一种绝对真实、无可怀疑的起点。他认为个人的主观性是哲学的出发点，"我思故我在"是第一真理。他说，世间绝没有一种真理能离开"我思故我在"，我们凭此，可以得到一个绝对真实的自我意识。因为，离开了笛卡尔的"我思"，一切观点都成为只是或然的。而一种不受真理约束的或然性学说，一定会成为缥缈无定的。同时，要描述或然的东西，必定要坚持真实的东西。所以，在有任何一种真理之前，一定要有一种绝对真理。

而这种绝对真理，必须是简单的、容易达到的，它在任何人面前，都可以直接地把握。①而这种在任何人面前都可以直接把握的绝对真理就是"我思"。

萨特和胡塞尔一样，要对笛卡尔的"我思"进行改造。不过，他的改造和胡塞尔不同，他特别反对胡塞尔的"先验的自我"，认为胡塞尔确立的"先验的自我"与非实体的"纯粹意识"这一现象学理论是相矛盾的。因此，对这种"先验的自我"，也必须加引号，也要对它进行现象学的还原，去掉这种"先验的自我"，回到现象学最初的意向性上去。

笛卡尔的"我思"是一种反省意识、是反思，萨特将笛卡尔的"我思"一分为二，改造成"反省前的我思"和"反省的我思"。萨特赞成胡塞尔的"凡意识都是某物的意识"的观点，认为意识总是指向对象。"反省的我思"或是指向物的反省意识，即对对象的意识，或是指向我的反省意识，即以自我为对象，自己与自己相关的意识。这些都是被反省的。应该有一个使反省成为可能而本身却不再被反省的意识，这就是"反省前的我思"，它在反省时是未被反省的，这种反省前的我思使反省成为可能。"使反省可能的，正是非反省的意识，成为笛卡尔的'我思'的条件的，有一个反省前的我思。"②其实，萨特的这种本身不再被反省而又使反省成为可能的反省前的我思，和胡塞尔的"先验的自我"没有根本区别，胡塞尔的纯粹意识的结构是：先验的自我——我思——所思之物，萨特的是：反省前的我思——我思——所思之物。萨特把这种"反省前的我思"作为他的哲学出发点。

另外，笛卡尔的"我思故我在"是从我思维证明我自己的存在，而萨特认为，人在"我思维"中不仅发现了自己，而且也发现了他人。萨特说："和笛卡尔与康德的哲学相反，我们在'我思维'中，是面对他人发现我们的自我。他人，和我们自己的自我一样，对于我们，是同样的真实，因此，当人们在'我思维'中觉识自己的时候，也看到了一切其他人，并看到他人，并看到他人乃是自己存在的条件。"③"他人对于我们自己的存在是必要的，对于我们的自知之明，也是必要的。由于如此，所以我们在发现我的内心存在时，

---

① 萨特. 存在主义和人道主义//存在主义哲学. 北京：商务印书馆，1963：350.
② 同①276.
③ 同①359.

也同时发现了其他人。"① 其他人的存在是在"我思"中发现的,我们是在一种主体间性(intersubjectivité)的世界中发现我们自己的。

"我思故我在"不仅是萨特哲学的出发点,也是许多存在主义哲学家的出发点。他们差不多都是从改造"我思故我在",赋予"我思"、"我在"以及它们的关系以不同的内容而开始他们的哲学的。如麦纳·德·比朗(Maine de Biran,1766—1824)说:"我希望故我在。"存在主义的创始人、丹麦的克尔恺郭尔说:"我思故我不在。"西班牙的存在主义者米·德·乌纳牟诺·胡果(Miguel de Unamuno y Jugo,1864—1936)说:"我在故我思。"法国的加缪说:"我反叛故我在。"等等。甚至法国的人格主义哲学也称,人格主义是由笛卡尔的"我思"所规定的精神主体所产生的哲学学说的继续。可见,笛卡尔的"我思故我在"对近代哲学产生了极其深刻的影响。

如果不懂笛卡尔的"我思故我在",就难以很好地理解近现代哲学。当然,反之亦然,如果不了解近现代哲学,也很难理解笛卡尔的"我思故我在"。从笛卡尔的"我思故我在"与近现代哲学家对于这一命题的继承和改造中,可以看出,哲学从近代开始转向了主体化。主体化是哲学发展的趋势,而且这个运动至今仍没有结束。笛卡尔的"我思故我在"就是一条主体性原则,或曰主体性论纲,它是近代哲学的起点

---

① 萨特. 存在主义和人道主义//存在主义哲学. 北京:商务印书馆,1963:351.

第四章　天赋观念论

"天赋观念论"是笛卡尔的重要理论之一,也是在哲学界争论得最多的学说之一。以往由于我们对笛卡尔的"天赋观念论"研究不够深入,只讲天赋观念"直接呈现说",并且认为它是彻底的唯心主义先验论,简单地对其加以批判,而没有注意到笛卡尔的"天赋观念论"还包括"潜在发现说"和"能力潜存说"两层意思。它对于认识的先天结构和认识过程的复杂性进行的研究是非常有价值的,今天仍然值得我们去做更为深入的思考。

通过研读笛卡尔的有关著作,我认为笛卡尔的"天赋观念论"实际上是由三层意识组成:一是天赋观念"直接呈现说",认为头脑中有直接组成的"天赋观念";二是"潜在发现说",认为天赋观念潜存在我们心中,只有经过努力学习,将感性的东西和理智的东西分开,将"心的"和"身的"东西分开才能认识到;三是"能力潜存说",认为在我们心中存在着天赋能力,在一定条件下这种能力就可以产生出一些确实的知识来。这三层意思是笛卡尔在辩护和修改自己学说的过程中逐渐提出来的,前后有些矛盾,理论上缺乏一致性,这说明笛卡尔对这一理论的研究并不是很完善,认识也是在不断发展的。

一、理论来源

"天赋观念论"并非笛卡尔的首创,柏拉图的"回忆说"就是最早的"天赋观念论"。而柏拉图哲学和深受新柏拉图主义影响的奥古斯丁的哲学对笛卡尔产生了重大的影响。

笛卡尔看到,苏格拉底以前的希腊人有着创造性的天才,发明了几何学和算术科学，它们是能够获取无可怀疑知识的科学，是柏拉图哲学形成的条件。而柏拉图本人似乎也认为，只有牢牢地掌握了几何学知识，才有可能在更高的领域获取知识。可以说，掌握几何学是研究哲学的基础。如柏拉图学园入口处的碑铭就是："不懂几何学者莫入。"笛卡尔哲学观就是在这里发端的。笛卡尔把几何学作为哲学研究的基础和仿效的样板，或者说他力图用几何学来改造哲学，使哲学达到几何学所能达到的那种确实性。几何学的推论是清楚明白、无可怀疑的，从第一原则出发，推论出一系列其他原理，因而它成为真理的化身；真理就是从清楚明白、无可怀疑处发现的，真理性等于确实性。哲学是追求真理的科学，它首先应该以简单、明了、无可怀疑的东西作为立足点和出发点，然后再进行从简单到复杂的演进。

在柏拉图的"回忆说"和笛卡尔的"天赋观念说"之间可以看出一种必然的联系。柏拉图把世界二重化，认为除现实的现象世界之外还有一个理念的世界。理念世界是原型，现实世界是理念世界的摹本；理念世界是一个永恒的、普遍的、不变不动的绝对世界，现象世界是变化的、表面的、具有时空特征的世界。现象世界的个别事物是对"理念"的分有；人的认识不是对现实世界的反映，而是对理念的回忆。柏拉图认为，灵魂在投生以前是生活在理念世界之中的，它对理念世界有着直接的认识，但当它降生到人身后，由于肉体的阻碍使它将原来对真理的认识遗忘了，只是在感官经验刺激下，人们才能将这些遗忘了的真理重新回忆起来。因此，真正的认识、对于事物本质的认识，无非是对理念的回忆，这些都是在生前已经认识到了的。学习就是把沉睡在肉体中的灵魂重新唤醒。笛卡尔将柏拉图的"回忆说"，改造成"天赋观念说"，认为人们具有与生俱来的天赋观念，它们是上帝赋予的永恒真理。笛卡尔把几何学的"公理"和逻辑上的基本规律"同一律"、"矛盾律"、"排中律"以及"上帝"等观念都看成是天赋的、人心中固有的，只是要经过一番学习，将心身区分开来以后，才能将它们发现出来。

柏拉图的"回忆说"是以灵魂不死、灵魂转世的学说为基础的。柏拉图继承了毕达哥拉斯以来的唯心主义，在《斐多篇》《米诺篇》等对话中多次论述了灵魂不死的学说。而笛卡尔《第一哲学沉思集》的主题就是论证上帝存在和灵魂不死（在第三版时改成灵魂的非物质性）。

此外，在奥古斯丁的"抽象概念"和笛卡尔的"天赋观念"之间似乎也有某种联系,这是因为奥古斯丁的"概念"本来就是柏拉图的"理念"的变种。他认为,人的认识不可能是来自感官的,也"不是靠别人传授的,而是来自我本身。对此我深信不疑,并且命令自己妥善保管,以便随意取用"。"这些东西早已存在于我的记忆中,不过似乎隐藏得很深,如果不经提醒,一时不可能想起。"① 人之所以有真正的知识,是因为对自己内心中存在的概念的回忆。这些概念是抛开了感性特征的"抽象概念",但它们又是客观存在,存在于每一个人的心中,我们进行认识,就是在内心中发现这些概念。笛卡尔尽管并不认为一切知识完全是天赋的,但是仍然认为最确实的、可靠的知识是从人心中共有的天赋观念得来的。

二、观念和天赋观念

要懂得什么是"天赋观念",必须先知道什么是"观念"。

什么是观念呢?笛卡尔说:"观念(idée),我是指我们的每个思维的这样一种形式说的,由于这种形式的直接知觉,我们对这些思维才有认识。"② 也就是说,观念是思维的一种形式。

笛卡尔把观念定义为事物的影像,但他说:"仅仅是任意描绘出来的影像,我不把它们称之为观念;相反,这些影像,当它们是由肉体任意描绘出来的时候,也就是说,当它们是大脑的某些部分描绘出来的时候,我不把它们称之为观念。而只有当它们通知到大脑的这一个部分的精神本身的时候,我才把它们称之为观念。"③

笛卡尔考察了观念的来源。从观念的不同来源将观念分为三类,"有些我认为是与我俱生的,有些是外来的,来自外界的,有些是由我自己做成的和捏造的"。笛卡尔对这三类做了比较详细的说明:"因为,我有领会一般称之为一个东西,或一个真理,或一个思想的功能,我觉得这种功能不是外来的,而是出自我的本性的;但是,如果我现在听见了什么声音,看见了太阳,感觉到了热,那么一直到这个时候我判断这些感觉都是从存在于我以外的什么东西发出的;最后,我觉得人鱼、鸶马以及诸如此类的其他一切怪物都是一些虚

---

① 西方哲学家评传:第2卷.济南:山东人民出版社,1984:341.
② 笛卡尔.第一哲学沉思集.北京:商务印书馆,1986:160.
③ 同②160-161.

构和由我的精神凭空捏造出来的。"①

观念的来源自然而然地就涉及观念的内容问题,即心中的观念和外界事物的关系问题,因而也关系到认识的真假问题。"因为,如果我把观念仅仅看成是我的思维的某些方式或方法,不想把它们牵涉到别的什么外界东西上去,它们当然就不会使我有弄错的机会"②;但是把观念牵涉到我以外的东西上去的时候,就会出现认识的真假问题。因此,就要从形式和内容两个方面对观念进行考察。

因而,观念具有二重性,它有形式和内容两个方面。从形式上来看,它是思维的某种方式;从内容上来看,它和存在、对象相关,反映了对象的实在性、存在的内容。如果从形式上来看,即"如果把这些观念看作只不过是思维的某些方式,那么我就认不出在它们之间有什么不同或不等,都好像是以同样的方式由我生出来";可是,如果从内容上来看,即"如果把它们看作是影像,其中一些表示这一个东西,另外一些表示另外一个东西,那么显然它们彼此之间是非常不同的。因为的确,给我表象实体的那些观念,无疑的比仅仅给我表象样式或偶性的那些观念更多一点什么,并且本身包括着(姑且这样说)更多的客观实在性,也就是说,通过表象而分享程度更大的存在或完满性",上帝观念"无疑在他本身里比给我表象有限的实体的那些观念要有更多的客观实在性"③。

"观念的客观实在性"就是指观念对实在或事物的实体性和存在性的表象能力,即观念表现的内容。笛卡尔认为,观念的客观实在性必须有一个原因,在这个原因里,或是形式地或是卓越地包含着观念的客观实在性。也就是说,观念的内容必须有其外部来源或原因,在这个来源或原因里必须包含着和观念所反映的内容相等,或比观念所反映的内容更多的东西。笛卡尔把这一原则作为一条公理或首要概念,无论是对可感觉的东西还是不可感觉的认识都取决于它,它也就是用这一原则来证明精神之外的东西的存在,即我有一个包含着极大完满性的上帝的观念,客观实在性一定包含在它的原因中(卓越的),那么这个原因一定存在,即上帝存在。我有物体性的东西的观念,这些观念的客观实在性包含在它的原因——物体里

---

① 笛卡尔. 第一哲学沉思集. 北京:商务印书馆,1986:37.
② 同①.
③ 同①40.

面（形式的），所以物体存在。可见，"观念不能仅仅是来自精神"①。观念所表现的内容是来自对象的，从而观念的存在可以推论出对象的存在。

笛卡尔提出了一个重要原则，作为他考证的前提。这就是：原因必须大于结果。"凭自然的光明显然可以看出，在动力的、总的原因里一定至少和在它的结果里有更多的实在性。"② 结果的实在性来源于原因的实在性，是原因把实在性传递给它的结果。"在一个结果里没有什么东西不是曾经以一种同样的或更加美好的方式存在于它们的原因里的，这是首要的概念，这个概念是明显得不能再明显了；而无中不能生有这另一个普通概念本身包括了前一个概念，因为，如果人们同意在结果里有什么东西不是曾在它的原因里有过的，那么也必须同意这是从无中产生的。"③ 但是"无"显然不能成为某个东西的原因，笛卡尔把这个原则作为一条公理来证明观念的原因。

在"观念"问题上，笛卡尔贯彻了他的"二元论"和理性主义的原则。

第一，他将作为思维形式的观念与身体及大脑的物质性运动彻底割裂开来。笛卡尔虽然将观念分为三类：天赋的、外来的、虚构的，但是从形式上来讲一切观念都是天赋的，"都好像是以同样的方式由我生出的"。一切观念都不能归结为感官的刺激，即使声音、颜色、冷热、痛痒等感觉观念是外来的，我们也不应认为它们就是直接来自外物的性质，是对象性质的直接摹写。"通过各种感官从外部对象到达我们精神的，除了某些物质性运动而没有任何东西。"观念"和物质性的运动没有任何相似性"④。精神性的观念与物质性的运动，从本性上来讲是不同的，前者不能来源于后者，观念是精神、思维自己形成的，不是感觉给予的。"无论谁正确地注意到我们的感官能够伸展多远，我们的思维功能通过感官精确地得到什么，都应该承认，事物的观念，就其我们在思想中形成这些观念的方式而言，绝不是通过感官表象给我们的。以至于在我们的观念中没有任何东

---

① 笛卡尔. 第一哲学沉思集. 北京：商务印书馆，1986：165，139，368.
② 同①40.
③ 同①139.
④ 笛卡尔. 对一个纲要的评注//The Philosophical Works of Descartes：vol. 1. Rendered into English by Elizabeth S. Haldane and G. R. Ross. Cambridge University Press, First Edition 1911. Reprinted with corrections 1973：443.

西不是天赋给精神或思维功能的，除了那些属于经验的环境之外。"① 因此，如果从观念的形式来看，一切观念都是天赋的。

第二，笛卡尔将理智和感觉、想象彻底割裂开来。如前所述，如果从来源上讲，观念可分为三类。一类是作为外部刺激和结果而在我们精神中产生的，每一个观念都伴随着身体和大脑中的一种运动和状态。它们是依赖于感觉的，是外来的观念。另一类是自己虚构的，它是结合各种简单观念的结果，它们依赖于想象，是自己制造的观念。再一类和以上两类完全一样，它们来源于我们的纯粹理智，它们是天赋的观念。笛卡尔比较强调的和我们现在所要讨论的笛卡尔的"天赋观念"就是指这一类。因为，从更深层次上讲，感觉和想象是依赖外部对象的，离开了身体和外部对象，我们就不能去感觉并且什么也想象不到，而理智则是与身体和外部对象没有任何联系的。因而把理智和感觉、想象分开，是把身心分开这种二元区分的进一步深化。

笛卡尔为什么要将理智和感觉、想象分开呢？这关系到知识的类型和本性问题，特别是如何解决关于超验对象和普遍原理的知识的本性和产生的问题。在理性主义看来，科学是一种普遍必然的知识，因而它们不能来源于感觉经验或经验的复合。笛卡尔在《哲学原理》的第一部中，还具体地探讨了我们在认识事物时，特别是感性的认识常常犯错误的具体原因。在事物方面，我们应该坚持的原则是：把我们可能弄错的事物与我们清楚、分明地认识到的事物区分开来。他列举了我们错误产生的四个主要原因。第一位的原因是我们儿童时的偏见。当我们还是儿童时，只注意各种事物在我们之中产生的印象，只注意身体的感觉印象和感受，如痛苦、快乐、冷热、光、色等，还有外部体积、形象、运动等知觉。最初我们还不把它们和外部事物相参照，但后来我们注意到它们是在我们以外存在的，于是就把自己的主观感觉和外界事物相等同，认为外部事物和我们知觉到的一模一样，我知觉的东西都在外部世界存在。如我认为色、声、香、味也在外界存在，当我感到星光如烛光，就认为星球只有我感觉到的那么大，我感觉不到地球的运动就以为地球是不动的，如此等等。我小时候形成的这些偏见是我错误的主要来源。

---

① 笛卡尔. 对一个纲要的评注//The Philosophical Works of Descartes: vol. 1. Rendered into English by Elizabeth S. Haldane and G. R. Ross. Cambridge University Press, First Edition 1911. Reprinted with corrections 1973: 442-443.

我产生错误的第二位的原因就在于不能把这些偏见忘掉。第三位的原因是，从早年起我养成了一种思维方式，习惯于借助形象和可感的事物来思维，对于那些不可感的事物，我们就不是根据知觉来判断，而是根据先入之见来做判断，因而就产生了错误。第四位的原因是语句不能精确地表达思想。思想是附着于语言的，思想通过语词而储存在记忆中，这就使我们很容易记起这些词句而不容易记起词句表达的事物。词句和表达的事物分离了，只注意词句而不注意表达的事物，对语词的意义不加限制，往往使它们超出了它们实际所指的范围，因而导致了错误。笛卡尔在这里，仍然是告诫人们在认识真理问题上时时处处要注意将身心分开、将精神与物体分开、将主观与客观分开，不要将主观感觉等同于客观实在。同时，这里也体现了尊重实际、反对武断的唯物主义精神。但他又夸大了感觉的主观性和相对性，认为主观感觉不反映客观实在的内容，因而最终在认识论中还是唯心主义的。从感觉经验中我们只能获得一种意见，而不是科学知识，科学知识只能是从我们的理智中获得的。他们把这些科学的概念和普遍原理看成是天赋在我们的理智之中的，或者说它们是天赋观念。我们的理智在本质上与感觉、想象是不同的，而我们的普遍必然原则和那些关于超验对象的知识在本性上和感觉经验也是有别的。笛卡尔的天赋观念论就是这样提出来的。

第三，笛卡尔要将我们理智的活动和意志的活动分开，但又使它们协调一致，让意志不要超出理智笼罩的范围。笛卡尔认为，在我们之中有两种思维方式，这就是理智的知觉和意志的活动。他说："我们注意到，在我们之中思维的一切方式可以归为两大类：其中一类就在于通过理智而知觉，另一类就是通过意志而决定。这样感觉、想象并且纯粹心智的事物的领会，都只是知觉的不同方式；而欲望、厌恶、肯定、否定、怀疑都是意欲的不同方式。"① 理智知觉是观念，而意志的活动表现为判断。如果说在"天赋观念"问题上主要解决的是感性认识和理性认识的关系，那么在判断和意志问题上要解决的是如何避免错误、发现真理的问题。

笛卡尔认为，尽管创造我们的上帝是绝对完善的，但我们仍然常犯错误。产生这些错误的原因是什么呢？我们不能把这些错误归之于上帝，如果上帝不是一个骗子的话，他就不可能把错误给予我

---

① Oeuvre de Descartes，Tome Ⅸ-2：Principes de la Philosophie. Charles Adam et Paul Tannery. Paris, 1904：39.

们。我们的判断能力是上帝给予我们的,因此他不会给我们一种经常出错的判断力,这种判断能力只要我们正确运用就不会出错。上帝是绝对真实的,是一切光明的源泉,如果说上帝是错误的源泉,那就和他的本性相矛盾。"我之所以有时弄错是由于上帝给了我去分辨真和假的能力对我来说并不是无限的"①,我犯错误是因为我不完善、不完满,在行动中还存在着缺陷。

灵魂,从本性上来讲,是依靠意志自由行动的,这也是它的完美性之一。从这里可以看出人和机器的区别。自动机虽然可以精确地进行各种活动,但是它的活动是必然的,这里没有什么可以值得称赞的;而值得称赞的人,是制造机器的工程师,他把自动机造得十分精确,他的行动是自由的而不是必然的,包括在接受真理时也是自由的而不是必然的。在笛卡尔那里,人的这种意志自由也是一种天赋的东西,是与生俱来的、最初的、自明的。意志自由在逻辑上先于普遍怀疑,尽管上帝用一切伎俩来欺骗我,但是我仍然觉得有一种自由去怀疑这些不确定的、可疑的事物。② 人的这种特点有时应受到赞美,有时应受到谴责。

我们在进行判断时有两种因素在其中作用,一是理解的能力,一是意志的能力。对我们要进行判断的东西必须要理解,我们不能假设,不能对不了解的东西做判断,这是属于理解的作用;对我们理解的事物表示同意和不同意、肯定和否定,这是属于意志的作用。如果仅仅限于理解,领会我所能领会的东西,不加以肯定或否定,那就没有错误可言。如果我们只是对我们清楚、分明地知觉到的东西做判断,我们也不会犯错误。问题就在于,我们对于一些事物没有精确的知识就贸然做出判断。我们的错误既不是因为理解能力而产生,也不是因为意志的能力而产生,而是从这两种能力作用范围的不一致中产生。

笛卡尔认为,我们领会、理解的功能范围是狭小的、有限的,而意志的功能范围是广阔的,甚至是无限的,我可以想象一个比我更聪明的存在物,但不能想象有一个比我更完善的意志,"我体验到,在我之内只有意志是大到我领会不到会有什么别的东西比它更大,比它更广了。这使我认识到,我之所以带有上帝的形象和上帝

---

① 笛卡尔. 第一哲学沉思集. 北京:商务印书馆,1986:57.
② Oeuvre de Descartes,Tome Ⅸ-2:Principes de la Philosophie. Charles Adam et Paul Tannery. Paris,1904:40-41.

的相似性，主要是意志。"① 理解是有限的，意志是无限的，两者范围不同，意志往往被滥用超出理解的范围，所以认识就会出错。人不会有意地去犯错误，或有意地去同意含有犯错误的意见，而是他们追求真理的欲望驱使他们去对那些还没有明确认识的事物做出仓促的判断，去相信那些混乱的、不适当的观念，所以常常犯错误。笛卡尔说："我的错误是从哪里产生的呢？是从这里产生的，即，既然意志比理智大得多、广得多，而我却没有把意志加以同样的限制，反而把它扩展到我所理解不到的东西上去，意志对于这些东西既然是无所谓的，于是我就容易陷入迷惘，并且把恶的当成善的，或者把假的当成真的来选取了，这就使我弄错并且犯了罪。"② 错误产生的原因就是意志超出了理解的范围，也就是我对意志不正确的运用。

要想不犯错误就必须做到两点：一是在我做判断之前必须对事物有一个清楚、分明的领会和理解，在没有把事物的真理弄清楚之前不要去做判断，这就是"理智的认识永远必须先于意志的决定"③。二是在我们进行判断时，必须把意志限制在理智认识的范围之内，"因为每当我把我的意志限制在我的认识的范围之内，让它除了理智给它清楚、明白地提供出来的那些事物之外，不对任何事物下判断，这样我就不至于弄错"④。做到了这两点，我们就不仅知道了怎样避免错误，而且知道了怎样去发现真理，"因为，如果我把我的注意力充分地放在凡是我所领会得完满的事物上，如果我把这些事物从其余的、我所理解得糊里糊涂的事物中分别出来，我当然就会认识真理"⑤。

笛卡尔进一步探讨了自由和认识的关系。什么是意志自由呢？意志自由就是确认或否认、追从或逃避理智向我们提供的东西，我们做得好像并不感觉到有什么外在的力量在支配我们。所谓自由并不是在两个相反的东西之间进行选择时采取无所谓的态度，这种选择上的无所谓态度不仅没有表现我们有自由，而且相反，恰恰证明了我们只有最低程度的自由，它表现出我们认识上的一种缺陷。所谓自由，就是果断地做出抉择，就是对真和善的追求。自由是以认

---

① 笛卡尔. 第一哲学沉思集. 北京：商务印书馆，1986：60.
② 同①61.
③ 同①63.
④ 同①65.
⑤ 同①65-66.

识为基础的，没有一个清楚、分明的认识，我们就不可能获得极大的自由。"如果我总是清清楚楚地认识到什么是真，什么是善，我就决不会费事去掂算到底应该采取什么样的判断和什么样的选择了，这样就会完全自由，绝不会抱无所谓的态度。"① "人越是明显地认识好和真，就越能自由地接受好和真，只有在人不知道什么是更好的或者更真的，或者至少当他看得不够清楚，不能不怀疑的时候，他才抱无所谓的态度。"② 无所谓并不表现我们的自由，只是"当我们对一件事物清楚、分明的认识推动和迫使我们去追求时我们是自由的"③。笛卡尔在这里提出了接近于"自由就是对必然的认识"的思想。

笛卡尔认为，意志活动的范围在日常生活中与在进行真理的思考时是不同的，应该将两者区别开来。他说："关于意志所包含的东西，我一向是在日常生活和真理的思考之间做非常严格的区别的。因为，在日常生活中，我绝不认为应该只有按照我们认识得非常清楚、分明的事物才能做，相反，我主张甚至用不着总是等待很有可能的事物，而是有时必须在许多完全不认识和不可靠的事物中选择一个并且决定下来，在这以后，就如同是由于一些可靠的和非常明显的理由而选择出来的那样坚持下去"④，因为这是日常生活中行动办事的需要，只能如此。但是我们在进行真理的思考时，则不应该这样，对于那些我们认识得不清楚的东西就不要去信任它，对它不要做任何判断。

由上观之，首先，笛卡尔把真理和错误的关系与我们认识主体的理解和意志两种能力的关系联系在一起。正确的东西起源于清楚、分明的理解，并且绝不让意志超出理解的范围，只要停留在这个范围内就不会产生错误。理智、理性是最大的统治者，在追求真理时应该用理智来统辖意志，不让它越"雷池"一步。人的自由意志是我们产生错误的原因，但如果正确地运用，它又能使我们避免错误。我们有一个自由意志，可凭此不同意可疑的事物，因而避免错误。并且当我们把意志限制在完满地领会了的事物的范围之内，并且把理解得清楚、分明的东西和理解得糊里糊涂的东西分辨开来，就会

---

① 笛卡尔. 第一哲学沉思集. 北京：商务印书馆，1986：61.
② 同①418.
③ 同①418.
④ 同①151-152.

得到真理。真理或产生的错误，取决于认识主体的理解和意志这两种能力运用得正当或不正当的制约关系。

其次，可以看出，笛卡尔认为认识主体是能动的，而不是被动的，认识主体的能动性体现在它有意志自由，并且笛卡尔把这种自由看成是无限的。他还揭示了主体的能力和客观必然性、认识和自由的关系，只有正确地认识了事物的规律性，行动才有自由。自由就是遵从正确的认识，而不是选择上的无所谓，选择愈是无所谓，就表明行动愈没有自由。把自由的概念引入认识论，把正确的认识与行动的自由结合起来，从而提示了人类从必然走向自由的道路，这是笛卡尔对认识论的一大贡献，是斯宾诺莎"自由就是对必然的认识"的直接思想来源。

但是，笛卡尔并没有把人看成是一种现实活动的感性实体，因而它的能动性仅仅局限在精神领域的意志能力，他所说的自由行动只是精神的活动，而不是人类的实践活动。他提出的"凡是清楚、分明地理解了的东西就是真的"这一真理标准和避免错误、发现真理的方法等都是与人类的实践相分离的。他不是在实践中发现真理，通过实践去检验真理，而是靠主观的领会、理解和心中观念的清楚、分明来作为真理的保证，因而笛卡尔提出的这种真理标准只是一种主观标准。实际上，达到什么程度才算清楚、分明，并且各人的清楚、分明之间又有什么区别或程度的不同，这只有靠各人主观的体验，而无法客观地确定。因而在真理标准上，笛卡尔导致了和唯心主义的经验论同样的后果。

三、直接呈现说

从上面笛卡尔的分析可以看出，"天赋观念"有这样几个特点：一是仅凭我们的理解得来的。二是它必须是清楚分明的、无可怀疑的，是天赋的。三是它是普遍有效的，是对事物本质的认识，是永恒真理。

笛卡尔著名的"天赋观念直接呈现说"就是认为具有上述特点的天赋观念是直接呈现于心中的，只要我们把精神和肉体分开，把理智和感觉、想象分开，把我们的理智活动和意志活动控制在适度和协调的范围之内，我们就可以得到这样的天赋观念。

哪些东西属于"天赋观念"呢？笛卡尔的天赋观念的含义比较广泛，它或是事物的观念，或是揭示事物本质的概念，或是公理、定理、普遍原则。

第一，事物的简单性质的观念是天赋的。笛卡尔在《探求真理的指导原则》一书中说，所谓简单性质，是指我们的心灵不能把它们分得更细的基本单位，它们是就其本身被认识，对它们的认识是如此的清楚和如此的明晰，以至它们不能被心灵分析成为其他更为清晰地被认识的东西。它们也就是构成我们的知识的基本单位。我们的知识是由简单性质或简单性质复合而成的。简单性质有三类：或是纯粹理智的，或是纯粹物质的，或是纯粹理智和纯粹物质共同的。那些纯粹理智的简单性质，我们是借助于某种天赋之光，即理智的直观来理解的，而不是借助于任何物质形象的帮助。属于这一类的是关于思维和认识本身的性质，如认识、我思、怀疑、无知、意志等等，我们对这些有一种真正的知识，并且是如此容易地认识到它们，以至于认识它们只要理性觉察就够了。那些纯粹物质的简单性质我们只有在形体中才能觉察到，属于这一类的有形状、广延、运动等。纯粹理智和纯粹物质共同的简单性质，它既要借助于纯粹理智的能力，又要借助于物质事物的影像来认识。属于这一类的有存在、统一、延续等等。可见，关于我怀疑、我思、意志的活动、形状、广延、运动、存在、统一、延续等观念都是天赋观念。①

第二，关于事物的本质的概念是天赋的。笛卡尔的"沉思二"中举了一个蜡的例子，认为蜡在不同的条件下其性质是千变万化的，但是蜡还是这块蜡，仅仅靠我们的感官是不能认识这块蜡的，只有我们的理性才能把它作为一个持续的、自身同一的实体加以把握。另外，关于几何图形的无限性的清楚概念也正是如此。如一个清楚、分明的千边形的观念，绝不能依赖想象形成一个清楚、分明的感觉影像，只能靠理智，它是存在于理智之中的。因此，实体、无限等观念也是天赋的。

第三，上帝的观念是天赋的。上帝的观念是不能来自感觉，我自身没有如此大的完满性来形成一个具有如此大的完满性的上帝观念，因此，这个观念是上帝放在我心中的。"上帝在创造我的时候把

---

① 笛卡尔. 探求真理的指导原则//The Philosophical Works of Descartes：vol. 1. Rendered into English by Elizabeth S. Haldane and G. R. Ross. Cambridge University Press, First Edition 1911. Reprinted with corrections 1973：41.

这个观念放在我心里，就如同工匠把标记刻印在他的作品上一样。"①

第四，公理、普遍原则、第一原则、道德原则等都是天赋的。如"我思故我在"、"无中不能生有"、"与同一个事物相等的一切事物相互之间都相等"与"三角形三内角之和等于两直角"等等不可能是来自感觉经验，也不能来自主观的虚构，因而它们是天赋的。

四、潜在发现说

笛卡尔的这种"天赋观念直接呈现说"不仅在后来受到多方面的批判，而且在当时就受到了他的学生、后来又是他的敌人的雷吉斯和唯物主义哲学家伽森狄等人的直接批判。为了使这一学说能够自圆其说，笛卡尔又提出了"潜在说"对这个理论进行修正。

首先，他提出了"天赋观念潜在发现说"。就是说，"天赋观念"是潜在地存在我们心中的，但是还需要学习和训练才能把它们从其他观念的掩蔽和混杂中发现出来。这些观念是完全展现在我们心中的，但是它们受到我们肉体的干扰。在婴儿和小孩那里，精神淹没在身体之中，他们的思想极其密切地固着于身体，他们的注意力只限于物体在其身体上引起了印象之后所产生的那些思想，而没有时间去顾及他们潜在的思想。② 只有成年人才能将精神和身体、理智和感觉分开，撇开与身体有关的思想，使"天赋观念"在思想中明确的显现出来。笛卡尔在 1641 年 8 月致海帕拉斯特（Hyperastes）的信中写道："凭经验我知道，我们的精神和我们的身体是如此紧密地结合在一起，以至于几乎是被它们所影响。虽然在成年人和健康人身体中，精神享受到某种自由去思考那些除感官给我们展现的东西之外的事物，但是我们知道在病人、半睡状态和年轻人那里却没有这种自由。年纪越轻，这种自由就越少。……婴儿的身体完全从属于感知或感觉疼痛、快乐、热、冷等观念和其他起源于身体统一和牵连的相似观念。然而，他在他自身之中有上帝的观念、自我的观念及所谓自明的真理。同样，成年人在他们没有注意到时也是有

---

① 笛卡尔. 第一哲学沉思集. 北京：商务印书馆，1986：53.
② 笛卡尔. 哲学原理//The Philosophical Works of Descartes：vol. 1. Rendered into English by Elizabeth S. Haldane and G. R. Ross. Cambridge University Press，First Edition 1911. Reprinted with crrections 1973：249-250.

这些观念的。婴儿后来在他长大时并没有获得这些观念。我相信，只要婴儿冲破了身体的牢笼，他一定会在他自身之中发现它们的。"① 这里好像柏拉图所说的，在理念王国中认识了理念的灵魂，当它和肉体结合在一起时，就被肉体所污染，因而忘记了理念，只有从黑暗的肉体的墓穴中挣脱出来才能见到阳光。可见，笛卡尔的"天赋观念论"和柏拉图的"回忆说"之间有着千丝万缕的联系。笛卡尔后来在和柏曼的谈话中多次阐述了这种"潜在发现说"的思想。

另外，笛卡尔还认为，我们不能发现存在于我们心中的天赋观念还有一个原因，这就是人类的偏见阻止我们去发现它们。因为这些公共的概念和某些人的偏见相对立，具有这些偏见的人不容易接受它们，而没有偏见的人可以极其明白地了解这些天赋观念。② 可见，笛卡尔之所以要普遍怀疑，也是为了更清楚地发现潜在的天赋观念。

五、能力潜存说

笛卡尔为了修正"天赋观念直接呈现说"，还提出了"天赋能力潜存说"。他说："天赋实际上是一种潜存的能力，一当经验诱发时它就能产生出这些观念来。"笛卡尔在关于《沉思集》的第三组反驳的答辩中说："当我说，某种观念是与我俱生的，或者说它是天然地印在我们灵魂里的，我并不是指它永远出现在我们的思维里，因为，如果是那样的话，就没有任何观念；我指的仅仅是在我们自己心里有产生这种观念的功能。"③ 他在《直接反对某一个纲要的评注》中更进一步地发挥了这一思想，他写道："我从来没有写过或得出结论说，精神需要多少不同于思维能力的天赋观念；但是当我观察到在我心中存在着某种思想，它们既不是来源于外部对象，也不是来源于意志的决定，而只是来源于在我之中的思维能力，那么我就能把那些观念或概念（它们是这些思想的形式）和其他一些外来的和虚

---

① Descartes' Philosophical Letters. translated by Anthony Kenny. Oxford University Press, 1970. First paperback edition by University of Minnesota Press, 1981: 111.

② Oeuvre de Descartes, Tome Ⅸ-2: Principes de la Philosophie. Charles Adam et Paul Tannery. Paris, 1904: 46.

③ 笛卡尔. 第一哲学沉思集. 北京：商务印书馆，1986: 190-191.

构的思想区别开来，把前者叫作'天赋的'。"① 这种"产生观念的能力""思维的能力"，并不是实在的存在，而是潜在地存在着的，"因为能力一词不是指别的，大约就是指潜在性"②。

笛卡尔把这种潜在能力、功能看成是某种倾向或禀赋。他认为观念的天赋性和疾病的天赋性类似。他说："在同一个意义上，我说在某些家庭中慷慨是天赋的，在另一些家庭中像痛风、尿砂等疾病也是天赋的，这不是说这些家庭的孩子在母腹之中就得了这些病，而是因为，他们生下来时就带有某种沾染这些疾病的禀赋或倾向。"③

笛卡尔在这里并不完全排斥感性经验。经验可以给我们提供一个偶因或机缘，使我们的精神根据这种天赋的思维能力去形成（或发现）这些观念。笛卡尔说："我们判断这个或那个观念，我们现在把它呈现给我们的思想，就是用它来表示某一个外部事物。不是这些外部事物通过感官将它们的观念本身传送给我们的精神，而是传送给某种精神以机缘④的东西，就在此时根据一种天赋的能力形成这些观念。"⑤

笛卡尔的这种"能力潜存说"对莱布尼茨产生了直接的影响。莱布尼茨继承了笛卡尔的天赋观念论这一方面的含义，认为"观念与真理是作为倾向、禀赋、习性和自然的潜在能力在我们心中，并不是作为现实作用在我们心中的，虽然这种潜在能力永远伴随着与它相适应的、常常感觉不到的现实作用"⑥。人的精神、心灵既没有现成的天赋观念，也不是一块白板，而是像一块本来有些纹路的大理石，它表明这块石头用来刻赫尔库勒的像比刻别的像更好，因而可以说赫尔库勒的像就天赋在这块大石头里，虽然还需要一番雕刻才能使这个形象显现出来。这里需要经验的作用，经验的刺激才能使这种天赋的能力发生作用。

笛卡尔对"天赋观念说"的阐述有很多不一致之处，如有时将一切观念都看作天赋的（就观念的形式而言），有时又说观念有三

---

① The Philosophical Works of Descartes：vol. 1. Rendered into English by Elizabeth S. Haldane and G. R. Ross. Cambridge University Press，First Edition 1911. Reprinted with corrections 1973：442.
② 同①444.
③ 同①.
④ 机缘：Occasion，或译偶因。
⑤ 同①443.
⑥ 16—18 世纪西欧各国哲学. 北京：商务印书馆，1975：505.

类，其中一类是天赋的。为了修正"天赋观念直接呈现说"，他既提出了"天赋观念潜在发现说"，认为天赋观念一开始就存在，只有经过学习，把身心彻底分开才能发现；又提出了"天赋能力潜存说"，认为我们只是有一种天赋的思想能力、形成观念的能力，在经验的刺激下这种能力就产生出这些观念来。以往由于我们对笛卡尔的天赋观念论研究得不够深入，只知道他的"天赋观念直接呈现说"，而对其"天赋观念潜在发现说"和"天赋能力潜存说"则一无所知，因而，更谈不上去探讨它的合理价值了。

六、对"天赋观念论"的批判

笛卡尔的"天赋观念论"刚一提出来，就受到唯物主义哲学家们的猛烈批判。

首先，霍布斯批判了"上帝观念天赋说"。他认为，上帝观念不是天赋的，甚至心里好像根本就没有上帝的观念。一个人的观念，是由颜色、形状等影像组成的，我们可以把它和人相对照。而一个怪物、一个天使的观念，实际上不过是我们在日常生活中所得到的一些可见事物的感觉、性质、观念组合而成的。当我们想到天使时，在心中有时是出现一团火焰的影像，有时出现的是一个带翅膀的小孩的影像，但是这些都不是天使，它们不过是火、儿童、翅膀、飞翔这些观念的组合物。我们相信有一些看不见的、非物质的东西，它们是上帝的侍臣，把它们叫作天使，但实际上它们是由我们将一些可见事物的性质在大脑中拼凑、结合而成的，并相信它们存在。所以，"我们就把天使这个名称给了我们相信或假设的东西，尽管我由之而想象一个天使的这个观念是由一个看得见的东西的观念组成的"。"上帝这个令人尊敬的名称也是这样。对于上帝我们没有任何影像或观念，这就是为什么不许我们用偶像来崇拜他的缘故，因为恐怕我们好像是领会了不可领会的东西。"①

霍布斯认为，我们对上帝实际上没有观念，只有一些推论。就像盲人感到热，有人说这是火，多次之后，当他感到热时就推论它是火，其实在他心中根本没有火的影像或观念。人们喜欢由果溯因，

---

① 笛卡尔. 第一哲学沉思集. 北京：商务印书馆，1986：181.

而原因又有原因,这样一直推论下去,就推到一个永恒的原因,因而也就推断出有一个永恒的存在体。但这里并不是说我们对这个永恒的存在体具有观念,而是我们,相信或被理性所说服,把这个永恒的原因、永恒的存在体称为上帝。

霍布斯进一步分析了笛卡尔给予上帝这个观念的那些属性。霍布斯指明,人们赋予上帝的那些性质都不过是从人自身推断出来的,是来源于客观事物的,不过,它标志着人的止境和界限。如:说上帝是"无限的",也就是说,"我既不能领会也不能想象它的止境或它的非常远的部分,也不能想象早已过去的部分,从而无限这个名称并不给我提供上帝的无限的观念,它只提供我自己的止境和界限"。"因此,说上帝是不依存于别的东西,这除了说明上帝是属于我不知道其来源的那些东西以外,不说明别的。"① 至于"至上明智的""全能的"也是一样,都是从人自身的特性推论出来的,同时又表明人的能力的止境和界限,所谓创造一切的"创造"观念几乎是从人自身形成的,比如人刚一生下来时很小,后来就长得很大,于是从这种变化中我就形成了一个"创造"的影像,这就是创造观念的来源。总之,在霍布斯看来,"上帝"的天赋观念是不存在的,人们的一切观念都只能是对有形物体的反映,都只是通过感觉从外部世界得来,人们归之于上帝的那些属性都来源于人自身和外部世界。因此,并不是上帝创造了人和世界,而是人们歪曲了自身和客观事物而设想出了上帝。

霍布斯从对上帝观念的否定走向了对神学和宗教的批判。没有天赋的上帝观念,那么证明上帝存在的前提就是虚假的。他说:"既然我们心里有上帝的观念是一件没有得到证明的事,并且基督教强迫我们相信上帝是不可领会的,也就是说,按照我的看法,人们不能有上帝的观念,因此上帝的存在并没有得到证明,更不要说创造了。"② 霍布斯从唯物主义的一元论出发认为,哲学排除神学,即排除一切关于永恒的、不能产生的、不可思议的神的学说,同样,也排除关于天使以及被认为既非物体又非物体特性的学说。排除一切违反理性、凭神的灵感或启示得到的知识,如占星术、占卜和敬神的学说。因而"霍布斯主义"在当时成了无神论的代名词。

其次,伽森狄也批判了"上帝观念天赋说"。笛卡尔认为上帝观

---

① 笛卡尔. 第一哲学沉思集. 北京:商务印书馆,1986:188.
② 同①191.

念是上帝把它们放在我们心中，就像工匠将记号刻在他的作品中一样。上帝是我的创造者，它很可能是按照他自己的模样来创造我，上帝在创造我时将"上帝"的观念放在我的心中，如果没有上帝存在，在我心中就不可能有天赋观念。伽森狄认为，观念一部分是外来的，一部分是我们自己捏造的，没有什么天赋的观念，上帝的观念是把万物的完满性集于一身的结果。说上帝将天赋观念放在我的心中就像工匠将标记刻在他的作品上一样，这也是不能自圆其说的。这个标记是用什么方式刻的？你怎样去辨认？说作品和作者相似也是说不通的。你曾经面对面地看见过他吗？把你和他比较过吗？你和他相像吗？"因为作品永远不能和作者相似，除非作品是作者把自己的本性传过去的办法生出的。可是你并不是上帝用这样的办法把你生出来的；因为你不是他的儿子，你也不能分有他的本性。你仅仅是被他创造的，就是说，你仅仅是被他按照他所想出的主意而制造的；因此，你不能说你和上帝相似，就如同你不能说一座房子和一个泥瓦匠相似一样。"① 并且，如果上帝将上帝观念赋予给你就像工匠将标记刻印在作品上一样，那么上帝就应该将这一标记刻印在所有的作品上。"那么所有的人就会有同样的标记刻印在精神上，他们就都会用同一的方式、同一的样子领会上帝了；他们就都会把同样的一些东西归之于上帝，就都会对他有同样的感觉。"② 可是事实并非如此，不仅无神论者和不信教者心中根本就没有上帝观念，即使同是信教者，他们对于上帝的理解和感觉也不一样。就凭这一点就可以证明，不是上帝亲手将上帝的观念刻印在你的心中。

除霍布斯、伽森狄以及麦尔塞纳和阿尔诺等神学家对笛卡尔的第一哲学进行了直接的批判之外，紧接他们之后，英国的唯物主义经验论哲学家洛克对笛卡尔哲学，特别是他的"天赋观念论"进行了全面、系统的批判。

洛克之所以要对天赋观念论进行坚决的批判，是因为笛卡尔的天赋观念论提出后，影响很大，特别是受到英国的剑桥柏拉图学派的青睐。摩尔（1614—1687）和卡德沃思（1617—1688）等人大肆宣扬和发挥天赋观念论，宣扬上帝观念，宣扬道德原则是天赋的，为封建王朝的复辟做论证。洛克对于剑桥柏拉图派的天赋观念论的批判其实也就是对于笛卡尔哲学的批判，洛克的批判是继霍布斯和

---

① 笛卡尔. 第一哲学沉思集. 北京：商务印书馆，1986：310.
② 同①311.

伽森狄之后对唯心主义的又一次重大打击,捍卫了唯物主义的认识路线。

第一,洛克批判了天赋原则"普遍同意说"。普遍同意说是天赋观念论者的主要论点,他们断言,宗教、道德、数学和逻辑中的一般观念和原则是人们所普遍同意的,这就证明了它们是天赋在人们心中的。洛克指出,根本不存在人类普遍同意的天赋原则,如逻辑中的"同一律"和"矛盾律"以及数学中的公理、定理等等,儿童和智力低下者并不知道。不仅"思辨原则"不是普遍同意的,就是"实践原则",即道德规范和宗教信条也不可能是普遍同意的。不同的时代、不同的民族、不同的地区大相径庭,或者完全相反。

第二,洛克批判了天赋观念"潜在说"。为了不与没有普遍同意的原则这一事实相悖,天赋观念论又辩解说,天赋观念是潜存在人们心中的,儿童开始并不知道这些天赋观念,但到他学会运用理性时,就会把这些潜在原则发现出来。洛克指出,如果说一个观念在理解中,意思就是说它们为心灵所理解,如果说一个观念在理解中而又不被理解,"人们同时知道又不知道它们"①,这是自相矛盾。实际上当儿童开始运用理性之后,甚至许多没有文化的成年人都不知道这些原则,要知道这些原则需要一个学习过程。要通过运用理性、通过学习得来的东西能够说是天赋的吗?为什么它们不是我们后天通过学习而得来的呢?

第三,洛克批驳了"上帝观念天赋说"。洛克说,上帝观念也不是人人都有的,比如原来就有一些无神论者,还有一些新发现的民族也没有上帝观念。即使同是信仰上帝的人,他们对上帝的观念也是不同的,也不可能是普遍同意的,这就说明上帝观念并不是天赋的。

第四,洛克揭露了天赋观念论的危害。洛克指出,天赋观念论把人变成思想懒汉,使人放弃了独立的理性和判断,妨碍了科学的发展,助长了人们对权威的盲目信仰,使人受宗教和一些坏的学说的支配,被一些别有用心的人所利用。

洛克用雄辩的事实和清晰的推理对于天赋观念的论点和论据进行了全面的批判,可以说是对当时许多流行的天赋观念论的一次总攻,是对其危害的一次全面清算,也是对笛卡尔的一次有力批判,使得自此之后在哲学史上再也没有人敢明目张胆地坚持笛卡尔的这

---

① 洛克. 人类理解论. 北京:商务印书馆,1983:10.

一学说。

我们今天如何去看待笛卡尔的"天赋观念论"呢？或者说，笛卡尔的这一学说到底在哲学上给我们哪些启示呢？我认为，笛卡尔"天赋观念论"的中心问题是思维如何把握存在的问题，即思维和存在的同一性问题。而这个问题又是通过几个具体问题反映出来的：

其一，我们的一切认识是不是都源于外部世界呢？或者说，我们对外部世界的认识，除了外部来源之外还有没有其他来源？笛卡尔尽管是理性主义者，但他并不否认我们的有些认识是来源于外部世界的。他与彻底的经验主义者的区别就在于是否承认我们的一切知识都是来源于外部世界的。作为一名理性主义者，这一点笛卡尔是不能承认的。他认为，我们的知识、我们的观念有三种来源，一部分是外来的，这就是指我们通过感官得来的关于外部存在物的感觉观念，我们的许多观念是从这个途径得来的。但是感觉观念往往是骗人的。另一部分观念是虚构的，这是指依靠我们的主观想象将已经获得的感觉观念组合成一些从未有过或从未见过的事物的观念。还有一部分观念是天赋的，如几何学的"公理"、传统逻辑的定律、无限完满的上帝观念、事物本质观念等都是天赋的、与生俱来的，而不是后天获得的。这不是靠感官从外感知的，而是从人自己的内心直观到的。只有这类知识是最为可靠的。

其二，感性认识和理性认识的关系是什么？它们到底是同一过程的两个不同阶段，还是属于两种完全不同的认识？理性认识是不是以感性为基础的？在笛卡尔看来，理性认识是不以感性认识为基础的。在他看来，理性认识和感性认识不是一个过程的两个阶段，而是两种不同的认识，是从两种不同来源得来的认识。感性认识是外来的，而理性认识是天赋的。莱布尼茨将问题看得特别清楚，他在驳斥洛克对"天赋观念论"的批判时说，这个问题关系到"究竟是一切真理都依赖经验，亦即依赖归纳与例证，还是有些更有别的基础。……感觉对于我们的一切现实认识虽然是必要的，但是不足以向我们提供全部认识，因为感觉永远只能给我们提供一些例子，亦即特殊的或个别的真理。然而印证一个一般真理的全部例子，尽管数目很多，也不足以建立这个真理的普遍必然性"[①]。休谟哲学也

[①] 16—18世纪西欧各国哲学. 北京：商务印书馆，1975：502.

从反面揭示了同一个道理：从感觉经验中得不到普遍必然的知识，要想在经验中寻找根据只能是徒劳。笛卡尔作为近代哲学创始人最先看到了这个问题，他认为经验是特殊的，而我们对于事物的本质认识、公理、普遍原则等真理是不能来自特殊的经验的，因而他把它们归之为天赋的、是天赋观念。知识的普遍必然性是靠天赋观念的清楚分明、不可怀疑即自明性来保证的。这个问题也成为后来康德批判哲学的主题，康德提出了"先天综合判断何以可能"的问题，认为知识是由形式和内容两方面构成的，其内容是来自感觉经验，其形式是先天的知性范畴，知识就是用先天的知性范畴去整理感觉材料的结果。

其三，真理的标准是什么？因为笛卡尔认为，外来的、虚构的，即通过感官得来的观念和通过想象自己制造出来的观念都是不可靠的，而只有天赋的知识、靠理性直觉得来的知识才是可靠的。笛卡尔作为一个理性主义者，他否认外来知识的可靠性，自然不会把我们的认识和对象相符合作为真理的标准，而是把认识本身的概念、判断和推理上的自身无矛盾和前后一贯，或曰"清楚分明"作为真理标准，"凡是清楚分明地理解到、领会到的东西就是真的"，或曰"自明的""无须论证的""无可怀疑的"东西就是真的。笛卡尔在这里强调理智的理解和领会，而不是感官的感觉，尽管我们十分清楚分明地感觉到，也不能是真的。按照笛卡尔这一标准，第一原理"我思故我在"、上帝观念、几何学公理和逻辑学的基本定律都是真理。但是"清楚分明"是一种主观标准，是不可能传达的，对于我是清楚分明的东西，对于你可能就不一定是清楚分明的，即使都认为是清楚分明的，它们各种清楚分明的程度又如何比较呢？再说，为什么"清楚分明"的就是真的？为了从这种主观的标准中脱离出来，笛卡尔求助于上帝。凡是我清楚分明地领会到的东西都是存在的，因为上帝是全能的，它会按照我们所领会的那个样子把它们产生出来。看来，无论是经验主义还是理性主义都不能逃脱"存在"而谈"真理"。笛卡尔绕了一个大弯子之后，仍然不得不承认，只有和存在相符合的认识才是真理，不过这里依靠的是上帝，之所以我们清楚分明地领会到了的东西是真的，是因为上帝使存在和我们的认识相一致。这里是一种唯心主义的颠倒，不是我们的认识与存在相一致，而是存在与我们的认识相一致。

其四，我们全部可靠的认识的基础是什么？我们知识的普遍必然性是靠什么来保证的？笛卡尔承认存在着普遍必然性的知识，并且他就是以对于整个世界获得像几何学的真理一样普遍必然的知识为最高的奋斗目标。因此，他力图以几何学为典范，建立一个普遍必然的知识体系。科学就是普遍必然的知识，这种知识不能是来自感觉经验的，或由感官经验复合而成的，而是天赋在我们心中的，"天赋观念"就是这种普遍必然的知识，是永恒真理。知识的这种普遍性来自哪里呢？经验主义的创始人培根认为，从经验材料出发，根据科学的归纳法，就可以获得"形式"这种关于自然事物的本质和规律的普遍必然性的知识。但是，笛卡尔认为，靠归纳是不能得到普遍必然的知识的，因为归纳永远不能穷尽事物，从部分事物的例证中得来的知识不可能是普遍必然的知识。这种普遍必然的知识只能来自理智或理性，是靠理性的直观和演绎推理得到的。但是，为什么摆脱了任何感觉经验的理性会得到一种普遍必然的知识呢？笛卡尔在这里又无法解释，仍然是靠上帝来帮助。因为存在于理智中的普遍必然的知识——"天赋观念"是上帝赋予我们的，"上帝一方面把这些规律建立在自然之中，一方面又把它的概念印入我们的心灵之中，所以我们对此充分反省之后，便决不会怀疑这些规律之为世界上所存在、所发生的一切事物所遵守"①。知识之所以具有普遍必然性是因为它与自然界中的规律相符合，它们两者之所以相符合则因为上帝把它们创造得相符合，上帝是普遍必然的知识的最后保障。

其五，认识主体自身有没有一种天赋的认识能力或天赋的认识结构？经验主义者洛克认为人的心灵是一块"白板"，而笛卡尔认为人的心灵是存在着一些天赋能力的，它们是人能够获得正确认识的前提条件。我认为，完全否认认识主体的天赋因素是不对的，应该说，在这个问题上，笛卡尔比洛克更正确。现代哲学家们越来越多地支持笛卡尔的观点。胡塞尔认为有一种先验的认识结构，它进行着一种构造活动，将印象、经验综合为一个统一体，它指向对象、构造对象。结构主义的语言学家乔姆斯基认为，语言能力是天赋的，儿童头脑中有一套天生的图式结构，从而使他能够理解语言中语法和语义的各种关系，不仅能模仿别人说话，而且还能够根据这些语法生成新的、没有听说过的句子。这种学习语言、运用语言特别是

---

① 笛卡尔. 谈谈方法//16—18世纪西欧各国哲学. 北京：商务印书馆，1975：152.

创造生成语言的能力就是一种天赋的能力。结构主义的心理学家皮亚杰否定有预成的天赋认识结构，认为认识结构不是先天就有的，它是在后天的认识中产生的。但是，他认为人类有着某些天赋的本能，如有机体的自发运动、反射、吸吮等等，它们叫作动作的普遍协调作用，是形成认识的逻辑结构的出发点。

  笛卡尔的"天赋观念说"是有其合理价值的，先天认识能力越来越被近代科学和哲学的发展所证明。人类的认识虽然不是先天就有的，也不是天生正确的，但是，在我们进行认识时，必须有心理学上和遗传学上先天的因素起作用。人类有着共同的认识能力，这种能力在遗传学上是先天就有的，因而在不同的自然、社会和历史条件下，在不同的文化背景中、不同的民族中的人们会形成共同的认识，并且整个人类遵守着共同的认识规律。另外，在我们进行认识时必须有知识学的因素起作用，任何一个认识者都是用一定的知识武装起来的认识者，以往的知识作为他进行新的认识的条件，因而以往的知识在逻辑上先于现在的认识。从个体与类的相对性来看，对于个体，对于现在的认识来说，以往的知识、类的知识就是一种先验的知识、天赋的知识，随着科学的发展，这种先天的因素、天赋的因素起的作用越来越大。并且在认识问题上，知识学的先天因素和心理学、遗传学上的先天因素是相互作用的。由于人类认识中的心理学、遗传学的因素起作用，认识主体选择、规定、构造着客体，从而构造着我们的知识。我们的知识的发展，部分的也是我们认识能力发展的结果。反过来，由于科学知识的发展，人类的认识活动、操作活动的发展，又大大地扩展了人类实践活动的范围，提高了人类的认识能力。这种作用的影响经过长期的、无形的积淀又转化为心理学和遗传学的先天因素，使整个人类的先天认识能力不断提高。

  由上观之，笛卡尔的"天赋观念论"并非是唯心主义的一派胡言，它提出了认识的来源问题，观念的形式和内容、感性认识和理性认识的关系问题，真理的标准问题，知识的可靠性和普遍必然性问题，认识主体的天赋能力问题等一系列重大的认识问题。这些问题直至当代仍是哲学争论的中心问题，这些问题的提出在认识论的发展史上有着重大的理论意义。

第五章　上帝的存在和外物的存在

笛卡尔是一位有天主教信仰的哲学家，但他不是一位天主教哲学家即宗教哲学家，在哲学的范围内他是一位理性主义者。上帝是他第一哲学的中心范畴之一，第一哲学的目的是要用理性的方法去证明上帝存在和灵魂不死，从而使人们更坚定地信仰上帝。他在将《第一哲学沉思集》送交巴黎神学院审查时致院长和圣师们的信中写道："上帝和灵魂这两个问题是应该用哲学的理由而不应该用神学的理由去论证的主要问题。因为，尽管对于像我们这样的一些信教的人来说，光凭信仰就足以使我们相信有一个上帝，相信人的灵魂是不随肉体一起死亡的，可是对于什么宗教都不信，甚至什么道德都不信的人，如果不首先用自然的理由来证明这两个东西，我们就肯定说服不了他们。"[①] 笛卡尔要用他发明的新的科学方法，用理性的自然之光，从哲学的角度，对上帝存在做一次最好的、最有力的、非常明白、非常准确的证明，"以便今后大家都能坚定不移地确认这是一些真正的证明，那么在哲学里就再也不可能做出比这更有好处的事了"[②]。但是，实际上，笛卡尔的上帝绝不是宗教的上帝，而是一种理性主义的上帝。证明上帝的存在实际上是为认识论寻找基础，上帝被他当作我们认识真理性的最后保证，是永恒真理的来源，是最高、无限的认识主体。

笛卡尔强调要用哲学的方法而不是用神学的方法来证明上帝的存在，但是，在证明方法上他仍然是深受神学家们的影响。其中对他影响最大的要算奥古斯丁和安瑟尔谟。

北非希波主教奥古斯丁（Aurelius Augustinus，公元354—430）这一罗马帝国时期的思想家，是早期基督教哲学的创始人。他以新

---

① 笛卡尔. 第一哲学沉思集. 北京：商务印书馆，1986：1.
② 同①3.

柏拉图主义为理论依据对基督教的教条做了全面阐述，制定了一整套神学理论，把基督教和哲学结合在一起。他宣称，真正的哲学家是爱上帝的，真正的哲学只能和真正的宗教结合在一起，有了真正的宗教才有真正的哲学。他给哲学确立的两个主题就是"灵魂"和"上帝"，把证明上帝存在和灵魂与形体的区别确立为自己哲学的中心任务。

奥古斯丁的哲学是通过内在经验的直接实在性来证明上帝的存在和我自身的存在的。他通过柏拉图的理念论获得关于上帝的知识，把上帝看成是至真、至善、至美的永恒存在，同时也是永恒的真理、绝对真理。奥古斯丁认为，从物质世界出发是不能证明上帝的存在的，必须摆脱物质世界和人自身的肉体束缚，只能进入心灵、自我思维、自我反省，通过内心的神秘体验来证明上帝的存在。证明上帝的存在是靠一种神秘的直觉，而上帝不过是一个先验的概念。

关于人的存在，奥古斯丁仍然是求之于内心的经验来证明。我的存在是通过我的思维来证明的，思维的确实性证明了自我存在的确实性，我在思维是千真万确的。同时，我在犯错误就可以证明我存在；如果我不存在，绝不会有什么错误。"我错误，所以我存在"。奥古斯丁在批驳学园派时说，"怀疑无非考虑有错误，怀疑和错误也恰好证明自己的存在，在怀疑的时候，至少你知道自己存在着"①。笛卡尔借取了奥古斯丁的证明方法，也是从思维的存在来证明我的存在，提出了"我思，故我在"的命题。我是一个思想的东西，一个思想的东西就是一个在怀疑、理解、肯定、否定、愿意、拒绝、想象和感觉的东西，我在怀疑一切，但是这个正在怀疑一切的我的存在是不能怀疑的，因而，我在怀疑，所以我存在。这可以说是笛卡尔"我思故我在"命题的思想渊源。

被称为"最后一个教父和第一个经院哲学家"的安瑟尔谟（Anselmus，1033—1109）的"本体论证明"也是笛卡尔借以证明上帝存在的重要工具之一。笛卡尔把柏拉图的理念、奥古斯丁的心灵直觉和安瑟尔谟的本体论证明结合起来，声称他直觉到在心灵中存在着一种至上、至善、至美的观念，这一观念是上帝自己给予我们的，上帝本身是存在着的。尽管笛卡尔主要是继承了柏拉图、奥古斯丁和安瑟尔谟的思想路线，但是，亚里士多德和托马斯·阿奎那

---

① 西方哲学家评传：第2卷. 济南：山东人民出版社，1984：338.

的思想方法也对笛卡尔产生了很大影响，在他对上帝存在的证明中也可以看出阿奎那"宇宙论证明"的痕迹。

讲笛卡尔对上帝存在的证明，这就牵涉到在笛卡尔那里"我思"即他所确立的主体性原则和"上帝"的关系问题。从"认识的顺序"或"逻辑上在先"的意义上来讲，"我思"是第一位的，只有在确定了"我思"的存在之后才能确定"上帝"的存在。因为我是一个思想的东西，我意识到在我心中有一个至上完善的观念即上帝观念，一个至上完善的东西不能不存在，所以上帝存在。但是，从"存在的顺序"或"时间上在先"的意义上来讲，"上帝"是第一位的存在，是上帝创造我和世界万物，先有上帝存在，然后才有我的存在，是上帝创造了我。笛卡尔在第一哲学中要坚持的是"认识的顺序"和"逻辑上在先"，但是在论述过程中，往往和"存在的顺序"、"时间上在先"发生矛盾。按说，论证上帝的存在是以"我思"为前提的，因为"上帝"的观念是"我思"中的一个观念，从这个特殊的观念来说明上帝的存在性，这是按照"逻辑上在先"来说明问题的。但是，笛卡尔又从上帝创造我，把天赋观念放在我心中来说明上帝存在，这里表现的是上帝先于我存在，这是按"时间上在先"来说明问题。笛卡尔强调要将两种顺序分清楚，但实际上并没有区分清楚，两者发生了冲突。

一、上帝存在的证明

笛卡尔到底是怎样证明上帝存在的？

笛卡尔在《第一哲学沉思集》中差不多花了两个沉思（沉思三、沉思五）来证明上帝的存在。笛卡尔说："因为可以证明有一个上帝的，只有两条路可走：一条是从他的效果上来证明，另一条是从他的本质或他的本性本身来证明。而我曾尽我之所能在第三个沉思里解释第一条道路，我相信在这以后我不应该省略去另一条道路。"① 于是，他在第五个沉思里解释了第二条道路。概括起来说，笛卡尔对上帝存在是用了两种方法做了三种证明。他运用第一种方法即用效果做了两种证明：一是用上帝的观念来证明上帝的存在；二是用

---

① 笛卡尔. 第一哲学沉思集. 北京：商务印书馆，1986：122-123.

具有上帝观念的我的存在来证明上帝的存在。在这两种证明里，笛卡尔借用了"原因必须大于或等于结果""无中不能生有"的原则。第二种方法是用本质或本性来证明，用上帝的完善本质来推断上帝的存在。在这里笛卡尔借用了安瑟尔谟的本体论证明，这就是第三种证明。下面我将综合笛卡尔在《第一哲学沉思集》、《谈谈方法》和《哲学原理》中的论述，分别对笛卡尔这几种证明的过程做一详细分析。

1. 从上帝观念的来源来证明上帝的存在

我意识到，在我心中有一个"上帝"观念。"上帝"是什么呢？笛卡尔说："用上帝这个名称，我是指一个无限的、永恒的、常住不变的、不依存于别的东西的、至上明智的、无所不能的以及我自己和其他一切东西（假如真有东西存在的话）由之而被创造和产生的实体说的。"① 这就是笛卡尔对上帝的定义或说上帝观念的内涵。

按照"无中不能生有""原因必须大于或等于结果"的原则，任何观念都应该有原因。"在一个结果里没有什么东西不是曾经以一种同样的或更加美好的方式存在于它的原因里"，"仅仅是客观地在观念里的全部实在性，或者全部完满性，必定形式地或卓越地在它的原因里"②。在这里，笛卡尔运用了几个词："客观的"（objectif）或"客观地"（objectivement），"形式的"（formel）或"形式地"（formellement），"卓越地"（eminemment）。对这几个词我们还需要做一些解释，因为在 17 世纪时和我们今天对它们的理解是不一样的。首先，"客观的"和"客观地"并不是与"主观的"和"主观地"相对应的，而是仅仅就其在观念上的存在而言。与"客观的"和"客观地"相对应的是"形式的"和"形式地"，"形式的存在"和"形式地存在"是指真实地、实在地存在于我们的观念所反映的对象之中，也可以说在它的存在中包含了观念所反映的全部内容，实际上，也是指原因的实在性等于结果的实在性。"卓越地存在"是指在一个关于自己并包含了自己的对象中存在，即原因的实在性多于结果的实在性。弄懂了笛卡尔的这几个概念，会使我们更好地懂得他的证明方法和过程。

在笛卡尔看来，上帝的观念是一个强大、完满的存在体的观念。

---

① 笛卡尔. 第一哲学沉思集. 北京：商务印书馆，1986：45-46.
② 同①139.

但是，这个观念的原因是什么呢？笛卡尔对于上帝存在的证明是从考察上帝观念的来源入手的。因此，关于上帝存在的证明也是和"天赋观念论"联系在一起的。

首先，上帝观念不可能是来自我自己的。尽管我从自己可以得出一个实体观念，但上帝是一个无限的实体，而我是一个有限的实体，一个无限实体的观念是不能从有限实体中得来的。上帝的无限不仅是对于有限的一种否定，即否定的无限，而且它是一种肯定的无限，在这种"无限的实体里边比在一个有限的实体里边具有更多的实在性"①。因此，在我心中应该是先有无限的概念，再有有限的概念。在这种比较中我才发现，上帝是无限完满的，而我既然还怀疑、希望，就证明我还缺少什么，我不是完满无缺的，远不如上帝完满。所以上帝的观念是不能来自我自己的。

其次，"我们归之于上帝的东西里边没有一个是能够作为一个样板的原因来自外部世界的；因为上帝里边没有什么跟外部的东西相似，也就是说，跟物体性东西相似"②。

再次，上帝的观念也不可能是假的，这个无上完满的、无限的存在体的观念是完全真实的。凡是我清楚明白地理解为实在的和真实的，并且在其中包含什么完满性的东西，都一定会是真的并且完全包含在里面。而上帝"这个观念是非常清楚、非常明白的，它本身比任何别的观念都含有更多的客观实在性，所以自然没有一个观念比它更真实，能够更少被人怀疑为错的和假的了"③。

按照前面讲到的理论，在一个事物的观念中，客观的（表象的）完满性越大，它的原因也就越大。我在我心中发现有一个无上完满的存在物——上帝的观念，这个观念的客观实在性既不是形式地、卓越地包含在我心里，也不是包含在别的东西里，"因此只能说，是由一个真正比我更完满的本性把这个观念放进我心里来的，而且这个本性具有我所能想到的一切完整性，就是说，简单一句话，它就是上帝"④。这就是说，我心中的上帝观念的原因不能是别的，只能是上帝本身，因而上帝是存在的。如果上帝不存在，我就不可能有

---

① 笛卡尔. 第一哲学沉思集. 北京：商务印书馆，1986：46.
② 同①190.
③ 同①.
④ 笛卡尔. 谈谈方法//16—18 世纪西欧各国哲学. 北京：商务印书馆，1975：149.

这个上帝观念。既然在我心中清楚明白地知觉到有一个上帝的观念，那么这个观念一定是来源于上帝。我心中上帝的观念是来源于真正存在的上帝的。这就是从效果（或结果）上来证明上帝的存在。

2. 从具有上帝观念的我的存在来证明上帝的存在

另一种用效果来证明上帝的存在的就是，从具有上帝观念的我的存在来证明上帝的存在。

上面讲到我知觉到在我心中有一个上帝观念，上帝观念是在我心中的，因而它是以"我思"、以我的存在为前提条件的。但是这种在心中有上帝观念的"我"怎么能够存在呢？我是从谁那里得到我的存在呢？也许从我自己，或者从我的父母，或者从不如上帝完满的什么其他原因而得到我的存在。笛卡尔分别考察了这些原因。

第一，如果我自己是自己存在的原因，即不依存于其他一切东西而存在，那么就是说我有极大的完满性，不缺少什么，也用不着怀疑什么、希望什么，凡是我在心里所设想的东西我都有，这样我就是上帝了。

如果说我以往一直像现在一样存在着，那么，如果没有一个创造者保存我，我怎么能够继续存在呢？笛卡尔在这里提出了一个观点，即时间是不连续的，持续存在就是不断地被创造出来，是重新产生。"因为我的全部生存时间可以分为无数部分，而每一部分绝不取决于其余部分，这样，从不久以前我存在过这件事上并不能得出我现在一定存在这一结论，假如不是在这个时候有什么原因重新（姑且这样说）产生我、创造我，也就是说保存我的话。"① 笛卡尔认为，一个东西延续存在或保存下来，需要同一的能力和同一的行动，这种行动把它重新产生和创造出来。我是否有什么能力使现在存在的我将来还存在呢？我是一个思想的东西，是有自我意识的，如果我自己有这种能力的话，我一定能对它有所认识，可是我在我自己之中没有认识到这种东西。我没有能力来保存我自己，"因此我明显地认识到我依存于一个和我不同的什么存在体"②，我是由别人保存的。

第二，以往我认为我是父母生的，但是这里仍然有问题。首先，即使承认我是他们产生的，但是并不是他们保存了我。可如果没有

---

① 笛卡尔. 第一哲学沉思集. 北京：商务印书馆，1986：50.
② 同①.

东西保存我，我就不能继续存在。其次，我的父母只是产生了我的肉体，而在这里我只是把我自己当作精神，关闭在物质里边的精神。作为一个思维东西的我，作为在心中有一个上帝观念的我不能是我父母产生的。

第三，我也许是依存于某种别的原因存在的，但是在这个原因里就有或是形式地，或是卓越地包含着我里边所有的一切东西。在我里边有着许多完满性的观念或概念和无上完满的上帝的概念，这些东西也应该在那个保存我的原因里存在。那么，我们可以再追问，这个原因是自己存在的还是由于什么别的原因而存在呢？如果是由于本身而存在，那么它一定就是上帝；如果它是因别的原因而存在，这样问到最后原因，这个最后的原因就是上帝。上帝是自己保存自己，不需要任何别的事物来保存他的。

第四，我也许是几个原因同时发生作用产生的，我从它们中的一个得到我归之于上帝的一部分完善性，从另一个得到我归之于上帝的另一部分完善性。但是，即使这些完善性全部存在于宇宙中，也不能结合在一个东西——上帝里。而统一性、单纯性和不可分性恰恰是上帝的完满性之一，认为上帝的完满性是不同部分的集合是和它的完满性相矛盾的。因此，具有上帝观念的我不可能是由几个原因同时产生的。我只能由一个原因产生，这个原因就是上帝。

我是上帝创造和不断重新创造（保存）的，我心中的观念是上帝给我的，"上帝创造我的时候把这个观念放在我心里，就如同工匠把标记刻印在他的作品上一样"[1]。因此，上帝观念是从我被创造时与我俱生的。笛卡尔说："我在这里用来证明上帝存在的论据，它的全部效果就在于我认识到，假如上帝真不存在，我的本性就不可能是这个样子，也就是说，我不可能在我心里有一个上帝的观念。"[2]因此，"单从我存在和我心里有一个至上完满的存在体（也就是说上帝）的观念这个事实，就非常明显地证明了上帝的存在"[3]。

哲学史上有许多人把笛卡尔这种论证看成是上帝存在的"因果论的证明"。在当时，笛卡尔将《第一哲学沉思集》送到巴黎大学征求意见时，从一批神学家那里得到的一组反驳中，有人认为笛卡尔的证明和托马斯·阿奎那、亚里士多德的第一因的证明很相似。20

---

[1] 笛卡尔. 第一哲学沉思集. 北京：商务印书馆，1986：53.
[2] 同[1].
[3] 同[1]52.

世纪的哲学家康浦·斯密（Kemp Smith）在他的《笛卡尔哲学新研究》中也是这样概括的。但笛卡尔本人不同意这种看法，并且极力把自己的证明和第一因的证明区别开来。

笛卡尔说，他对上帝存在的这种证明与托马斯·阿奎那和亚里士多德的第一因的证明的不同就在于："首先，我的论据并不是从我看见在可感觉的东西里有一种秩序或者动力原因的某一种连续而提出来的；这部分的是因为我想到上帝的存在性是远比任何一种可感觉的东西的存在性更为明显，部分的是因为我没有看到这种因果连续能够把我引到别处去，而只是使我认识我的精神的不完满……我更喜欢把我的推理依靠在我自己的存在性上的缘故，这个存在性不取决于任何原因……我并没有怎么追寻我从前是由什么原因被产生，我是追寻现在保存我的原因是什么，以便我用这个方法使我从原因的连续中摆脱出来。"① 这是笛卡尔认为的第一个区别，即他不是从感觉经验、感性事物出发的，而是从人的个性出发的；他不是追求原因的连续性去找一个第一原因，相反，是通过对保存的必然性、出现在我心中的上帝的观念要求一个创造者这两点的考察而摆脱这种对原因的连续性的追寻。第二点不同的是，"我没有就我作为肉体和灵魂的组合，而仅仅是并且恰恰是就我作为一个在思维着的东西，来追寻我存在的原因"②。这里我并不是要追寻生我的父母，以及父母的父母，这样进到无限，为了结束这个无限就断定有一个第一因。在这里我仅仅是问作为一个思维的东西、心里存在着一个完满的存在体的观念的我是什么。这里的论证过程是：通过上帝的观念我认识到了上帝是什么，并且认识到了我自己的缺陷。而上帝的观念使我意识到我的存在不仅有一个原因，而且这个原因包含有各种各样的完满性，这个原因就是上帝。

笛卡尔的这种证明确实与托马斯·阿奎那的宇宙论的证明是有区别的。它不是从感性事物为出发点推论出一个非感性的上帝，因为他在肯定上帝存在之前没有断定任何感性事物的存在，相反，要断定外部事物的存在必须先证明上帝的存在。笛卡尔在这里是运用由果溯因的因果推论，但是他不是求助于因果在时间上的先行后续的因果联系的无穷系列而达到一个第一因，他在这里寻找的是观念

---

① Oeuvre de Descartes，Tome Ⅸ-1：Méditations. Charles Adam et Paul Tannery. Paris，1904：84–85. 中译本中这句的译文不太准确。

② 同①111.

的客观实在性的原因，仅仅是上帝观念的原因。他是从一种抽象原则或公理、首要概念出发，即原因的实在性必须大于或等于结果的实在性，结果的实在性或是形式地或是卓越地存在于原因之中，按照这个原则，上帝的观念表象的实在性、完满性只能是来源于上帝，所以上帝必定存在；并且，我心中有上帝观念，上帝是无限完满的，"我们极其清楚，一种事物如果能知道较自己为完美的另一种事物，则它一定不是自己存在的原因，因为若是如此，它就应该把自己所知道的完美品德都给了自己。因此，我们只得说，它一定是由具有所有那些完美品德的神来的，也就是说一定是由上帝来的"①。因此上帝必定存在。

前面讲到的这两种证明在方法上是共同的，即都是从效果上来证明上帝的存在。前者是直接论证上帝的观念的创造者必定是上帝；后者力图说明，具有上帝观念的我的创造者不能是别的，只能是上帝。如果上帝不存在，这个具有上帝观念的我也就不能存在。但在这两者之中，后者是依赖前者的，是以我拥有上帝的观念为前提的。

3. 用上帝的本质或本性来证明上帝的存在

这种方法是从包含在我们的上帝概念中的必然存在性来推断上帝的存在。笛卡尔论证的过程是：我可以从我的思维中得出什么东西的观念，就断言凡是我清楚、分明地认识到是属于这个东西的都实际属于这个东西；我清楚、分明地认识到一个现实的、永恒的存在性属于上帝的本性，那么这种属性就在上帝的本性之中；在其他事物中可以把本质与存在分开的，正像一个直线三角形的本质不能同它的三角之和等于两直角分开、一座山的观念不能同一个谷的观念分开一样。领会一个至上完满的存在体（上帝），而它竟然缺少存在性（各种各样的完满性之一），这是不妥当的；从不能想象一个不带谷的山这个事物，我想要说明的是山和谷是不可分开的，有山必有谷，有谷必有山，我不能领会上帝是不带有存在性的。"所以存在性和上帝是不可分开的，所以上帝是存在的。不是因为我把事物想成怎么样事物就怎么样，并且把什么必然性强加给事物；而是反过来，是因为事物本身的必然性，即上帝的存在性，决定我的思维去这样领会它。"② 其他事物是偶然的存在，而上帝是必然的存在。

---

① 笛卡尔. 哲学原理. 北京：商务印书馆，1958：8.
② 笛卡尔. 第一哲学沉思集. 北京：商务印书馆，1986：70-71.

在哲学史上，通常把笛卡尔的这个证明叫作本体论的证明，认为它是对中世纪经院哲学家安瑟尔谟的本体论证明的模仿。安瑟尔谟论证：上帝观念是一个至上的、无与伦比的、绝对完善的观念，而一个绝对完善的东西它就不能仅仅在观念中存在，因为仅仅在观念中存在的东西就不如既存在于观念中又存在于现实中的东西完善，如同仅仅在观念中有钱不如现实地有钱，缺乏现实的存在性是不完满的一个标志。而绝对完善的实体不能仅仅存在于理智中，如果仅仅存在于理智中它就不如既存在于理智中又存在于事实中的东西完善。既然上帝是一个绝对无与伦比的完善的东西，那么，他一定不缺少存在性，因此，上帝是存在的。这种证明是从上帝观念的本质规定开始，而不是由经验事实开始的，故称为先验的本体论证明。

安瑟尔谟的证明，受到了托马斯·阿奎那的批判。托马斯认为，"上帝是存在的"，这句话谓语不包括在主语之中，不能从上帝的观念中引出上帝的存在。相反，他主张，上帝存在的观念可以从上帝的创造物——外部世界的存在中归纳地证明。由于安瑟尔谟的本体证明受到了托马斯的批判，所以，笛卡尔也要极力表明他的证明与安瑟尔谟的证明是不同的，至少有两点：首先，安瑟尔谟说，当人们懂得上帝这个观念是意味着什么时，人们理解它意味着一个东西，这个东西既存在于理智中，又存在于现实中。笛卡尔认为，被一个词句所意味的东西，并不因此就是真的。他的论据是："我们所清楚、分明地领会为属于什么东西的常住不变的真正本性，或本质，或形式的事物，可以真正地能够被说成或被肯定是属于这个事物的；可是，在我们足够仔细地追究上帝是什么的时候，我们清楚、明白地领会他之存在是属于他的真正的、常住不变的本性的，所以我们能够真正地肯定他是存在的，或至少这个结论是合法的。"[①] 笛卡尔认为他与安瑟尔谟的不同还在于他区别了可能的存在性和必然的存在性。"可能的存在性是包含在我所清楚、分明地领会的一切东西的概念里或观念里，而必然的存在性只有包含在上帝的观念里"[②]。也就是说，其他被清楚地理解为存在的东西只是可能的存在，而上帝这个观念是一个特殊观念，其中包含了必然的存在，所以上帝是存在的。笛卡尔认为，他的这个证明只有摆脱各种偏见的人才能看明白，因为平常许多人习惯于把本质和存在分开，习惯于任意想象许

---

① 笛卡尔. 第一哲学沉思集. 北京：商务印书馆，1986：119.
② 同①119-120.

多现在和过去都不存在的事物，而不能专心于思考上帝这个至上完满的观念，所以就难以懂得这个论证。

无论是效果的证明还是本质的证明，笛卡尔都是从上帝的观念出发的。前者是从追寻上帝观念的客观实在性的原因来证明上帝本身存在，后者是从上帝观念的本质中包含必然存在性来证明上帝的存在。我们可以看出这两种论证的前后次序在笛卡尔那里有两种不同的排列。在《第一哲学沉思集》中，笛卡尔是在"沉思三"中论述了两种效果的证明，在"沉思五"中论述了本质的证明；而《哲学原理》和《按几何学方式证明上帝的存在和人的精神与肉体之间的区别的理由》一文中则是先论述本质的证明，后论述两种效果的证明。这两种不同排列的原因是两部著作之间不同的方法决定的。在《第一哲学沉思集》中笛卡尔运用的是发现的方法，遵循的是认识的顺序；我们最先认识到我的存在，按着知觉到在我心中有上帝的观念，然后我就考察这个观念的来源，并进而考察上帝观念的本质。而在《哲学原理》中，笛卡尔运用的是教导的方法，几何学的演绎方法，它必须是从最普遍的、最一般的东西出发，然后逐渐地下降到具体，所以他最先讲本质的证明，然后讲效果的证明。

无论笛卡尔本人怎样力图将他的论证和托马斯·阿奎那的宇宙论证明、安瑟尔谟的本体论证明区别开来，但是，不难看出，它们实际上不过是宇宙论证明和本体论证明的翻版。

4. 对笛卡尔上帝存在证明的批判

笛卡尔对上帝存在的证明受到了来自唯物主义哲学家和神学家两个方面的批判。伽森狄的批判是最为系统和最为全面的。既然笛卡尔是从效果上（探讨上帝观念的来源和具有上帝观念的我的存在的来源）和本质上两个方面来证明上帝的存在，伽森狄也就从这两个方面来驳斥笛卡尔。

（1）批判通过天赋观念的来源来证明上帝的存在。

伽森狄坚持唯物主义的经验论，认为全部观念都是外来的，它们是由存在于理智之外的事物落于我们的某一感官之上而产生的；心灵不仅有从感官接受外部对象、形成它们的观念的能力，而且还有把这些观念以各种各样的方式加以集合、分割、缩小、放大、对比、组合的能力，如狮子头羊身龙尾怪兽、未见过的金字塔和城市等观念就是这样形成的。他驳斥笛卡尔说："至于你所称之为天然的，或者你所说的与我俱生的那一类观念，我不相信有任何一种观念是属于这一类的，我甚至认为人们用这个名称称谓的一切观念似乎都是外来的。"① 至于一般观念、类的观念，在伽森狄看来是在许多个别观念中抽象出来的共同性的东西，否则无以形成。他说，如果动物、植物以及一切普遍观念都是天赋的，我们也就没有必要去对那些个别的东西加以辨认了。

笛卡尔说，我的本性使我能够理解什么是真理。伽森狄认为把这句话解释出来就是，真理的观念天然地印在灵魂中。伽森狄批驳道："假如真理只是判断和所判断的事物二者之间的一致性而不是别的，那么真理就只是一种关系，因而它就不能同事物和事物的观念二者之间的比较中分得开，或者（这也没有什么两样）就不能同事物的观念分得开，因为事物的观念不仅有表现它自己的性质，同时也有如实地表象事物的性质。……假如事物的观念是外来的，那么真理的观念也是外来的，而不是与我俱生的。"② 伽森狄对"天赋观念论"的这些批驳，体现出了他鲜明的唯物主义的经验论的立场，这是在洛克以前对于天赋观念论最有力的批判。

麦尔塞纳等神学家也对笛卡尔"最高存在物的观念不能由我自己产生出来"，从心灵中所设想的那个观念来推断最高存在物的必然存在等观念进行了质疑。他们反驳说，我们的思维可以把各种程度的完善性加在一起，直至无限。完善的存在物的观念也是我们把设想在我自身中的任何程度的存在加在一起而建立起来的，"这个观念不过是一个理性的存在体，它并不比领会它的你的精神更高贵"③。这个最高的、完善的存在体的观念不一定就是从存在着的至上存在体里得来的，你可能是从书本的教育里、从朋友的谈话中、从你自己的先前的反省中得到的。并且，加拿大的一些土著居民以及其他一些野蛮人则根本没有至上存在体的观念。这个观念是你在"对物体性的东西的认识中做成的；因此你的观念只表现物体界，它包含你所想象的一切完满性"④。然后我们把它提高到对于非物体的东西的认识上去，"把其他一切的完满性都囊括成为单独的完满性，这种统一化和单一化只能是由推理的理智活动来做成，这就和共相的统

---

① 笛卡尔. 第一哲学沉思集. 北京：商务印书馆，1986：283.
② 同①284.
③ 同①127.
④ 同①128.

一作用是一样东西"①。这里,完善性事实上并不存在,而仅仅存在于理智、心灵中。

(2) 批判因果等同论。

如果说"天赋观念论"是笛卡尔论证上帝存在的一个重要理论前提的话,那么,他的另一个重要理论前提就是"观念的客观实在性"理论和"先验的因果原则"。

笛卡尔强调:"我们的观念的客观实在性要求一个原因,在这个原因里,不仅是客观地而且也是形式地或者卓越地包含着我们的观念的客观实在性。"② 这就是他的"先验的因果原则",即"无中不能生有"。凡物必有因,并且原因必须大于或等于结果。观念的客观实在性作为结果,它必定是来源于它的原因之中。笛卡尔由此出发来证明上帝的存在。

伽森狄要批判笛卡尔对上帝存在的证明方法及其过程,也就得对笛卡尔这一理论的基础进行严厉的批判。

伽森狄指出,笛卡尔的"观念的客观实在性"理论好像是要表明,观念应该完全符合它由之而成为观念的那个事物,它所含有的对象没有一点不是实际上存在于那个事物之中。那个事物本身所包含的实在性越多,它表象的实在性也就越多。但是,伽森狄认为,"观念和它的客观实在性都不应该按照事物本身所有的全部的形式实在性来衡量,而只是按照精神所认识的那一部分,或换言之,按照精神所有的认识来衡量。因此,当然,人们将会说,对于一个你经常看见的、你仔细观察过的、你从各方面都看见过的人,你心里对于这个人的观念是非常完满的;可是对于你仅仅顺便看到一次的、你没有很好看过的人,你所得到的观念是非常不完满的"③。伽森狄的这一批驳是很有道理的。观念表象多少实在,是不能以事物本身包含了多少实在来衡量的。我所认识到的东西,与事物本身中包含的东西并不是一回事。我们不能百分之百地表象、认识事物。我们对于事物所形成的观念、观念反映实在的程度是受主体本身影响的,它是主体认识的结果,我们认识得比较清楚的东西,我们对它就有一个完满的观念;观念的完满不完满、反映表象的实在性多少不是由客体、对象决定的,并不能说事物本身包含的实在越多,关于它

---

① 笛卡尔. 第一哲学沉思集. 北京:商务印书馆,1986:128.
② 同①165.
③ 同①288.

的观念就越完满。伽森狄认为,相反,"我们对于偶性可以有一个清楚的、真实的观念,但是对于被蒙蔽的实体,我们充其量只能有一个模糊的、假造的观念"①。同样,也不能说"上帝"观念有比表象有限实体的那些观念更多的客观实在性。首先,你还没有搞清楚上帝到底是否存在,你怎么知道这个观念表象了这些东西呢?再说,既然人类心灵领会不了无限的东西,谁要对无限的东西夸夸其谈的话,那不过是对无限的东西加上一些他不理解的名字。"我们习惯于加到上帝身上的所有这些高尚的完满性似乎都是从我们平常用来称赞我们自己的一些东西里抽出来的,比如时间的延续、能力、知识、善、幸福等等,我们将这些都尽可能加以扩大之后,说上帝是永恒、全能的、全知的、至善的、全福的,等等。"② 既然上帝的观念是将有限的东西的观念组合起来加以扩大而成,那就不能说它有比有限的东西总和起来更多的客观实在性。

另外,笛卡尔说:"在动力的、总的原因里,一定至少和在结果里有一样多的实在性。"③ 即原因至少等于结果。伽森狄认为,"在结果里的东西没有不是在它的原因里的"这句话,似乎是指质料因而不是指动力因的,"因为动力因是个外在的东西,而且它的性质常常和它的结果在性质上是不同的"④。即使说一个结果是从动力因那里得到的实在性,但也不能说它的全部实在性都来源于动力因本身,动力因可以从别处搬来实在性。就如同工程师建一座房子,不能说这座房子的全部实在性都是从工程师那里来的。父母生育子女也是一样,他们不是作为一个动力本原,而是作为一个质料本原,孩子从父母身上接受到一些质料。"总之,动力因只有当它能够用某一种质料形成它的结果,并且能够把它最后的完满性给与这个质料时才包含它的结果。"⑤

笛卡尔从"原因必须大于等于结果"的先验因果原则断定,上帝观念不能从我自己得来,因为我没有那么大实在性,因而它只能从上帝得来,所以上帝存在。伽森狄驳斥道,说上帝观念不能从你自己得到这是十分正确的,因为除了外在的对象本身把它们的观念

---

① 笛卡尔. 第一哲学沉思集. 北京:商务印书馆,1986:288-289.
② 同①290.
③ 同①291.
④ 同①291.
⑤ 同①292.

给你送来以外，它们还有可能从你父母、你的老师们、圣贤们的话里以及其他人的谈话中学来。虽然人们同意说上帝的观念不能单独由你而来，但并不等于说它一定来自上帝，而是只能来自你以外的什么原因。

　　笛卡尔从具有上帝观念的我的存在来证明上帝的存在。他认为，时间是不连续的，我的生命也是不连续的，每时每刻都要有一个原因把它重新产生出来，否则它就不能存在。我存在的原因不是父母，也不是别的，只能是上帝，因而上帝存在。伽森狄驳斥道，事物的存在并不需要一个原因时时刻刻来保护它，有许多东西存在，不仅产生它的原因不再起作用了，甚至在那个原因完全腐朽和消失了之后，它们仍然存在，如河水的流动就是这样。说时间是不连续的这是大错特错。"我们想象不出任何东西，它的各部分彼此之间比时间的各部分彼此之间更不可分的，比时间的联系和连续是更不可分解，比它的后来的各部分是更不容易分开，比先前的各部分更有结合性，更有依存性。"① 再说，时间各部分之间的依存性和独立性对于你的产生和保存有什么用处呢？为什么你的父母不是你存在的原因呢？你不是明显和你的身体一起被他们产生吗？你说你是一个思想的东西，一个在心中有上帝观念的东西，但是你的父母，他们的心灵中不也像你一样是思想的东西，在其中也有上帝观念吗？

　　（3）批判本体论证明。

　　伽森狄还对笛卡尔的上帝存在的本体论证明进行了批判。笛卡尔论证，上帝是一个绝对完满的观念，而绝对完满的东西不仅存在于理智中，而且还存在于现实中。因为仅仅存在于理智中的东西，不如既存在于理智中又存在于现实中的东西完满，上帝既然是绝对完满，那么它必然是现实的存在的，存在性是上帝的完满性之一。伽森狄说，存在性，不论是在上帝那里，还是在其他事物中，它仅仅是一种形式或一种现实，而不是完满性。"事实上，不存在的东西既没有完满性，也没有不完满性；而存在的东西，它除去存在性之外还有许多完满性，它并不把存在当作特殊的完满性，而仅仅把它当作一种形式或一种现实。有了它，事物本身和它的一些完满性就存在；没有它，就既没有事物，也没有它的那些完满性。因而一方面不能说存在性在一个事物里边是一种完满性，另一方面，假如一

---

① 笛卡尔. 第一哲学沉思集. 北京：商务印书馆，1986：304.

个事物缺少存在性,也不能说它不完满,或缺少某种完满性,只能说它没有,或者说它什么都不是。"① 因此,在列举上帝的完满性时不应该把存在性包括进去,以便由之而得出结论说上帝存在。

伽森狄对笛卡尔的上帝观念天赋说的驳斥具有唯物主义倾向。但是伽森狄并不否认上帝的存在,他只认为我们不可能有上帝的观念,因为对于上帝我们不可能有知识,上帝是属于信仰的事情。他坚持"二重真理论",认为真理有两个源泉:一是"自然的光明",另一个是"信仰和宗教的光明";前者是按照经验和理性来解释世界,后者是按照上帝的启示和权威来说明超自然现象。他反对笛卡尔从上帝的观念出发来论证上帝的存在,并断言上帝是宇宙的第一因、原子的创造者。伽森狄反对经院哲学,反对笛卡尔关于上帝存在的证明,但他绝不是一个无神论者,相反他是一个虔诚的天主教徒,在他的哲学内包含着不可克服的矛盾性。这就是马克思所指出的,伽森狄"竭力要使他的天主教的良心和他的异教的知识相协调,使伊壁鸠鲁和教会相适应,这当然是白费气力"②。

神学家对于笛卡尔的证明也有研究。他们不仅认为笛卡尔对于上帝存在的证明有许多理论上的漏洞,而且还认为笛卡尔没能很好地证明灵魂不死。他们认为笛卡尔虽然把论证"灵魂不死"作为他的第一哲学的一项重要任务,但他在对第一哲学的论述中并没有完满地达到这一目的;指出心灵和形体是有区别的,并不能说明灵魂是不朽的。他们说:"我们在你的《沉思集》里找不到一个字是关于人的灵魂不死的,然而灵魂不死是你应该主要加以证明的,并且应该对它做一个非常准确的论证来使那些其灵魂不配不死的人们感到狼狈,因为他们否认灵魂不死,也许憎恶灵魂不死。"③ 这里一语道破论证灵魂不死是出于神学的需要,是为神学服务的。

(4) 批判笛卡尔的"循环论证"。

神学家阿尔诺指出笛卡尔在论证上帝存在时陷入了循环论证,这就是著名的"笛卡尔圆圈"(Descartes's circle)。笛卡尔在论证上帝的存在之前就确立了一条原则:凡是我清楚、分明地领会了的东西都是真的。并且推演出:凡是我清楚、分明地领会到某种属性是包含在一个东西的本性里或包含在它的概念里,这个属性就真是这

---

① 笛卡尔. 第一哲学沉思集. 北京:商务印书馆,1986:327.
② 马克思恩格斯全集:第40卷. 北京:人民出版社,1982:188.
③ 同①131-132.

个东西的属性，我就确信它存在于这个东西里面。我清楚、分明地领会到存在和上帝的本质是分不开的，那么上帝存在。在这里论证上帝的存在是以"凡是清楚、分明地领会了的东西就是真的"这条原则为前提的。但是笛卡尔后来在第五、第六个沉思中又说：只有认识了上帝的存在，我们才能肯定我们所清楚、分明地领会的东西是真的，这是因为，凡是我清楚、分明地领会的东西，上帝就会按照我所领会的那个样子把它们产生出来。这就是说，"凡是清楚、分明地领会了的东西就是真的"这条原则的正确性是靠上帝来保证的，是以上帝的存在为前提的。笛卡尔在这里陷入了"循环论证"。

阿尔诺揭露的这种"笛卡尔圆圈"在哲学史上留下了长久的争论。有些研究者持和阿尔诺相反的看法，认为"笛卡尔圆圈"是不存在的。但在我看来，阿尔诺揭示的"笛卡尔圆圈"确实是存在的。很明显，笛卡尔在证明上帝存在时是借助了"凡是清楚、分明地领会了的东西就是真的"这一真理标准的。而这一标准是笛卡尔从"我思故我在"这条第一原则中引申出来的。"我思故我在"是绝对确实、毫无疑义的一条真理。是什么使我断定它为真理呢？或者说这个被看作真理的命题具备什么特点呢？笛卡尔说："我发觉在'我思想，所以我存在'这个命题中，并没有任何别的东西使我确信我说的是真理，而只是我非常清楚地见到：必须存在，才能思想；于是我就断定：凡是我十分明白、十分清楚地领会到的东西，都是真的。我可以把这条规则设定为一条总的规则。"① 由此可见，这条真理标准或总的规则是以"我思"为前提的，那么对于上帝的证明实际上也是以"我思"为前提的。

对上帝存在的证明依赖于"凡是清楚、分明地领会了的东西就是真的"这条原则表现在两点上：首先，我心中有一个上帝观念，而上帝观念不能是假的，这个无上完满的、无限的存在体的观念是完全真实的。因为它是非常清楚明白的，没有任何"一个观念比它更真实，能够更少被人怀疑为错的和假的了"②。这样就确定了上帝的观念是一个绝对真实的观念。其次，在本体论的证明中，笛卡尔又断言，"凡是我清楚、分明地认识到属于这个东西的都实际属于这

---

① 笛卡尔. 谈谈方法//The Philosophical Works of Descartes, vol. 1. Rendered into English by Elizabeth S. Haldane and G. R. Ross. Cambridge University Press, First Edition 1911. Reprinted with corrections 1973：102.

② 笛卡尔. 第一哲学沉思集. 北京：商务印书馆，1986：46.

个东西",我清楚、分明地认识到一个现实的、永恒的存在性属于上帝的本性,那么这个属性就在上帝的本性之中,我清楚、分明地领会到上帝的本质和它的存在是分不开的,因而上帝是存在的。可见,对上帝存在的证明是依赖于"凡是清楚、分明地领会了的就是真的"这一原则的。

可是,当确定了上帝的存在之后,笛卡尔又说,为什么凡是清楚、分明地领会了的东西就是真的呢?这是因为上帝会按照我所理解的那个样子把它们创造出来,有上帝来做保证。这实际上是说"凡是清楚、分明地领会了的东西就是真的"这条原则是以上帝为前提的。这就是循环论证,这就是矛盾。实际上是"逻辑上在先"还是"时间上在先"的矛盾、"认识的顺序"和"存在的顺序"的矛盾的深化,是上帝以"我思"为前提还是"我思"以上帝的观念为前提的这一问题的变形。

像麦尔塞纳和阿尔诺这样一些神学家对笛卡尔的批判有时也是非常机智和深刻的。但是他们批判的不是笛卡尔的目的,而是笛卡尔的不当的论证方法。在他们的批判中有很多深刻的和对唯物主义有用的东西,如他们对笛卡尔仅仅把认识主体当作精神性的东西、物体不能思维等思想的批判,对于上帝的观念来自上帝、循环论证、认识了上帝就可以认识各门科学等思想的批判,可以使我们从中得出唯物主义的结论。这就是列宁所说的,一个唯心主义对另一个唯心主义的批判往往对唯物主义是有益的。在哲学史上这样的例子不少,亚里士多德对于柏拉图的批判,黑格尔对于康德的批判都是如此。

实际上,笛卡尔的上帝观是二重的、矛盾的,这个矛盾是"自然神论"倾向和"偶因论"倾向的矛盾。笛卡尔在《谈谈方法》的第五部中介绍他的《论世界》的基本思想时谈到,上帝是以一种物质造成一个混沌的世界,上帝在做完这些事情之后就不做别的事,只是给自然"通常的协助",让自然依照他所建立的规律活动。在这里笛卡尔表现出的是自然神论的思想,认为上帝用物质将世界创造出来并赋予它们自然规律之后,就不再干预自然了。他强调上帝赋予自然以规律性,强调物质世界自己运动,并说"即令上帝创造出许多世界,也不会有一个世界不遵守这些规律"①。

笛卡尔认为"第一哲学"是"物理学"的基础。从第一哲学可

---

① 笛卡尔. 谈谈方法//16—18世纪西欧各国哲学. 北京:商务印书馆,1975:153.

以"推演出"物理学的原理,也是以这种自然神论的思想为前提的。证明了上帝的存在就为说明自然界创造了前提条件,上帝创造了世界,给予物质世界以规律,自然界就按照上帝给予它的这些规律不停地运动。"这些规律就足以使这种混沌的部分以好的顺序清理自己和安排自己,以至于使世界以非常完善的形式出现。"① 有规律的物质世界是物理学研究的对象和前提。这种自然神论的倾向可以说是后来"自然神论"的思想来源。

但是,笛卡尔在论证上帝存在时又说,我在的存在是不连续的,我存在的每一时刻之间是没有任何关联的,"因为我的全部生存时间可以分为无数部分,而每一部分都绝对不取决于其余部分,这样,从不久以前我存在过这件事上并不能得出我现在一定存在这一结论来,假如不是在这个时候有什么原因重新(姑且这样说)产生我,创造我,也就是说保存我的话"②。在这里,我之所以存在,是因为上帝每时每刻地把我重新产生、创造出来,如果上帝有一瞬间的疏忽,我就不能存在了。既然作为上帝创造物的"我"是这样,物质世界和其他造物也该如此。这里,笛卡尔曾经强调的物质世界自己有规律的运动不见了,而上帝从一个无事可做的静观者变成了昼夜辛劳的生产者,他无时无刻不在进行着创造。这时的上帝就像莱布尼茨批评格林克斯(Geulincx,1624—1669)一样,是一个很坏的钟表匠,他制造出了钟表却无法使它们自己走动,还需要每时每刻守护在钟表前拨动它们的指针。虽然说笛卡尔的这种观点和后来的马勒伯朗士、格林克斯的典型的偶因论还不同,但是有着明显的偶因论倾向,或可以说是后来偶因论的思想来源。这种倾向与他的自然神论的倾向是相矛盾的,不过自然神论的倾向在笛卡尔的上帝观中是占主导地位的。

二、外物存在的证明

笛卡尔在第一沉思中,通过普遍怀疑否定事物的存在:我们的感官是骗人的,我们常常感觉到存在的东西实际上并不存在,我也无法区别梦与醒,因为我们在梦中常常感觉到存在的东西实际上并

---

① Oeuvre de Descartes, Tome XI: Traité de la Lumière Charles Adams et Paul Tannery. Paris,1909: 34-35.

② 笛卡尔. 第一哲学沉思集. 北京:商务印书馆,1986:50.

不存在。上帝也许是一个大骗子，他用尽一切伎俩欺骗我，实际上没有天，没有地，没有空气、阳光、颜色、声音，甚至我也没有手、眼、面、肉和感觉，而他却使我错误地相信我有这些东西。只有在怀疑的我是一个精神、是一个思想的东西，这一点是不能怀疑的。笛卡尔在前两个沉思中只承认"我"的存在。如何从我的存在过渡到外部事物的存在呢？或者说怎样将外部事物的存在确立起来呢？这里要借助上帝。在第三个沉思中，笛卡尔确立了上帝的存在，并证明了上帝是一个无限完满的存在体，因而上帝不是一个骗子。"凡是我能够领会得清楚、分明的东西，上帝都有能力产生出来"①，因而，我对外部世界的知觉不仅仅是幻觉，而是外部事物实际上就存在着。

但是，笛卡尔并不承认我们能够清楚、分明地感觉到物质对象的存在，因此，不是直接以上帝做保证来肯定物质对象存在的。因为，从他的理性主义的原则看来，感觉经验是不可靠的，只有理性的认识才是可靠的，凭感觉清楚、分明地感觉到的东西不一定是真的，只有清楚、分明地领会到的东西才是真的。因此，在笛卡尔的形而上学的论证中，自始至终不是从感觉经验出发来确立实体（我、上帝）的存在，而是通过概念的推演（我的存在是直观的结果，不是推演的结果），从抽象的原则、公理出发来确立实体的存在。

在第六个沉思中，笛卡尔首先认为物质事物是可能存在的，因为上帝能够创造一切在逻辑上可能的事物，因而也可能创造物质。从我们的认识能力讲，我们的领会能力和想象能力的区别就在于：领会纯粹是自身的一种能力，以内心的观念为对象，而想象则要转向物体，形成一种心理的影像。尽管我只知道我是一种精神的东西，是具有理智、意志、感觉、想象等认识能力的东西，但是，如果不假设物质对象存在，要理解我们的想象能力是很困难的，所以物质事物存在。

笛卡尔在论证物质对象的存在时，遵循的基本思路也是从寻找物质事物的观念形成的原因入手。只有从物质的观念形成的原因中才能证明物质事物必然存在。

在这里笛卡尔同样是求助于在证明上帝存在时所运用的"原因的实在性必须大于或等于结果的实在性"这一特殊的"因果原则"。

---

① 笛卡尔. 第一哲学沉思集. 北京：商务印书馆，1986：76.

结果（物质事物的观念）是"形式地"包含在原因（物质事物）之中或是"卓越地"包含在原因（上帝或其他有更多实在性的实体）之中。笛卡尔运用排除法证明了，物质事物的观念不能是由我产生的，因我没有产生这些观念的功能，这些观念"也决不经我协助，甚至经常和我的意愿相反而出现给我"①。因此，它一定是由某种不同于我的实体产生的。同时，这个观念也不能是由上帝或除事物而外的某种外部实体所产生。因为上帝已经给予我一种自然倾向，使我相信这些观念是由外部对象产生，可是如果上帝自己又直接地或通过不同于物质事物的某种创造物（它卓越地包含观念的实在性）间接地把物质事物的观念送给我，并使我认为这些观念是来源于物质事物的，那么上帝就是一个骗子。但上帝不是骗子，所以上帝和不同于物质事物的某种更高贵的造物不可能是我们关于物质事物的观念的原因。

既然上述两者都不是物质事物观念的原因，那么可以得出结论，它们必定是由物质事物所引起的，所以物质事物必定存在。可见，在这里，笛卡尔并不是从上帝存在直接地证明外物的存在，而是绕了一个大弯子，借助"因果原则"和"上帝不是骗子"的原则来证明。

由上观之，笛卡尔的第一哲学论述了三个层次的关系，即在纯粹灵魂（我）内部的直观、理智、想象、记忆、欲望、意志等认识能力的相互关系，精神和物体（心和身）的关系，作为有限实体的精神、物体和作为绝对实体、无限实体的上帝的关系。这三个层次的关系构成了笛卡尔第一哲学的中心内容。

笛卡尔在精神和物体这两个有限实体之上设置了一个实体——上帝，这又出现了有限实体和无限实体的矛盾。作为无限实体的上帝是一种无形体的精神的实体，它是物质实体和精神实体的创造者。我们可以分别来看一看上帝和物体、精神这两个有限实体的关系。首先，我们来看看上帝和物体的关系。一种无形体的精神性实体怎能够创造出物质的世界呢？它不可能被看成是以现实的、物质的方式创造世界，如果说它是以现实的、物质的方式产生世界并且作用于世界的话，那么上帝和物体间的作用就与精神和物体间的作用一样不可解释，上帝和物体的矛盾就转化成精神和物体的矛盾。我们再来看看上帝和精神的关系。上帝是精神的创造者，但上帝是无限

---

① 笛卡尔. 第一哲学沉思集. 北京：商务印书馆，1986：83.

的精神，有限的精神不能认识、把握无限的精神，这里是有限和无限的对立。但是，上帝和精神的对立并不是本质上的对立，它们同属于精神，在本质上是一致的。只有精神和物体的对立才是本质的对立，在同物体的对立中，上帝和精神是站在一边的，是同一个战壕的战友。因而这三个实体的关系，最终是上帝、精神和物质的对立。

三、上帝的认识论意义

在对上帝的证明上，笛卡尔和中世纪哲学家们并没有什么很大的不同，他们的区别只是在于笛卡尔赋予了上帝以理性主义的意义。从表面上看，笛卡尔是把上帝作为一个信仰的对象去论证，但实际上，要确立上帝的存在，是笛卡尔认识论的必然要求。论证上帝存在，是我们认识外部世界、认识客体存在的桥梁，因为上帝是外部世界的保证，是永恒真理的源泉和认识真理的保证。

上帝不是骗子。他是永恒的、全知全觉的、绝对完善的、毫无缺点的。上帝是一切事物的创造者。"上帝创造了天和地以及在那里包含的一切东西；除此以外，他能够按照我们所领会的那样做出我们清楚领会的一切东西。"①

笛卡尔在论证了上帝不是骗子之后，将上帝和自然统一了起来。他说："因为自然，一般来说，我指的不是别的，而是上帝本身，或者上帝在各造物里所建立的秩序和安排说的。至于我的个别自然（本性），我不是指别的东西，而是指上帝所给我的一切东西的总和说的。"② 笛卡尔在这里说的"上帝给我的一切东西的总和"是指"精神和肉体的总和"，即灵魂和肉体组成的我、"整个的我自己"。我就是一个"总和体"，在这个"整个的我"中，精神是作为其中的一部分而存在的。笛卡尔在这里开始承认人的肉体的存在，认为人是由精神和肉体组合而成的。他把这种总和叫作"我的个别自然"，它是上帝赋予我们的。笛卡尔要说明，自然告诉我们的东西是含有某种真实性的，因此，我们应该相信自然。

首先，自然告诉我们，我是有一个肉体的。这是非常清楚明白的一件事。因为，当我感觉到痛苦、不舒服，感觉到饿时，它就需

---

① 笛卡尔. 第一哲学沉思集. 北京：商务印书馆，1986：169.
② 同①85.

要吃或喝。并且自然还告诉我们,我的精神和肉体是紧密联合在一起的,就像一个整体一样。此外,自然还告诉我们,我的自身周围还存在着许多别的物体,我从身体周围这些物体中感受到不同的安危,我的身体在其中会趋利避害。

可是还有一类东西,"好像也是自然告诉我的,不过这些东西却不是我真正从自然那里得来的,而是由于我有某种轻率地判断一些东西的习惯把这些东西引进我的心里来的;这样就能够很容易使它们包含什么虚假"①。属于这一类的东西,就是那一部分感觉,即后来洛克称作第二性质的观念。实际上,我们的感觉和对象中的存在是不一样的,但我们往往会错误地觉得我们主观中的感觉和对象的属性是一模一样的,或是直接存在于对象之中的。如,我常认为,在热的物体里有跟我心中的热的观念相似的东西,在一个苦或甜的物体里有我所感觉到的同样的味道,远处的星体和塔的大小和形状就像我眼睛所感觉到的那样。笛卡尔说:"尽管上帝是至善的,我有时在这一类的判断里仍会有错",我直接被我的自然所欺骗,这只能说明"我的自然不能完全、普遍地认识一切事物,这当然是没有什么奇怪的,因为人既然是一种有限的自然,就只能具有有限完整性的认识"②,"就人是由精神和肉体组合而成的来说,有时不能不是虚伪的、骗人的"③,例如,喝水是有损于水肿病人的健康的,但是水肿病人常常感到喉咙发干,想喝水。

遇到了这种错误怎么办?笛卡尔在这里强调各种感官的综合作用。各种感官综合起来,在记忆和理智的帮助之下我们就能避免错误、改正错误了。他说:"因为,知道了在有关身体的合适或不合适的东西时,我的各个感官告诉我的多半是真的而不是假的,它们差不多总是用它们之中几个来检查同一的东西以便为我服务,而且,除此之外,它们还能利用我的记忆把当前的一些认识连接到过去的一些认识上去,并且还能利用我的理智,因为我的理智已经发现了我的各种错误的一切原因,那么从今以后我就不必害怕我的感官最经常告诉我们的那些东西是假的了。"④ 在这里,笛卡尔已经从对感官的怀疑中走出来了。

---

① 笛卡尔. 第一哲学沉思集. 北京:商务印书馆,1986:86.
② 同①88.
③ 同①92–93.
④ 同①93.

接着，笛卡尔还要从关于梦的怀疑中走出来。笛卡尔在普遍怀疑时认为，梦经常欺骗我。我常梦见我穿着衣服坐在火炉旁，而实际上我是一丝不挂地躺在床上。"没有什么确定不移的标记，也没有什么相当可靠的迹象使人能够从这上面清清楚楚地分辨出清醒和睡梦来"①，以至于使我认为现在就是做梦。通过上述一番考虑之后，笛卡尔认为他已经找到一种非常显著的东西可以将醒与梦区别开来，这就是记忆。在我们醒着的时候，它能将我们遇到的各种事情联系起来，把它们和我们的生活的连续性连接起来，而它却不能将梦相互连接进来，并将它们和我们的生活的连续性连接起来。对于醒着时建立的这种连接，笛卡尔主张就像上面排除感官的错误一样，要用所有感官、记忆、理智这三种东西去检查它。"如果在唤起所有的感官、我的记忆和我的理智去检查这些东西之后，这些东西之中的任何一个告诉我的都没有跟其余的那些东西所告诉我的不一致，那么我就决不应该怀疑这些东西的真实性。"② 应该注意到，笛卡尔在这里强调的不是"清楚、分明地理解"，而是各种感官的互相参照运用，记忆对于过去的认识和现在的认识的连接，人类生活的连续性以及理智等等这些不同认识功能的综合运用。主张用这些东西来检验我们的认识正确与否。虽然笛卡尔并没有讲到用人的社会实践来检验，但讲到记忆是否能把我们遇到的事物和生活的连续性连接起来是检验认识正确与否的标准之一。生活的连续性当然不能等同于人的社会实践，但从笛卡尔求助于人的感性生活来检验认识这一点来说，可以看出笛卡尔已经从纯粹主观向现实迈进了一步。同时，在这里还可以看出，笛卡尔开始注意感性认识和理性认识的结合，而不是单方面地强调理性认识的可靠性。

上帝不仅是至善的，而且是一切真理的源泉。这是因为，一方面他给我们一种分辨真伪的能力，只要我们正确地运用它，就能清楚地了解一切事物，一定不会出错。另一方面，只要我清楚、分明地理解到是如此的东西，上帝一定会按这个样子把它们产生出来。笛卡尔在"沉思一"中运用夸张的怀疑时，先把上帝假设成一个骗子，因而就怀疑各门科学和数学的真理性。上帝有意使我们在以为知道得最准确的问题上弄错。因而各门科学是不可靠的，它们失去了坚实的基础。而现在，已经证明了一个绝对完善的上帝的存在，

---

① 笛卡尔. 第一哲学沉思集. 北京：商务印书馆，1986：16.
② 同①94.

他不可能是一个骗子。这样，笛卡尔从对上帝的怀疑中走了出来，找到了一个认识真理性的标准，为各门科学和数学重新确立了基础。笛卡尔高兴地说："可是当我认识到有一个上帝之后，同时我也认识到一切事物都取决于他，而他并不是骗子，从而我断定凡是我领会得清楚、分明的事物都不能不是真的，虽然我不再去想我是根据什么理由把一切事物都断定为真实的，只要我记得我是把它清楚、分明地理解了，就不能给我提出任何相反的理由使我再去怀疑它，这样我对这个事物就有一种真实、可靠的知识，这个知识也就推广到我记得以前曾经证明的其他一切事物，比如推广到几何学的真理以及其他类似的东西上去。"① 笛卡尔在这里，是用上帝保证我们以往的认识和对外部世界的认识的正确性。现在我之所以肯定这个认识是正确的，是因为我清楚地理解了它。而过去的认识之所以是正确的，是因为记忆告诉我，我记得我是把它清楚、分明地理解了的。笛卡尔对于外部事物的认识和对几何学知识的肯定，也是建立在对上帝的信任之上的。

笛卡尔说："一切知识的可靠性和真实性都取决于对真实上帝这个唯一的认识，因而在我认识上帝以前，我是不能完满知道其他任何事物的。而我现在既然认识了上帝，我就有办法取得关于无穷无尽的事物的完满知识，不仅取得上帝之内的那些东西的知识，同时也取得属于物体性质的那些东西的知识。"② 上帝不仅是我们认识真理性的来源，而且为我们的认识开辟了无限的前景，只要我们认识了上帝，我们就能取得无穷无尽的知识。它不仅保证了我们过去和现在认识的正确性，而且还保证我们将来认识的正确性。

笛卡尔把上帝作为认识真理性的保证，认为全部科学的可靠性和真实性绝对有赖于对真实上帝的认识，当认识到上帝存在之后，就会使我们从怀疑到不疑，就会使我们相信几何学及其科学的真理。笛卡尔的这一观点不仅受到唯物主义哲学家的批判，同时也受到神学家的批判。伽森狄驳斥道："很难找到什么人相信你以前不相信几何学论证的真理，而现在你由于认识了上帝才相信了。因为，事实上，这些证明是非常明显、确定的，它们本身无须有待于我们的思虑就会得到我们赞成。"③ 其实，上帝存在的证明还不如几何学的

---

① 笛卡尔. 第一哲学沉思集. 北京：商务印书馆，1986：74.
② 同①74-75.
③ 同①331.

证明那么明显，很多人都不相信上帝的存在，然而没有一个人怀疑几何学的论证。有谁相信几何学论证的明显性和确定性要从上帝的证明中得来呢？到什么地方去找这样一个人，当你问他为什么确信一切直角三角形的勾股定理时，他回答说他之所以确信这条真理是因为他知道有一个上帝？神学家们对笛卡尔"不清楚地认识上帝存在就不能确实地知道任何东西，不能清楚、分明地认识任何东西"的观点也进行了质疑。他们说，如果是这样的话，那么你对你自己也不能有任何认识，你也应该不知道你自己是什么东西。另外，还有一个十分明显的事实会驳倒这个观点，那就是：无神论者们十分清楚地知道算术和几何学的知识，认为"三角形的三内角之和等于两直角"这些知识是非常可靠的，是绝对真实的，但是他们并不相信上帝存在。①

其实，笛卡尔要解决的一个根本问题是"知识的可靠性"问题，或者说真理的基础问题。从"我思故我在"、主观的清楚明白，不能帮助获得认识的普遍必然性。因此，他必须到主观以外去寻找基础。于是，笛卡尔就把人们信仰的对象、被基督教确定为最不能怀疑的东西上帝作为认识真理性的根据或基础。笛卡尔把上帝看作认识论中的最高的范畴。笛卡尔的理性主义把上帝作为最高理性的象征，绝对真理的源泉，认识的普遍必然性、可靠性的保证，是科学的最终基础。没有上帝就不可能有正确的认识，没有上帝就不可能有科学，"在上帝里边包含着科学和智慧的全部宝藏"②。认识到了上帝就发现了一条通往真理的大道。首先，认识者、主体和认识对象、客体都是上帝创造和规定的；其次，思维和存在的统一，也是通过上帝来实现和保证的。思维之所以和存在相符合，是因为上帝会按照我思维的这种样子将对象产生出来。笛卡尔把认识者、主体仅仅看成是一个精神，而不是一种现实的、活动的、实践的主体，因而他就无法找到一种现实的力量，找到一种客观的标准来保证我们认识的正确性。他意识到了主观精神的东西是不能检验主观精神的东西的，仅仅是主观的清楚、分明的理解还不行，因为这就产生一个为什么清楚、分明地理解了的东西就是真的，即它的最后根据是什么的问题。因而，必须找到一个客观的标准。笛卡尔找到的这个客观标准就是上帝。一切都是由上帝的全部决定的。

---

① 笛卡尔. 第一哲学沉思集. 北京：商务印书馆，1986：129，400.
② 同①55.

笛卡尔为了给科学找到一个无可怀疑的、坚实的立足点，从普遍怀疑开始，以论证上帝存在、上帝不是骗子而是一个绝对完善的存在为契机，一步一步地从普遍怀疑中解脱出来，在理性光明的照耀下，清楚地看出什么是真的、什么是假的，从而把科学的大厦又重新确立了起来，并且发现了如何避免错误、发现真理的方法。到这时，我们更深刻地领会了笛卡尔为普遍怀疑的方法所做的两个比喻。普遍怀疑，就如同我们面对一筐苹果，其中一些已经烂了，为了不使其他一些苹果也烂掉，我们就先将它们全部倒出来，将烂的挑出来，然后将好的重新装进筐子里去。普遍怀疑也如同建房子，将基础不稳固的旧房子拆掉，但将拆下的材料保存起来，在建造一幢新房子时，再将它们用上去。笛卡尔的这种做法，实际上是要对中世纪的经院哲学进行一次清算。当时经院哲学和科学纠缠在一起，在科学中混杂着许多经院哲学的方法和概念，因此阻碍了科学的发展。科学要想发展，必须要经受一番磨难，让它先死而后生，在新的坚实基础上再重新确立起来。这是笛卡尔把论证上帝存在作为第一哲学的中心任务的深刻内涵。笛卡尔的第一哲学表面上仍然披的是经院哲学外衣，论证上帝存在和灵魂不死，而内膛中滚动的却是全新的时代精神。他论证的上帝，是作为真理化身的上帝；他论证的灵魂，是闪耀着理性之光、作为外部世界的认识者自由的灵魂。

四、笛卡尔的第一哲学和一般形而上学

"第一哲学"和"第二哲学"，即形而上学和物理学的区分起源于古希腊哲学家亚里士多德，而亚里士多德的哲学成为中世纪后期的官方哲学，笛卡尔哲学中的很多概念范畴也来源于中世纪哲学。因此，许多人认为笛卡尔哲学有很浓厚的经院哲学的痕迹。但是，笛卡尔作为西方近代哲学的创始人、新时代的开创者，他的哲学和以亚里士多德哲学为理论基础的传统的哲学有着根本的区别。笛卡尔哲学是怎样在传统哲学的外衣下揭示新时代哲学的内容呢？在这里，我们不妨将笛卡尔的第一哲学和亚里士多德的第一哲学做一比较，来看一看它们之间的根本区别；同时，还可以就笛卡尔的形而上学和近现代哲学的关系，来看一看一般形而上学的历史命运。

1. 笛卡尔第一哲学和亚里士多德第一哲学

如果说亚里士多德的第一哲学是古典本体论、古典形而上学的典范的话，我们不妨把它和笛卡尔的第一哲学做一比较，从中可以看出笛卡尔的第一哲学这种近代本体论的特点和它的转向。

亚里士多德的第一哲学的根本任务是要研究"作为存在的存在"，或译作"作为有的有"。他说："有一门科学，专门研究'有'本身，以及'有'借自己的本性而具有的那些属性。这门科学跟任何其他的所谓特殊科学不同，因为在各种其他科学中，没有一种是一般地来讨论'有'本身的。它们从'有'割取一部分，研究这个部分的属性。"[①] 亚里士多德的第一哲学是古希腊哲学家们对于世界本原和始基探讨的必然结果。所谓"本原"或"始基"，就是万物由它产生、因它存在、最后又复归于它的那个东西。米利都学派的泰勒斯说这种本原是"水"，阿那克西米尼说是"气"，赫拉克利特认为是"火"，毕达哥拉斯认为是"数"。巴门尼德则别出心裁地认为是"存在"，世间上一切存在着的东西都是存在的，"非存在"是不存在的，因而"存在"是唯一的。巴门尼德得出的这种"存在""有"的概念就是亚里士多德第一哲学研究的起点。

对于"存在"的分析是亚里士多德第一哲学的核心。亚里士多德在他的早期著作《范畴篇》中对范畴进行了分类，得出了十个范畴，这些范畴都是一些单一的词，它们表示十种情况，这就是：实体、数量、性质、关系、地点、时间、姿态、状况、活动、遭受。如"人和马"表示实体，"三尺长"表示数量，"在某处"表示地点，"躺着"表示姿态，等等。这些词都是有所指的，揭示着客观对象的不同方面，它们所表示的这些东西都是存在的，所以这十个范畴就是十类存在。可见，亚里士多德的存在与巴门尼德的存在还有不同。巴门尼德的存在是普遍的、唯一的，"非存在"是不可能的；而亚里士多德的存在是相对的、众多的，是一些特殊的规定，因而"非存在"也不是绝对的"无"，不过是其他一些相反的规定。

但是，亚里士多德的这十种存在的地位并不是并列而不分主次的。他说，我们可以从各种不同的意义上（以上十种意义上）去说存在，说"有"某东西，"但是一切'有'的东西都与一个中心点发

---

① 北京大学哲学系外国哲学史教研室. 古希腊罗马哲学. 北京：商务印书馆，1961：234.

生关系，这个中心点是一种确定的东西，它之被称为'有'，是不带任何含混的意义的"①。"说'有'一样东西，也是在许多意义上来说的，但是全都与一个起点有关；某些东西被说成'有'，乃是因为它们是实体；另一些东西则是因为它们受实体的影响；另一些东西是因为它们是一种向实体发展的过程，或者是实体的破坏、缺乏或性质，或者是具有造成或产生实体或与实体有关的事物的能力，或者是对这些东西之一或对实体本身的否定。"② 实体就是存在中的那个中心点、起点，它"乃是最基本的东西、为其他事物所凭依的东西，乃是其他事物借以取得自己的名称的东西"③。说存在、有，首先是实体存在、有实体，如人或马。其余的存在只是说明实体的，是实体的规定性，离开了实体就不能存在。"对作为'有'而存在的东西进行研究，乃是一门专门科学的任务。……如果这东西是实体，哲学家们所必须把握的根源和原因，就是属于实体的。"④ 因此，研究"存在的存在"，"作为'有'的'有'，以及'有'作为'有'而具有的各种属性，这一门科学将不但考察实体，而且考察实体的属性，包括上面所提及的那些，以及'先于'和'后于'、'种'和'属'、'整体'和'部分'等概念，以及其他这一类的概念"⑤。这门研究实体及其属性的科学就是第一哲学。

既然第一哲学是研究实体及其属性的，那么实体是什么呢？它具有哪些特性呢？亚里士多德一生中对实体及其属性做了大量的论述，不仅《范畴篇》和《形而上学》之间有着相互抵牾之处，就是在《形而上学》一书中，其论述也并非首尾一致。但无论亚里士多德的论述如何纷繁复杂，综合起来看，他的实体有如下特点：

第一，主体性。这里的"主体"一词是取它最初的含义，是指主词、基本部分的意思，与近代认识论所说的认识主体、认识者的意思不同。亚里士多德用一句令人十分难懂的话说明了实体的这一特征，这就是，实体既"不表述主体"又"不存在于主体之中"。说它"不表述主体"，意思是：实体不表述任何别的东西，而是别的东西表述它。因为从逻辑上来讲，被表述者是主词，表述者是宾词；

---

① 北京大学哲学系外国哲学史教研室. 古希腊罗马哲学. 北京：商务印书馆，1961：234-235.
② 同①235.
③ 同①236.
④ 同①236.
⑤ 同①240.

实体是主词，所以只有别的词来表述它，而它不表述别的东西。说实体"不存在于主体之中"，意思是：实体不依赖于主体而存在，因为实体本身就是主体，能够独立存在；而其他的一切东西，都不能离开主体而存在，它们是"存在于主体之中的"，主体是这些属性存在的基质、寄托者。主体的属性是可以变化的，如一个主体是可以白、可以黑的，而主体本身却不变，它是"变中的不变"。因而，从这种意义上讲，实体就是主体、基质。

第二，个体性。实体必须是"这一个"，是个体，是具体事物。如判断中的主词是个别的东西，宾词是一般的东西；主词是个体，宾词是"种""属"。如"苏格拉底是人""这匹马是动物"，苏格拉底和这匹马都是个体，人和动物都是种、属。因而，实体必须是个别的、现实的。

所以亚里士多德说："本体可以有二义：（甲）凡属于最底层而无由再以别一事物来为之说明的；（乙）那些既然成为一个'这个，也就可以分离而独立的'"①。这就是亚里士多德确定实体的两条基本标准。

但是，亚里士多德用这两条标准去衡量实体的等级，在《范畴篇》和《形而上学》中却得出两种完全不同的结论。在《范畴篇》中，他认为具体事物是"第一实体"，它是判断中的主词，是个别的、独立存在的。而作为宾词的种和属，如人和动物，尽管也是实体，但它们还可以作为宾词去表述主词，带有普遍性，个体性更少，所以种、属是第二实体。在这里把具体事物作为第一实体，种、属一般是第二实体，体现了朴素的唯物主义思想。但是，在《形而上学》中，由于他通过对物理学的研究，提出了质料和形式、潜能和现实两对范畴及其相互关系的问题，使他对于谁是第一实体和第二实体的看法发生了转变。他认为，"质料"就是从具体事物抽掉各种规定性、各种形式之后所剩下的那种最为抽象、最无规定的东西，因而它不可能是个别的，也不能"分离而独立"了。具体事物的分离性和个体性，不是从质料而来，而是从形式而来。质料只有使事物具有分离性和个体性的潜能，而只有形式才能使它们成为现实。现实先于潜能，形式先于质料（逻辑上在先），具体事物是由形式和质料组成的，形式是具体事物的本质，因而先于具体事物。这样，

---

① 亚里士多德. 形而上学. 北京：商务印书馆，1959：95.

形式就是第一实体,具体事物只能是第二实体了。这里,亚里士多德强调实体主要的特性就是本质,形式就是本质。

亚里士多德以是否可以感觉和是否运动将本体分为两类三种。"本体有三类。——可感觉本体支分为二,其一为永恒,其二为可灭坏(后者为常人所共识,包括动植物在内);于可灭坏本体,我们必须钻研其要素,无论要素只是一种或者多种。另一为不动变本体,某些思想家认为不动变本体可以独立存在,有些又把不动变本体分为两种,这两者即通式与数理对象,而另一些思想家考量了这两者,认为只有数理对象是不动变本体。"① 即一类是可以感觉的、运动的实体,它们是:(1)永恒的天体、星球;(2)可以毁灭的具体事物,包括动物、植物;另一类即(3)不动的实体。亚里士多德文中所说的"通式"就是指"理念"。至于这种不动的实体是什么,柏拉图认为是"理念",克塞诺克拉底(Xenocrates)认为是"理念"和"数理对象",斯潘雪浦(Speusippus)认为是"数学对象"。亚里士多德认为可感觉的、运动的实体是物理学研究的对象,而不动的实体应是另一门学问的研究对象。他以运动和时间的永远存在推断出一个永恒不动的实体存在,因为如果运动没有实体存在,时间和运动就无所依附,不能存在。他还从潜能和现实的角度讨论了运动,认为运动必须是现实的,仅仅假定有一个永恒的实体还不够,如果假定这个永恒的实体是"理念",则它本身不包含产生变化的原因,不是动因,不能说明运动;如果假定这个永恒的实体是"数学对象",则因为它本身是不动的,所以也不能说明运动。永恒的实体必须是绝对的现实性,它不是潜能,不带任何质料,是一种纯形式,它是永恒运动的原因,是一切运动的因果链条的最后原因、第一因、第一推动者,是主动而不是被动的,推动一切事物运动而本身再不被推动,是"不动的推动者",是永恒的实体,是绝对的现实性、纯形式,是"理性"、最高的善,是"神"。

亚里士多德说:"如果有永恒的、不动的和独立的东西的话,显然关于这个东西的知识就该属于一门理论科学——不过不是属于物理学(因为物理学研究的是某种能动的东西),也不是属于数学,而是属于一门先于这两者的科学。"② "因此,应该有三门理论性的哲

---

① 亚里士多德. 形而上学. 北京:商务印书馆,1959:237.
② 北京大学哲学系外国哲学史教研室. 古希腊罗马哲学. 北京:商务印书馆,1961:244.

学，即数学、物理学和我们称之为神学的那门科学。"① 物理学研究的对象是动的又能独立存在的东西，数学研究的是不动的又不能独立存在的东西，神学研究的是不动的又能独立存在的东西。"如果除了那些自然形成的东西之外再无别的实体，那么物理学将会是第一科学。但是如果有一种不动的实体，则研究它的那门科学就必须是在先的，必须是'第一哲学'，并且因为它是第一的，就成为一般的。"② 在这里，亚里士多德把"第一哲学"等同于"神学"了。神是实体，是"努斯"（nous）即理智，这种理智以自身为对象、以自身为目的，它追求的目的是"至善"。神就是绝对现实的纯形式、不动的推动者、最高的实体、第一原则。研究这种最高实体、第一原则的就是"神学""第一哲学"。

综上所述，可以看出：

第一，亚里士多德的第一哲学是研究"作为存在的存在"、存在本身即"实体"的。即使在《形而上学》第十二卷中也只是说，物理学是研究可以感觉的、运动的两种实体，即永恒的天体和具体事物，如动物、植物；而"第一哲学""神学"是研究永恒不动的实体、最高的实体、神、理性。两者只是研究的对象不同。因此，这里丝毫没有笛卡尔所认为的第一哲学为物理学提供理论基础，提供确实可靠的第一原理的思想。亚里士多德的第一哲学和物理学的区分是建立在本体、存在意义上的，第一哲学研究最高实体，物理学研究具体实体；而笛卡尔的第一哲学和物理学的区别是认识上、逻辑意义上的，第一哲学的知识是进行物理学认识的前提，是特殊科学的理论支撑物。亚里士多德把"神""理智"作为第一原则，这里的第一原则的意义是第一原因，是一切事物运动的最后根源或理性追求的最高目的。而笛卡尔的"我思故我在"作为第一原则，是说它是我们认识的起点，是一种绝对无可怀疑的知识，从它可以推论一切事物的知识，它不是存在和运动的第一原因，而是认识的第一原因。

第二，在实体问题上，亚里士多德突出强调实体的个体性。他提出的十类存在都是根据感性特征、根据经验观察来区分的，而不是通过抽象得来的。在《范畴篇》中，他直接认为个别事物才是第

---

① 北京大学哲学系外国哲学史教研室. 古希腊罗马哲学. 北京：商务印书馆，1961：244.

② 同①245.

一实体；在《形而上学》第五卷中，他将实体分为土、水、火、气等简单事物及其由之构成的事物。他注重的是实体的感性特征。即使在《形而上学》第七卷中认为"形式"是第一实体，仍然是从具体事物的角度来考察的，因为具体事物是由质料和形式构成的，这个事物之所以成为这个事物是因为它有形式，形式是让何物为何物的本质，是现实性，它是在先的，所以是第一实体。"神"作为最高的实体，也是因为把它当作具体事物运动的最后推动者而推导出来的结果。所以，亚里士多德的实体有比较浓厚的形而下的特征。亚里士多德并不想把形而上学当作一种从更高的层次上概括全部事物的各种属性的科学。在这个问题上，笛卡尔强调的是实体的主体性、作为基质的特征。他说："凡是被别的东西作为其主体而直接寓于其中的东西，或者我们所领会的（也就是说，在我们心中有其实在的观念的某种特性、性质或属性的）某种东西由之而存在的东西，就叫实体。"① 他认为，我们是以我们领会、知觉到的各种属性来推导出必然有一个实体作为这些属性的依托，因为自然之光（理性）告诉我们，虚无是不能有任何实在的属性的。笛卡尔说："思维直接寓于其中的实体，在这里就叫做精神（或心）。""作为广延以及广延为前提的偶性（如形状、位置、地点的运动等等）的直接主体，叫做物体（或肉体、身体）。"② 笛卡尔把整个世界中一切现象概括成"精神"和"物体"（或叫作"灵魂"和"肉体"）两大类，精神实体是不占空间、不可感觉的东西，一切有广延性的东西都是物质实体。因而，笛卡尔的实体更具有概括性，更带有形而上的色彩。

第三，亚里士多德将实体分为两类三种，笛卡尔也将实体分为两类三种，这一点是共同的。但是，在这两类三种是什么的问题上两者发生了分歧。亚里士多德的第一类是：可感觉的、运动的实体，它们又分为两种，一是永恒的天体、星球，一是具体的事物，如动物、植物；这两种都是物质的事物。第二类第三种是永恒不动的实体，即"理智""神"。这种"理智"是人类理性追求的最高目的，但它不是人类的精神、灵魂。精神、灵魂在亚里士多德的本体论中是没有地位的。尽管亚里士多德在谈到灵魂是动物的内在原因时，从动因的意义上也把灵魂当作实体，但灵魂在他关于实体的分类中却没有取得任何地位。灵魂在他那里是物理学研究的对象。笛卡尔

---

① 笛卡尔.第一哲学沉思集.北京：商务印书馆，1986：161.
② 同①161，162.

也把实体分为两类：一类是有限实体，即"精神"和"物体"，世界上的一切东西都可以分成这两大部类，精神是一切物质事物的认识者；一类是无限的实体，这就是一切"神"，神、上帝不过是最高的灵魂、最高的精神、最高的理性、最高的认识者，它是永恒真理的源泉，是我们认识真理性的保障。物质实体，即物体是属于物理学研究的对象，而不是第一哲学研究的对象；而精神、灵魂和上帝则是第一哲学研究的全部内容。可见，"精神""灵魂"在笛卡尔的本体论中占有非常重要的地位。

由上观之，亚里士多德的本体论是以自然本体为中心的本体论，而笛卡尔的本体论是以精神本体为中心的本体论；亚里士多德的本体论仍然是要解决世界的本原是什么的问题。笛卡尔第一哲学中本体中心的这种转变，实际上是哲学从以研究本体论为主的阶段向以研究认识论为主的阶段转变的一种标志。笛卡尔的第一哲学与亚里士多德的第一哲学的根本不同点就在于：笛卡尔是借助古代本体论的形式来表达认识论的思想，第一哲学实际上就是认识论，不过是一种思辨的认识论，一种改了装的认识论。

2. 笛卡尔第一哲学的革命

笛卡尔是欧洲近代哲学的创始人之一，是理性主义的肇始者。他开创了哲学的新时代，他所运用的"盘古开天"之斧就是他的崭新的科学方法论和"我思"概念。哲学必须从"我思"开始，即从"自我意识"开始，因而崇尚的是"理性"而不再是权威。黑格尔说："我们现在才真正讲到了新世界的哲学，这种哲学是从笛卡尔开始的，从笛卡尔起，我们踏进了一种独立的哲学。这种哲学明白：它自己是独立地从理性而来的，自我意识是真理的主要环节。"[1] 哲学从神学的禁锢中解放出来，好像颠沛流离的游子又回到自己的家园，回到了理性、自我意识这片乐土。所以黑格尔说，近代文化、近代哲学的思维，是从笛卡尔开始的。康德的"哥白尼式革命"不过是笛卡尔"我思"的至上性的一种更成熟的再现。笛卡尔第一哲学的内容实质已不再是传统的本体论，而是一种新的认识论，不过这种认识论是隐藏在传统本体论的外在形式之中，或者说它是通过论证本体存在而表现出来的。

---

[1] 黑格尔. 哲学史讲演录：第4卷. 北京：商务印书馆，1978：59.

笛卡尔第一哲学最主要的特点是"二元论"。这种"二元论"并非彻头彻尾的荒谬或唯心主义，它所要解决的是当时哲学所面临的一个重大现实问题，即必然和自由的关系问题。伽利略等人已经将世界描绘成一个必然的机械系统，而人是否必须服从机械决定论的支配呢？笛卡尔认为应该有一个与物质世界相对立的人的精神世界，它不由决定论所支配，人的灵魂不仅有理性，而且还有自由意志。笛卡尔既要坚持机械唯物主义的自然观，承认物质世界运动的因果性和规律性，又要保留人的独立性和自主性。二元论哲学也是关于人的哲学，它为人类精神的独立发展开辟了道路，为思维和存在的统一创造了逻辑前提。

笛卡尔的第一哲学也是关于认识主体的哲学。笛卡尔开创了哲学对认识主体进行研究的新纪元，通过实体学说对认识主体进行了全面研究。他研究了认识主体的三个层次及其相互关系。第一个层次是作为精神实体即灵魂的认识主体内部理智、意志、感觉、想象诸因素之间的关系；第二个层次是作为精神实体的"灵魂"和作为物质实体的"肉体"之间的关系，即心身关系；第三个层次是有限的认识主体（人）和无限的认识主体（上帝）之间的关系。

如果说哲学的基本问题只是到近代才取得它明确的形式的话，那么，它也是从笛卡尔开始的，不过是以他的哲学的特殊形式表现出来的。从本质上看，与哲学基本问题的第一方面相关，笛卡尔向我们提出了认识主体的本质到底是什么，物质能不能思维，灵魂和肉体这两种不同的实体是如何统一的，认识主体到底是能动的还是被动的，在个别、有限的认识主体之外还有没有普遍的、无限的认识主体等一系列问题；与哲学基本问题的第二方面相关，他也向我们提出了认识的来源是什么，真理的标准是什么，认识的普遍必然性是靠什么保证的等问题。这些问题折磨着整个近代哲学，后来的哲学都是从不同的角度对笛卡尔的这些问题做出回答。

之所以把笛卡尔作为西方近代哲学的创始人，是因为在笛卡尔哲学中包含着全新的、革命的内容。我认为，笛卡尔在第一哲学这种本体论的外壳下，对人进行了全面的研究。首先，如前所述，笛卡尔是将人作为一种精神的存在与自然分离开来，从动物的肉体局限中解放出来，在这里，人是一种脱离了感性的人。笛卡尔在第一哲学中，经过普遍怀疑后，最先要确立的是我的存在，接着研究"我是什么"。他认为，我是一个思想的东西，我的本质就是思想，不具有任何广延的特征。我是一个认识者、认识的主体，我具有理智能力。在我心中有观念：神的观念和外界事物的观念。我能够认识外部世界；我具有意志的能力，能够对我心中的观念与外部世界的关系做出判断，因而认识到真理或发现错误。其次，"我"还不是一个完整的人，仅仅是一种精神性的东西，尽管它的本质和肉体截然不同，但它仍然是和肉体紧密地结合在一起。我们有感觉、有情感，这就是心和身结合的结果，只有"灵魂"、精神和肉体结合在一起才成为人、大我、整体的我。这两者只有在上帝那里才能得到统一。但人不仅不服从于机械的决定论，也不屈从于上帝的必然性，人是有意志自由的。意志自由是第一位的东西，可以说它在逻辑上先于"我思故我在"；意志自由是我们进行普遍怀疑的前提，因为我们拥有意志自由才能进行这种普遍怀疑。尽管上帝强大有力，使尽一切伎俩来欺骗我，但我仍然有自由不把任何可以怀疑的东西当成真理，当成确实的知识，以防止受骗上当。上帝虽然能够预先规定一切，但不能决定人的意志，人的意志自由和上帝的预先设定是和谐一致的。

笛卡尔第一哲学的中心问题是人的问题，因而，他的哲学是人本学。亚里士多德的第一哲学研究的中心是"作为存在的存在"，是后物理学，而笛卡尔第一哲学研究的中心是作为人的本质的精神（灵魂）和最高的精神（上帝）。

笛卡尔的第一哲学也是哲学人类学，它研究人在世界中的地位、人的本质、人的自身分裂和统一、人和上帝的关系。

笛卡尔的第一哲学也是认识论，它实际上探讨的是关于认识主体的问题。认识主体一分为二，一是纯粹的灵魂，一是肉体。第一哲学要研究的是：（1）纯粹灵魂（我）的内部直观、理智、想象、记忆、欲望、意志等能力的相互关系问题；（2）纯粹的灵魂和纯粹的物体（肉体）的关系问题，这就是作为整体的人——认识主体中的两个部分之间的关系问题，它是思维和存在关系的一种特殊表现形式；（3）作为相对实体、有限实体的精神和物体，与作为绝对实体、无限实体的上帝之间的关系，即人和上帝、个别的认识主体和类认识主体之间的关系问题。这三个层次的关系就是笛卡尔认识论的全部内容。

但是，笛卡尔的认识论是通过本体论的形式表现出来的。笛卡尔曾说过，他在第一哲学中遵从的不是存在的顺序而是认识的顺序。

他不是讲哪一个先存在，哪一个后存在，而是讲人们是怎样认识存在、发现存在，先认识到什么的存在，后认识到什么的存在。本体论是关于存在的学说，它是通过理性思辨、概念的推演将存在建立起来的；而笛卡尔是通过认识论确立本体论、形而上学，本体论在这里实际上是一种外壳，认识论才是它真正的实质，所以说它是一种改了装的认识论。这也就是笛卡尔的本体论和传统的本体论的区别所在。我们说笛卡尔是近代哲学的奠基人，并不是因为他在近代第一个恢复以往的本体论，不是因为他探讨了实体、属性、样式的关系等传统哲学的内容，而是因为他在近代第一个强调思维的至上性、理性的至上性、自我意识的至上性、人的至上性，第一个研究了认识主体的能力，认识主体内部灵魂和肉体两大部分的区别与统一，作为有限的认识主体的人和作为无限的认识主体的上帝的关系以及精神和物质这两大世界的关系。也就是从这个意义上说，笛卡尔哲学开创了哲学的新时代。

本体论的研究是欧洲大陆哲学的历史传统，笛卡尔的哲学采取本体论的形式是不足为奇的。但是，笛卡尔的新的认识论思想是通过上帝存在、灵魂不死等传统的经院哲学的术语表现出来的，即一种新的、革命的哲学要以一种旧的、他自己力图批判的形式表现出来，这表明了笛卡尔哲学的革命性的不彻底，以及他所在的时代的局限性和法国资产阶级的软弱性。整个欧洲近代哲学是以研究认识论为中心的哲学，但是当时理性主义和经验主义这两大派别对于认识论研究采取的方式是不一样的。经验主义研究认识论是以直接的形式表现的，消灭了本体论，或者说把本体论消融在认识论之中；理性主义则是以间接的形式出现的，认识论隐藏在本体论之中，是在对本体论的论证中表现出来的。这可以说是近代欧洲认识论研究的一大特点。

另外，在第一哲学中，笛卡尔运用的方法也是包含着矛盾的。笛卡尔强调，从第一哲学的本性上来讲，最适合的方法就是分析的方法，有顺序地发现的方法。他遵从的证明的顺序是，对前面事物的说明绝不依赖于对后面事物的说明，对后面事物的说明则必然依赖于对前面事物的说明。笛卡尔表示要从几何学中吸取方法的严密性，要用严格的推演对每一个事物做出确实的说明。但是，在他的第一哲学论证中的每一步并不都是清楚、分明的，并且也不是用理性来说明，而是运用非理性的独断，在很多地方不是有顺序的论证，而是独断的跳跃。在运用普遍怀疑方法时，他假设上帝是一个骗子，是一个恶魔，使我们把一些虚假的、错误的东西当成是真实的、正确的。为了从怀疑中走出来，走向不疑，从而确定科学的真理，他又说上帝不是一个骗子。为什么上帝从是一个骗子又变成不是骗子呢？笛卡尔并没有论证，这里是一种跳跃。他跳跃的理由是我们已经论证了上帝的存在，但是论证了上帝的存在和论证上帝不是一个骗子并不是一回事。当然，他认为上帝是绝对完善的，因而它不可能是一个骗子。但上帝为什么是绝对完善的呢？上帝绝对完善是从我具有一个绝对完善的上帝观念推论出来的。但是，为什么上帝的观念是绝对完善的而与其他观念是如此的不同呢？笛卡尔也没有加以任何论证，只是武断地断言，它比其他观念包含更多的实在性和完满性。在笛卡尔的论证中，不断地宣布要以"我思"作为一个清楚分明、无可怀疑的基点或出发点，去建立起他的第一哲学的体系；但实际上，这一哲学体系并不完全是建立在"我思"的基点之上的，它仍然借助于许多独断论的、旧形而上学的支撑物。所以，笛卡尔在方法的运用上是不彻底的、矛盾的。

3. 从笛卡尔第一哲学看一般形而上学

笛卡尔的第一哲学是哲学史上一个典型的形而上学体系，也是欧洲近代哲学中的第一个形而上学体系。这里的"形而上学"一词不是黑格尔和马克思所指的那种与辩证法相对立的世界观和方法论，而是指传统意义的玄学，即哲学。通过对笛卡尔第一哲学的研究，我们可以从特殊走向一般，加深对一般形而上学的认识，这是对哲学史发展规律认识的一个方面。

第一，笛卡尔的第一哲学是以传统的本体和现象区分为前提的。可以说，笛卡尔的二元论首先是本体和现象的二元，然后才是有限（实体）和无限（实体）的二元，（有限实体中的）物体和精神的二元以及在认识上的感性和理性的二元。因为后面这些都是在本体的范围内来加以研究的。笛卡尔模仿亚里士多德，将哲学分为第一哲学和第二哲学，即形而上学和物理学（自然哲学），形而上学研究本体、实体，物理学研究自然现象（包括人）的变化和发展。这种思想实际上是从巴门尼德开始的，认为世界分为不动不变、永恒的本体界——存在和形形色色、变动不居的现象界，只有抽象的本体世界才是真实的，而现象界虚妄不实。巴门尼德的这一思想被柏拉图所继承，并进一步改造成为"理念世界"和"感性世界"。亚里士多德和笛卡尔的两种哲学的思想就是从这里来的，并且在欧洲哲学史上产生了长久的影响。

根据这种观点看来，形而上学是研究世界的本质的学问，它要研究的是存在的本质是什么，世界从本质上来讲有哪几类存在。它不满足于世界的表面现象，而要去把握世界的内部结构。它是要研究各种特殊事物的最终本性，它们赖以存在的最后本体、实体，所以形而上学也叫作本体论。

并且，形而上学是从总体上来研究世界的。数学、物理、化学、生物学等是以世界的某一部分、某一侧面为对象，它们研究的世界是在这些部分或方面的性质及其规律，而形而上学是把世界作为一个整体来研究，研究世界的总的、一般的规律，因而它的原理比具体科学的原理更带有一般性和综合性。

由此可见，传统哲学是将本体论和自然哲学（自然观）区分开来的。形而上学或本体论是研究世界的本体、世界的内部结构、世界的总体的学问，而自然哲学则是研究世界的本原，世界的产生、发展及其运动规律的科学。它们是从两个不同的方面去认识世界、把握世界。本体论注重的是逻辑在先，而自然哲学注重的是时间在先；本体论和自然哲学的这种区分是以本体和现象的区分为基础的。马克思主义哲学反对将现象和本体绝对割裂开来，而是要通过现象去认识本质，从可见的感觉事物出发，去认识把握那些不可见、不可感的本质和规律，因而马克思主义哲学将两者统一起来了。辩证唯物主义就是对物质世界产生、运动和发展的一般规律的科学总结，是科学的世界观。

第二，笛卡尔的第一哲学是和理性主义联系在一起的。要认识存在、认识本体，只有靠理性的思辨，只有靠概念的推论、演绎。笛卡尔力图借鉴几何学的方法，因为他认为感性是不可靠的、是骗人的，它不能认识存在的本质。对于存在的普遍的认识只能来源于理性，而不能来源于经验，因为感觉经验只能获得感性世界的知识，本体界的知识只有靠理性借助概念的推论而得到。

由此可见，由于形而上学的对象是超感性、不能感触、不可见、无广延的，因而它的方法不可能是观察的方法、实验的方法。因为这些是感性的方法，而它只能用非感性的方法，运用概念去推演。笛卡尔的第一哲学是和理性主义的方法紧密相连的，但并不是说形而上学运用的必然是理性方法。形而上学还可能运用非理性、非逻辑的方法，如借助内心的神秘体验和直觉，西方现代的一些哲学家如叔本华、柏格森等就是如此。胡塞尔和海德格尔要建立新的本体论，既运用理性的方法也运用非理性的方法。但是非理性并不是感性。它仍是以情绪和意志等非感性的东西作为本体论的基础。

第三，笛卡尔把第一哲学当作真理的体系，它是绝对确实的、无须辩护的、不证自明的；一切知识都是清楚明白的，与"我思"紧密相连的。它为其他科学，特别是物理学提供指导原则和出发点，其他科学的知识都是以第一哲学的真理为依据的。所以，他也把关于第一哲学的思想叫作"人类知识原理"，即人类认识世界、获得关于世界的知识的方法论。所以从这个意义上说，笛卡尔的第一哲学实际上也就是认识论。

其实，任何一个本体论都是和认识论相联系的，并且是以认识论作为理论基础的；任何一个哲学家的本体论都是以认识论为前提的，不管他是否意识到，或是否自觉地、明确地来阐明这种认识论。因为当你说"世界是什么"时，你就得说明你是怎么认识到世界是如此这般的，你对世界的这种想法是怎么得来的，你的这种认识是不是真实可靠；如果不是真实可靠的，你关于"世界是什么"的学说就是错误的。可见，本体论是由认识论来确立的，没有一定的认识论就不可能有本体论。只不过是有的哲学家对他的认识论秘而不宣，有的先讲出他的本体论再说出他的认识论，有的则坦率地在讲本体论之前直陈他的认识论和方法论，如斯宾诺莎就是如此。斯宾诺莎在《伦理学》之前先作《知性改进论》。而笛卡尔则把本体论和认识论结合起来，重点阐发了认识论，通过对认识论的阐发来确立本体论，因为只有讲清了认识论才能说明本体论。这就是笛卡尔要遵循的"认识的顺序""发现的顺序"，看看我们到底是怎样发现本体论的。笛卡尔作为近代哲学的创始人十分注重认识论的研究，也就是说，在他建立本体论时首先注重本体论的理论前提的研究。由于笛卡尔的重视，使得认识论开始成为哲学中的一门独立学科，从建立本体论的潜在前提而变成了一门专门的科学。近代哲学就是从笛卡尔出发，从注重本体论的研究转向注重对本体论的理论前提即认识论的研究。

第四，笛卡尔的第一哲学仍然没有完全去掉神学的气息。自亚里士多德以来，神学和第一哲学似乎一直是不可分的一对孪生兄弟。

第一哲学是关于存在的学说，自然也就是研究最高的存在——神的学说。笛卡尔的第一哲学尽管具有许多新时代的特点，与新的理性主义方法相联系，从"我思"出发，但是它仍然带有浓厚的宗教色彩，要证明上帝的存在和灵魂不死。而证明上帝存在、灵魂不死、意志自由是旧形而上学的一个共同特征。康德对这种形而上学进行了全面的批判，指出它是建立在一种谬误的辩证推理之上，不可能是科学。

但是，形而上学，即使是旧形而上学也不能完全归结为只证明上帝存在、灵魂不死和意志自由。更为主要的，它们是对客观世界的本质、内容结构和基本规律的概括和总结，是一种世界观。从人类的认识史来看，那种证明上帝存在和灵魂不死的形而上学已经被否定掉了，而且应该被否定，但是作为揭示世界的本质及其发展规律的形而上学或本体论，是不能也不可能被否定掉的。只要人们想去认识世界的本质，力图用思维去把握存在，那么他们也就是在进行着形而上学的活动，因为这里所说的形而上学就是真正意义的哲学，形而上学的根本问题是"思维和存在的关系问题"，这也就是哲学的基本问题。

第六章　心身关系和心智哲学

作为近代哲学起点的笛卡尔第一哲学是以二元论的哲学形式出现的。如前所述，他将世界分为物体和精神这两种性质不同、各自独立的实体，把世界的这两大方面尖锐地对立了起来，这样就提出了思维和存在的关系这一重大哲学主题，近代哲学也就从这里开始。黑格尔说："中世纪的观点认为思想中的东西与实存的宇宙有差异，近代哲学则把这个差异发展成为对立，并且以消除这一对立作为自己的任务。"① 欧洲近代哲学所要解决的中心问题就是思维和存在的关系问题，即思维和存在如何统一的问题。这个问题是由笛卡尔提出来的，只有先分开才能谈得上在更高层次上的统一。而把思维和存在分开本身就是自我意识发展的表现。恩格斯说："思维对存在、精神对自然界的关系问题，全部哲学的最高问题，像一切宗教一样，其根源在于蒙昧时代的愚昧无知的观念。但是，这个问题，只是在欧洲人从基督教中世纪的长期冬眠中觉醒以后，才被十分清楚地提了出来，才获得了它的完全的意义。"② 当然，心身关系问题并不能完全等于思维与存在的关系问题，它只是思维与存在的关系问题一种特殊的表现形式。但是，在欧洲近代，正是笛卡尔提出的心身关系问题才促使人们更深入地思考思维与存在的关系问题。我们也是在这个意义上把笛卡尔看作近代哲学的创始人。

笛卡尔对精神和物体的这种分裂，实际上还是以自然科学为基础的。因为亚里士多德主义认为世界万物构成了一座金字塔，它的至高处是至善至美的上帝，下面是天上各种不同等级的天使、地上各种不同等级的人，再是动物、植物、矿物，这些等级之间都是异质的。笛卡尔在伽利略以来的近代科学的影响下，推翻了亚里士多

---

① 黑格尔. 哲学史讲演录：第 4 卷. 北京：商务印书馆，1978：5.
② 马克思恩格斯选集：第 4 卷. 北京：人民出版社，2012：230.

德主义认为世界是由多质层次构成的等级体系的观点，消除了中世纪的"隐秘的质""形式"的观点，认为整个物质世界，从动物、植物到矿物都是一个同质的体系，世界的本质就是一个均匀的空间，都服从机械运动的规律。他推翻了亚里士多德的运动三分法（性质的变化、数量的增减、位置的移动），而认为运动只有一种形式，一切运动都是位置的移动、机械运动，而这些运动是可以用数学来表达的。他还提出了"动物是机器"的思想。在确定了物质世界是一个同质的体系之后，那么就剩下了一种现象，这就是精神、思想，这是与物质世界对立的一个精神世界，只有它才是和物质世界异质的。因而，整个宇宙不再是一个垂直的阶梯或金字塔，而是由两个平行的对立物而组成。一面是物体，一面是精神；一面是广延，一面是思想。

笛卡尔的二元论，归根结底就是人的二元论。世界的二元性是在人身上体现出来的，因为只有人才有精神、才有灵魂，物质和精神、灵魂和肉体这两个侧面只有在人身上才能同时存在。因而，笛卡尔的二元论也就是人自身的二元论。在经院哲学中，特别是在亚里士多德主义阶段，人的心身、灵魂和肉体是浑然一体、没有明确界限的，使灵魂失去了鲜明的特性，因而，笛卡尔在批判经院哲学的同时，要将灵魂的特征突出出来，把灵魂和肉体这两个浑然一体的东西区分开来，重新确立灵魂的地位。这可以说是在更高的层次上向经院哲学的柏拉图阶段的回复。

在笛卡尔的哲学中，是给人留有特殊地位的。人，主要是人的精神、灵魂，是不服从于机械运动的规律的。笛卡尔把人严格地和动物区别开来，认为人的灵魂不仅具有理性，而且还具有自由意志、自由选择的能力，人并不由严格的决定论所支配。在笛卡尔这里，"人"要成为独立的人。因而，笛卡尔一方面要坚持机械唯物主义的自然观，承认物质运动的因果性、世界的规律性，另一方面他又坚持独立性、自由性，承认人的理性能力和自由意志。笛卡尔的这种区分对于以后几个世纪的自然科学和人文科学的发展起着不可估量的作用，使自然科学的兴趣集中在广延实体上，而人文科学则主要研究人的精神、灵魂，研究人的理智、意志和情趣。

心身关系问题是笛卡尔第一哲学中的中心问题，笛卡尔的二元论最终就是心身二元论。本章将对笛卡尔的"二元论"做一具体的分析，看一看笛卡尔为什么要将心身分开，分开之后又怎样能将它们统一起来的。这也是笛卡尔认识论的重要内容之一，而这个问题的发展与今天的心智哲学紧密相连，在英美哲学界流行的现代心智哲学又从一个特定的角度揭示出了笛卡尔哲学的历史意义。

一、心身区别

笛卡尔为什么要将心和身、理智性的东西和物体性的东西分开呢？我认为，他的目的可能有以下几个方面。

第一，在笛卡尔看来，不将心身分开、理智性的东西和物体性的东西分开，就不可能进行正确的认识。笛卡尔在《哲学原理》和《第一哲学沉思集》里"对反驳的答辩"中讲过，将心身分开的主要原因是要使我们从感觉的各种成见中解脱出来。在我们的幼年时代，我们过分沉湎于身体之中，过分地注意感觉，并且认为主观的感受和客观的存在是一模一样的，因而就形成了许多错误的判断。并且，我们在领会任何纯粹理智的东西的同时，也总是想象物质性的东西，把它们两者当成一个东西，把对于理智的东西的一切概念都归之于物体。这些偏见久而久之使我们觉得它们是自然灌输到我们心中的。① 因此，要克服这些偏见、错误，我们就要将主观的东西与客观的东西分开，将感觉的东西与理智的东西分开。我们如果把精神和肉体搅混在一起就不能形成正确的认识。笛卡尔说："自从我最初幼年时期起，我把精神和肉体（我模糊地看到我是由它们组合成的）领会为一个东西；而把许多东西合成一个，把它们当成一个东西，这是一切不完满的认识差不多一般的毛病；这就是为什么必须在以后要不惮其烦地把它们分开，并且通过更确实的检查，把它们互相区别开来的原故。"②

1643年5月21日，笛卡尔在给伊丽莎白的回信中以"天赋观念论"的观点对这个问题也做过论述。他说："在我们之中有一些原始的概念，它们像是一些模型，按照它们的样式，我们形成全部其他的知识。除了那些一般的概念，如存在、数目、延续等——它们可用于我们能够认识的一切东西——之外，我们专门用于物体的只有

---

① Oeuvre de Descartes, Tome IX-2: Principes de la Philosophie. Charles Adam et Paul Tannery. Paris, 1904: 58-59.

② 笛卡尔. 第一哲学沉思集. 北京：商务印书馆，1986：428.

广延的概念，从它这里我们得到形象和运动的概念。我们专门用于灵魂的只有思想的概念，在这个概念中包含理智的知觉和意志的倾向。最后，至于灵魂和肉体总起来，我们只有它们统一的概念，从这个概念，我们得到一种能力的概念；灵魂有能力推动肉体，肉体有能力作用于灵魂，并引发感觉和激情。"① 笛卡尔在这里说的原始概念与柏拉图的理念有几分相似，它们是一种原始模型，对于其他事物的认识，取决于对于原型的认识；但不同的是，在柏拉图那里，具体事物是摹本，是对原型的一种模仿，而在笛卡尔这里，原始的概念是一种本原，其他事物的知识是从这些本原中派生出来的。这些概念是分属于不同种类的，不能将不同的概念混淆起来，将甲类的概念用于乙类，这样就会形成错误的认识。笛卡尔说："全部人类知识不是别的，就在于把这些概念清楚地区别开来，并把它们每一种正确地归入它们用于的事物。因为当我们根据一个不适合的概念来解释一个困难时，我们不可能不犯错误。相似的，如果我们用一种原始概念去解释另一种原始概念，我们就会犯错误。因为都是原始的，它们的每一个只能根据自身来理解。"② 笛卡尔的这种解释与他在其他著作中的解释不太一样，但是，从实质上来看，它们是一致的。其基本思想是：如果用属于精神的东西来解释物体或用属于物体的东西来解释精神就会产生错误。以往将精神和肉体混为一谈，就是我们产生许多错误认识的根源。

第二，笛卡尔将身心分开，就是要反对那种"物体能够思维"的观点。在当时，有些唯物主义的哲学家认为，物体是能够思维的，思维不过是物体的一种特性。笛卡尔要将身心分开，目的就是要表明，思维与物体、身体毫无关系，它是人的一种独立于物体的活动。笛卡尔说："因为，实在说来，我从来没有看见过，也没有了解过人的肉体能思维，而且看到并且了解到同一的人们，他们既有思维，同时也有肉体。而且我认识到这是由于思维的实体和物体性的实体组合到一起而造成的。因为，单独考虑思维的实体时，我一点都没有看到它能够属于物体，而在物体的本性里，当我单独考虑它时，我一点没有找到什么东西是能够属于思维的。"③ 笛卡尔反对把思维

---

① Descartes' Philosophical Letters. edited by Anthony Kenny. Minnesota University Press, 1981：138.

② 同①.

③ 笛卡尔. 第一哲学沉思集. 北京：商务印书馆，1986：427.

看成是物体的样式，因为这样就是犯了上面所指出的归属不当的错误。他不否认精神和物体是常常结合在一起的，但是，他认为两个东西经常结合在一起，并不能因此就推断说它们两者是一个东西。我们应该将两者分别开来。物体是不能思维的，思维不是物体的特性，"凡是能够思维的就是精神，或者就叫做精神"。"任何物体都不是精神。所以任何物体都不能思维。"① 他认为，我们的思想与物体性的东西完全无关，我们的纯粹理智与身体的特殊状况完全无关。

第三，笛卡尔的第一哲学就是要论证上帝存在和灵魂不死，说明上帝的无限完满和灵魂的特性。但是，在笛卡尔看来，把精神的东西和物体性的东西搅混在一起，是无法对上帝和灵魂形成一个清楚、分明的观念的。笛卡尔说："由于我们直到现在对于属于精神的东西没有任何观念不是非常模糊、和可感觉的东西掺混在一起的，并且由于这是人们之所以没有能够足够清楚地理解关于上帝和灵魂所说的任何东西的首要原因……为了很好地理解非物质的或形而上的东西，必须把精神从感官中摆脱出来，可是就我所知，还没有人指出过用什么办法才能做到这一点。不过我认为，这样做的真正的、唯一的办法已经包含在我的第二沉思里了。"② 一个进行形而上学的思维的人，一个思考非物体性的上帝和心灵的人，他是运用纯粹理智，而不是运用感觉、想象或各种情绪的。纯粹理智是独立于全部物理过程的，任何心理学的研究都和它无关。如果不把两者分开，不正确地运用纯粹理智以摆脱感觉性的东西的影响，就不能理解非物质的上帝观念和灵魂观念。

笛卡尔认为，心和身、精神灵魂和肉体，既是在本质上相分别的，又是在实际上相统一的，但是在第一哲学中重点是要表明两者的区别，把两者分开。关于心身区别的证明贯穿于笛卡尔第一哲学的全部六个沉思。这个问题从第一个沉思开始到第六个沉思结束，并且在"对反驳的答辩"中从各个方面都做了不同程度的补充。可以说，笛卡尔对心身的区别是从三个方面来证明的。

1. 从怀疑的角度来证明

笛卡尔为了给科学奠定坚实可靠的基础，首先运用了普遍怀疑的方法。他列举了许多可以怀疑的事物。感觉是骗人的、梦是骗人

---

① 笛卡尔. 第一哲学沉思集. 北京：商务印书馆，1986：136.
② 同①135.

的、上帝可能是一个骗子等等,这些都是可以怀疑的,但是有一点是不能怀疑的,这就是在怀疑的我的存在。一个在怀疑的东西,不能不存在。通过普遍怀疑之后,笛卡尔发现了一条确实的真理:"我思故我在。"

笛卡尔说:"然后,我就小心地考察我究竟是什么,发现我可以设想我没有身体,可以设想没有我所在的世界,也没有我所在的地点,但是我不能就此设想我不存在,相反地,正是从我想到怀疑一切其他事物的真实性这一点,可以非常明白、非常确定地推出:我是存在的;而另一方面,如果我一旦停止思想,则纵然我想象的其余事物都真实地存在,我也没有任何理由相信我存在,由此我就认识到,我是一个实体,这个实体的全部本质或本性只是思想,它并不需要任何地点以便存在,也不依赖任何物质性的东西;因此这个'我',亦即我赖以成为我的那个心灵,是与身体完全不同的,甚至比身体更容易认识,纵然身体并不存在,心灵也仍然不失其为心灵。"① 这就是笛卡尔从怀疑来证明心身区别的一段经典论述。从这段论述中我们可以分析出:

(1) 外部世界、身体,总之,物体的存在是可以怀疑的,而我的灵魂、精神的存在是不可怀疑的。因为这里面包含着一种必然的联系,必须存在,才能思想。如果说一个在怀疑、在思想的我是不存在的,这是矛盾。至于其他一切事物、我的身体及其各种感官,一切外部事物,它的存在是可以怀疑的,而我不能怀疑我的存在。这就是心身的第一点区别。

(2) 我是一个思想的实体,我的全部本质或本性就在于思想;我的存在与我在思想是紧密相连的,如果我停止了思想就停止了存在。我可以设想我没有形体,因为它不是我的本质,但不能设想我没有思想。"思想"是"唯一和我不可分的东西"②。所以,身体与我是可分的,而思想与我是不可分的,心灵与身体是完全不同的,我是不依赖于任何物质性的东西的。这是心身的第二点区别。

(3) 灵魂比物体更容易认识。对灵魂的认识是直接的认识,是

---

① 笛卡尔. 谈谈方法//16—18世纪西欧各国哲学. 北京:商务印书馆,1975:148.

② 笛卡尔. 探求真理的指导原则//The Philosophical Works of Descartes: vol. 1. Rendered into English by Elizabeth S. Haldane and G. R. Ross. Cambridge University Press, First Edition 1911. Reprinted with corrections 1973:322.

通过我的自我意识，我对意识活动的直觉。而对物体的认识是间接认识，如对于一块蜡的认识，蜡在不同的条件下，其性质千变万化，根据我们的感觉所做出的判断往往是错误的。因而对于物体的认识不能靠感觉，不能靠想象，只有靠理智的知觉。但是，我们对于外部事物进行的每一种认识都是思想，所以同时，也就是对精神、灵魂自身的一种认识，因为每一种对象认识都是自我意识的一种表现。"那么，如果说蜡在不仅经过视觉或触觉，同时也经过很多别的原因而被发现了之后，我对它的概念和认识好像是更加清楚、更加分明了，那么，我不是应该越发容易、越发明显、越发分明地认识我自己了吗？因为一切用以认识和领会蜡的本性或别的物体的本性的理由都更加容易、更加明显地证明我的精神的本性"①。对于我的本性的认识比对于物体的本性的认识更直接、更容易，这就是心身的第三点区别。

2. 从本体的角度来证明

笛卡尔不仅要表明物体（肉体）是可以怀疑的，而精神（灵魂）是不可怀疑的，而且还要进一步表明，物体和精神、灵魂和肉体在本性上是属于不同类型的。

物体和精神，一个不是另一个的样式，它们都是一个完全的实体，并且是两个完全不同甚至对立的实体。它们是互不相容的，"在肉体的概念里边不包含任何属于精神的东西；反过来，在精神的概念里边不包含任何属于肉体的东西"②。这两个实体的属性（全部本质或本性）和样式都是不同的，精神的属性是思维，物体的属性是广延，而且它们各自有不同的行为和样式。"有一些行为（用）我们叫做物体性的，如大小、形状、运动以及凡是可以被领会为不占空间的其他东西，我们把它们寓于其中的实体称之为物体……有一些其他的行为（用），我们称之为理智的，如理解、意愿、想象、感觉，等等，所有这些，在它们之不能不有思维或者知觉，或者领会和认识这一点都是共同的；它们寓于其中的实体，我们把它叫做在思维的东西，或者精神"③。理智性的行为和物体性的行为没有任何关系，思维和广延全然不同，即精神和物体无论是在样式上，还是在本性上都不同，它们完全是两种不同的实体。

---

① 笛卡尔. 第一哲学沉思集. 北京：商务印书馆，1986：33.
② 同①228.
③ 同①177.

虽然我有一个肉体,并且非常紧密地结合在一起,但是我的精神可以没有肉体而存在。"① "精神可以不依靠大脑而行动,因为,毫无疑问,当问题在于做一种纯智力活动时,大脑一点用处也没有,只有在感觉或想象什么东西的时候,它才有用处。"② 大脑是一个物质性的器官,而最能体现精神的特性的是一种纯智力的活动,物质性的大脑对于纯智力活动是没有任何帮助的。反之,物体性的活动也不依赖于精神。可见,精神和物体,不仅一个可以不依赖于另一个而存在,同时,一个可以不依赖于另一个而活动。如果把上述论证与前所列举的区别算在一起的话,这可以算心身之间的第四点区别。

心和身的第五点区别则是:"肉体永远是可分的,而精神完全是不可分的。"凡是物体性的东西、有广延的东西,没有一个是我认为不可分的,我能够理解哪怕是最小物体中的半个物体,但是我不能理解有半个灵魂。"我在精神里分不出什么部分来,我把我自己领会为一个单一、完整的东西,而且尽管整个精神似乎和整个肉体结合在一起,可是当一只脚或一只胳臂或别的什么部分从我的肉体截去的时候,肯定从我的精神上并没有截去什么东西。愿望、感觉、领会等功能真正说来也并没有截去什么东西。愿望、感觉、领会等功能真正说来也不能是精神的一些部分,因为精神是全部从事于愿望、感觉、领会等的。"③

心和身的第六点区别是:肉体是可灭的,而精神、灵魂是不朽的。一切实体都是上帝创造的,除了被上帝所消灭外,从本性上是不可毁灭的,因此,"在一般的意义上,物体是一种实体,因此它也是不死灭的;但是人的肉体就其有别于其他物体这一点来说,它不过是由一些部分和其他类似的一些偶性组合而成的","仅仅由于它的某些部分的形状改变,它就不再是同一的肉体了"④。可见肉体是很容易死灭的,而灵魂则不然,它是一个单一的实体,绝不是由一些偶性组合而成的,领会、希求、感觉不过是同一实体的不同功能,灵魂不会随着肉体的肢解而和肉体一起死灭。"这就足以得出结论说,人的精神或灵魂,按其能够被自然哲学所认识的程度来说,是不死的。"⑤ 笛卡尔在这里证明了灵魂不朽,它不会随着肉体的死亡

---

① 笛卡尔. 第一哲学沉思集. 北京:商务印书馆,1986:135-136.
② 同①361.
③ 同①90.
④ 同①11,12.
⑤ 同①155.

而毁灭。

笛卡尔的以上论述,从本体上证明了精神和物体、灵魂和肉体、心和身是完全不同的实体,它们是有着根本区别的。

3. 认识论的证明

对心身区别的证明,最著名的是国外西方哲学史专家们称为"认识论的证明"。作为认识论证明的经典论述是在"沉思六"中做出的。笛卡尔说:"因为我知道,凡是我清楚、分明地领会的东西,上帝就能像我领会的那样把它们产生出来。为了确定一个东西和另一个东西是有分别不同的,只要我能够清楚、分明地领会一个东西而不牵涉到另一个东西就足够了,因为它们可以分开放置,至少由上帝的全能把它们分开放置。至于是什么力量把它们分开,使我断定它们是不同的东西,这无关紧要。因而,从我清楚地认识到我存在,同时除了我是一个思维的东西之外,我看不到任何别的东西必然属于我的本质或本性这一点,我就可以很确实地得出结论:我的本质只在于我是一个思维的东西,或是一个其全部本质或本性只是思想的实体,虽然也许(或不如说的确,就像我将要说的那样)有一个和我紧密地结合在一起的肉体。然而,一方面,我有一个清楚、分明的我自己的观念,即我只是一个思想而无广延的东西;另一方面,我有一个分明的肉体的观念,即它是一个有广延而不思想的东西。所以可以肯定的是:这个我,与肉体有分别,并且可以没有肉体而存在。"[1] 这是笛卡尔通过六个沉思的分析最后得出的结论。这一段哲学史学家们之所以把它称为"认识论的证明",是因为它强调,只要我清楚、分明地领会到两个东西是有分别的或不同的,那么它们就确实是有分别的或不同的。这是因为,上帝是全能的,人们所能想象的一切东西,上帝都可以把它们创造出来,变成现实。因而,在笛卡尔这里,上帝赋予思维以一种强大无比的客观力量,只要我设想两个事物是有分别的,它们就确实是有分别的。

前面证明心身是有分别的,只是从事物的本质上进行分析,认为它们确实是不同的或有分别的。但很难说这种分别是实在的,或它们实际上是有分别的。而在"沉思六"中才最后证明精神和物体、灵魂和肉体是完全地、真正地、实实在在地有分别的。在这里有两

---

[1] Oeuvre de Descartes, Tome IX-1: Méditations. Charles Adam et Paul Tannery. Paris, 1904: 62.

点原因：第一，因为在前五个沉思中还没有证明外部事物、肉体的实际存在，只是说物体、肉体在本质上是不同于精神或灵魂，但是除了在一开始肯定了我的存在之外，还没有肯定物体和肉体的存在，因此很难说它们之间有实在的区别。到第六个沉思，不仅对物体有了一个清楚、分明的观念，而且还证明了物体确实存在，所以才可能说灵魂和肉体之间是有实在的区别的。第二，在第五个沉思之前还没有完全证明上帝存在，如果对上帝的全知、全能、无限完满缺乏认识，我们就不能理解为什么我所领会有分别的东西实际上确实有分别。笛卡尔在对阿尔诺的反驳进行答辩时说："什么时候只要我假定我不认识我的来源的作者（上帝），什么时候我就不能确知这些东西事实上就是像我们所领会的那样。我在第三个、第四个和第五个沉思里所说的关于上帝和真理的话，都对精神和肉体是有实在分别的这个结论有用，这个结论事实上我在第六个沉思里才终于结束。"① 这里体现了笛卡尔从简单到复杂、从抽象到具体的论证方法，后面的论证依赖于前面的论证，而前面的论证则不依赖于后面的论证。按照认识本身发展的先后顺序，这就是他所遵从的认识的顺序或发明的顺序。

对于这种"实在的差别"或"实际上有区别"，笛卡尔还以几何学的方式（演绎法）做了证明。他证明的思路是：我们清清楚楚领会的一切东西都也许是由上帝按照我们所领会的那样做出来的；我很清楚地领会到一个思维的实体（精神）而不带肉体，领会到一个广延的实体而不带精神。只要能把两个东西分开来领会而不相牵涉，就说明这两个东西实际上有区别。精神和肉体是可以彼此分开来理解的，所以精神和肉体实际上是有区别的。② 这就是笛卡尔的六个沉思所得出的结论。

二、心身统一

心身统一的问题，本不是笛卡尔想要解决的一个问题。笛卡尔第一哲学的主要目的是论证心身的区别，从而为科学寻找基础，为论证上帝存在寻找理论根据。心身统一问题是在笛卡尔的论述中自然生起的一个问题：既然心身是如此的有分别，它们又如何能统一

---

① 笛卡尔. 第一哲学沉思集. 北京：商务印书馆，1986：230.
② 同①170-171，223，226-227.

呢？笛卡尔并不否认灵魂和肉体、心和身既是有区别的，又是统一的，而且事实上两者是统一的，精神实质上是同肉体结合在一起的，但是，"这种实质的结合并不妨碍我们能够对于单独的精神有一个清楚、分明的观念或概念"①。在《第一哲学沉思集》中，全书的重点是要说明精神和物体、灵魂和肉体的区别，侧重点并不在于它们两者的统一，当然，笛卡尔最后还是指明了它们的统一。但是，笛卡尔为了表明它们是从本质上完全不同的两个实体，将两者彻底分开了，这就为说明两者的统一留下了困难。

笛卡尔对精神和物体做彻底的划分，走向了彻底的二元论。因此，对于笛卡尔来说，要证明心身统一比证明心身分别更为困难。这致使他对这个问题的表述未能始终如一，引起了当时许多哲学家和神学家以及像伊丽莎白这样一些贤才淑女的争议和诘难，不能不说令笛卡尔十分头痛。为了对笛卡尔关于这个问题的思想有一个较真实和全面的了解，我们最好追溯一下笛卡尔自身思想发展的历程。

可以说，笛卡尔对心身统一的证明经历了四个阶段，或者说运用了四种证明方法。

1. 第一阶段

第一阶段是1641年笛卡尔在第六个沉思中证明了"上帝不是一个骗子"和"凡是我清楚、分明地领会的东西都是真的"这些定理之后，就引入了"自然"概念，即"自然信念"证明方法。自然，就一般意义来说，它是指上帝安排的一切秩序；就狭义来讲，即我个人的自然，是指上帝给我的一切东西，当然这就包含灵魂和肉体。既然我们相信上帝不是一个骗子，那么我们就得相信自然，相信凡是自然告诉我们的都是真的。

第一，自然非常明白、非常显著地告诉我，我有一个肉体，"当我感觉到痛苦的时候，它就不舒服；当我感觉饿或渴的时候，它就需要吃或喝"②。这是真实的。

第二，这些痛、饿、渴的感觉告诉我，"我不仅住在我的肉体里，就像一个舵手住在他的船上一样，而且除此之外，我和它非常紧密地连结在一起，融合、搀混得像一个整体一样的同它结合在一起"③。灵

---

① 笛卡尔. 第一哲学沉思集. 北京：商务印书馆，1986：231.
② 同①85.
③ 同①85.

魂和肉体是浑然一体的，只要身体受了伤，我立刻就感觉到疼痛，不需要任何中介，并且饿、渴、痛等感觉本身就是灵魂和肉体联合的结果。舵手和船的关系就不是这样，它们不是浑然一体的，只是驾驭和被驾驭的关系。他对船的损伤不可能有直接感觉，而只能通过知觉去把握。

第三，无广延的精神与有广延的肉体是怎样浑然一体地结合在一起呢？笛卡尔解释说："虽然精神结合全部肉体，这并不等于说它伸展到全部肉体上去，因为广延并不是精神的特性；它的特性仅仅是思维。……虽然精神有推动肉体的力量和性能，但它并不必然是属于物体一类的，它不是物体性质的东西。"①

笛卡尔说明精神和肉体结合的方式是，"精神并不直接受到肉体各个部分的感染，它仅仅从大脑或者甚至大脑的一个最小的部分之一，即行使他们称之为'共同感官'这种功能的那一部分受到感染，每当那一部分以同样方式感受时，就使精神感觉到同一的东西"②。在这里，笛卡尔借助了神经系统来解释。神经系统遍布全身和各个部分，最后归总到大脑，精神和肉体的统一是通过神经系统和大脑为中介来进行的。"共同感官"（sens commun），古希腊、中世纪哲学认为它是物体的不同性质，我们把它们看作真实的性质，因为它们是一种不同于物体存在的各种感官的总和，由这个总和中分离出各种感官。"当我们觉得脚上疼的时候，物理学告诉我，这个感觉是通过分布在脚上的神经传来的，这些神经就像绳子一样从脚上一直通到大脑里，当它们在脚上被抻动的时候，同时也抻动了大脑里边这些神经的起点和终点的那个地方，并且在那里刺激起来为了这些精神感觉疼而制定的某一种运动，就好像疼在脚上似的。"③ 精神虽然和整个身体浑然一体，但并不是结合在身体的每一部分里，结合在身体的每一部分里的是神经。精神只是与大脑结合在一起，大脑中的一些运动使精神产生感觉。但这里遗留下来的问题是：大脑仍然是一个物体性的器官，精神这种没有任何广延的东西怎么能和有广延的大脑结合，并且物体性的大脑中的运动为什么会使没有任何物体特性的精神产生感觉呢？精神只与身体中的一个极小的部分（大脑）相结合，是和精神与身体的各个部分相结合一样矛盾。

---

① 笛卡尔. 第一哲学沉思集. 北京：商务印书馆，1986：386.
② 同①90-91.
③ 同①91.

2. 第二阶段

第二阶段是笛卡尔在 1643 年与波希米亚公主伊丽莎白之间关于心身关系问题的通信中提出的"重力比喻"理论。伊丽莎白是笛卡尔的好友，他们之间长期保持通信联系。她在读过《第一哲学沉思集》之后，于 1643 年春天给笛卡尔写信，请笛卡尔解释他的心身关系的概念。在他们之间几个来回的通信中，笛卡尔又进一步阐发了他的心身关系的思想。

伊丽莎白一开始就抓住了笛卡尔的要害（1643 年 5 月 6 日至 16 日致笛卡尔的信），要求笛卡尔解释：人的灵魂，仅仅是一个思维的实体，怎么能决定"动物元气"① 以引起意志的行动？她认为，运动、接触，或者由被别的东西推动所产生，或者由别的东西的表面性质——形状（广延）所引起，但是笛卡尔从灵魂的概念中完全排除了广延的概念，要想和一个非物质的、没有广延的东西接触似乎是不可能的。因而，她要求笛卡尔重新对"灵魂"下一个更为清晰的定义。

笛卡尔为了解释他的心身关系概念，又重新借用了在"对第六组反驳的答辩"中用过的关于"重力"的例子。在 1643 年 5 月 21 日复伊丽莎白的信中，笛卡尔指出，重力、热等是物体的不同性质，我们把它们看作真实的性质，是因为它们是一种不同于物体存在的存在，也就是说它们是实体，即使我们把它们叫作性质。"就像一件衣服一样，从它本身上看，它是一个实体，虽然把它联系到一个穿衣服的人时，它可以说是一个性质。"② 按照笛卡尔对于重力的解释，它有如下特点：物体的重力能够引起物体运动，但它并不是借助于机械的方式；物体的重力是物体的一种"实在的性质"，它不同于物体；物体的重力以一种特殊的方式与物体结合在一起，与物体有同等范围，布满全部有重量的物体。

笛卡尔认为，重力的这些特性，为说明心身关系提供了一个较好的类比。灵魂、精神可以作用于肉体，但是这种作用方式并不是

---

① Les esprits animaux（法文），animal spirits（英文）。现在许多书中把它译为"动物精神"，最好译为"元精"或"动物元气"。因为译为"动物精神"会引起误解，它实际上并不是"精神"，而是一种物质性的东西。按照盖仑对于人体结构及其功能的理论解释，它是"在脑中产生并沿着神经流动而能促进运动和人体各种高级功能的东西"，这种理论一直沿用到近代被笛卡尔所引用。笛卡尔引用的"Les esprits animaux"这个概念与古代毕达哥拉斯主义者菲洛劳斯（Philolaus）提出的"灵魂学说"中的"动物灵魂"不同。

② 笛卡尔. 第一哲学沉思集. 北京：商务印书馆，1986：425.

机械的方式；精神和肉体是不同的，但是与肉体具有同等的范围，即精神在肉体里整个地铺开，"整个地在整体里，整个地在每一部分里"①。对于重力和物体关系的说明可以用来说明精神和肉体的关系，重力不同于物体但又和物体结合在一起，正像精神不同于肉体但又和肉体紧密地结合在一起一样。

伊丽莎白对笛卡尔的解释并不满意，她说（1643年6月10日至20日致笛卡尔的信），她仍然不能根据重力的概念来理解（无广延、非物质的）灵魂怎么能够推动形体，不能理解为什么这种把物体推向地心的力量（笛卡尔以性质的名义把它错误地归之于物体），会使我们相信一个物体能够被某种非物质的东西推动。伊丽莎白认为，非物质的东西，只能把它看作对物质的否定，非物质和物质之间没有任何联系。在她看来，把物质和广延给予灵魂比把推动一个物体或推动的能力给予一个非物质的存在更容易。伊丽莎白在这里给笛卡尔设定了三个困难：(1) 如果说灵魂移动肉体是靠信息的传递所产生的，那么引起运动的动物元气必然是心智的，但是笛卡尔却不把心智归之于任何有形体的东西。(2) 即使说肉体有推动灵魂的可能性，然而很难理解，一个灵魂，怎么可能因为某些身体的不适而丧失它所有的推动能力和习惯呢？(3) 同样难以理解的是，能够没有肉体而存在、和肉体没有任何共同之处的灵魂，怎么能够被肉体所支配。她提出的这三点疑难，实际上就是对笛卡尔的心身相互作用观点的一个反驳。

笛卡尔仍然维持他原来的观点（1643年6月28日复伊丽莎白的信），认为一个人同时既有肉体又有思想，它们具有这样一种性质，以至于这个思想能够推动肉体，并能够经验肉体中发生的事件。伊丽莎白认为笛卡尔所做的类比是不恰当的，即把重力看作一个实在的性质，其实重力、热等这些性质并不是实际上与物体不同的东西。笛卡尔对于伊丽莎白的这一反驳并不在乎，他认为，这一类比也许是不恰当的，但他并不是要通过这个例子来说明心身、灵魂和物体是不同的，而是要说明心身、灵魂和物体的统一。

3. 第三阶段

在《哲学原理》中，笛卡尔进一步发挥了通过感觉来证明心身

---

① 笛卡尔. 第一哲学沉思集. 北京：商务印书馆, 1986：425.

统一的思想。这可以看作笛卡尔心身统一证明的第三阶段。1644年笛卡尔在他的《哲学原理》第四章"论地球"中论述感觉问题时（原打算在《哲学原理》第六章"论人"中讲，但由于这一章当时未能写出来，所以笛卡尔就将其主要内容在第四章中提示了一下），进一步阐发了心身统一的思想。

在这里他一开始就反对精神布满身体、在身体的各个部分的观点，又回到"第六个沉思"中的观点："我们必须注意，我们的灵魂虽与全身结合着，可它只是在大脑里发挥它的主要功能；正是在脑部，它才不但进行理解、想象，而且还进行感觉。感觉以神经末梢为媒介，就像一张精制的网一样，从大脑一直延伸到身体的各个部分，这些部分和神经结合得如此紧密，只要我们接触到任何部分，总要激动那里的某些神经末梢，通过这条神经，这个运动一直通到大脑，那就是'共同感官'的所在地，就像我在《折光学》第四章中详细地解释的那样。各种运动通过神经末梢直通大脑，我们的灵魂和大脑紧密地连接着和统一着，并根据运动中的多样性而使大脑有各种各样的思想。最后，我们灵魂的这些各种各样的思想，直接来源于通过神经末梢在大脑中所激起的那些运动，这些思想我们把它们确切地叫作我们的感觉，或更恰当一些把它们叫作我们的感官知觉。"[1] 精神、灵魂和大脑紧密地结合在一起，而大脑则是通过神经末梢和身体的各个部分相联系，身体各个部分的运动通过神经传递到大脑，在大脑中激起各种各样的运动，大脑中的这些运动使我们的精神和灵魂产生各种各样的思想、感觉。这就是笛卡尔描述的一幅心身统一图。

4. 第四阶段

笛卡尔和伊丽莎白之间关于心身关系的讨论，促使笛卡尔写下了《灵魂的激情》一书。该书讨论了激情的本性、控制和分类，但特别集中地对心身关系进行了探讨。这是笛卡尔讨论生理学和心身关系的一部专著，也是笛卡尔生前出版（1647年成书，1649年出版）的最后一本著作。在该书中对心身关系的论述，可以看作笛卡尔对心身统一证明的第四阶段。在这里，他提出了"松果体理论"。

笛卡尔为了更好地说明没有广延的精神怎样能推动肉体，它从哪儿获得的这种动力，他进一步发挥了《第一哲学沉思集》和《哲

---

[1] Oeuvre de Descartes, Tome Ⅸ-2: Principes de la Philosophie. Charles Adam et Paul Tannery. Paris, 1904: 310.

学原理》中阐发的"动物元气"的思想。在"对阿尔诺反驳的答辩"中笛卡尔已经讲到，是"动物元气"使身体的运动成为可能。他说："即使在我们人里边，直接使外部肢体运动的并不是精神（灵魂），而仅仅是精神规定那个我们称作'动物元气'的非常稀薄的液体的流动，这种液体不断地从心脏通过大脑而流向肌肉，它是我们肢体一切运动的原因，并常常引起许多不同的运动，并同样容易地引出这样一些而不是另一些运动。"① 这里表明"动物元气"这种物质性的液体，它和精神发生关系，被精神规定，是精神推动肉体的工具。在《灵魂的激情》中他对"动物元气"的物质特性做了进一步的说明，它实际上就是"血液中最有生气、最稀薄的那一部分"。我们的血液从心脏中通过非常不容易，只有那些最有活动能力、最稀薄的那一部分才能通过，而其余的血液则分布在身体的各个部分。正是血液的那些非常稀薄的部分形成了动物元气。笛卡尔特别强调，"我这里叫作元气的不是别的，而是物质性的物体，它们的一个特性就是，它们是非常微小的物体，并且它们运动得非常快，就像火炬上发出的那些微粒一样"②。这些动物元气和神经是相联系的，它们一部分进入脑腔之中，另一部分通过脑体中的一些孔道流溢出来，这些孔道把它们引向不同的方向推动肉体。

笛卡尔仍然强调灵魂和肉体的全部结合。为了说明这种没有广延的精神如何同有广延的肉体相结合并且相互作用，笛卡尔提出了"松果体理论"。他说："虽然灵魂和整个身体相结合，然而在身体之中有某一个部位，灵魂在那里比在其他任何部分更显著地发挥它的功能。"③ 灵魂直接发挥它的功能的这个部位，既不是心脏，也不是全部大脑，"而只是大脑的最里面的那一部分，即以某一种方式悬于脑管之上的腺体（通过这个脑管，在前腔的动物元气和在后腔的动物元气之上，已经产生了联络，以至在这个小腺体中发生了非常大的变化）；反过来，在元气的路径中发生了一些微小的变化就可以给这个腺体的运动带来很大的变化"④。他说的这个小腺体从解剖学上来看，就是大脑中的"松果体"。

---

① Oeuvre de Descartes, Tome IX-1：Méditations. Charles Adam et Paul Tannery. Paris, 1904：178. 笛卡尔. 第一哲学沉思集. 北京：商务印书馆，1986：232-233.

② Oeuvre de Descartes, Tome XI：Passions de l'âme. Charles Adams et Paul Tannery. Paris, 1909：334-335.

③ 同②351-352.

④ 同②352.

笛卡尔为什么认为灵魂不在身体的其他部分而只在这个腺体之中直接发挥它的功能呢？他的思路是：我们大脑的其他部分都是成双成对的，正像有两只眼睛、两只手、两只耳朵一样，我们的一切外部感官都是两个，但我们在同一时刻对同一特殊事物的认识、思想只有一个，那么，从我们眼睛得来的两个影像，或从其他某个成双的感官得来的两个印象在到达灵魂之前必定在某个地方结合成一个了，这个地方就是那个腺体。"我们很容易设想，这些影像或其他印象是通过充盈在脑腔中的动物元气的撮合而在这个腺体中结合起来的。在身体中除了这个腺体之外，没有别的地方能使它们像这样结合。"① 感官是对称成双的，大脑中其他部分也是对称成双的，只有这个处于大脑中心位置而无对称的小腺体才是灵魂所在的地方，这就是笛卡尔的逻辑。

由于笛卡尔引用了动物元气、小腺体，加上血液、神经，这就使心身的相互作用更加复杂化了，在这里要描绘出一幅心身相互作用图比原来更加困难。笛卡尔是这样描绘的：灵魂主要位于大脑中部的那个小腺体之中，从那里它借助动物元气、神经，甚至血液的撮合辐射到身体的其他一切部分中去。由于它分享到动物元气的感受，能够通过动脉将这些感受带到全部肢体中去。由于神经纤维遍布全身，以至于一旦感觉对象激起了各种各样的运动，它们就以各种各样的方式打开了大脑的孔道，这些孔道使储存在脑腔中的动物元气以各种各样的方式进入到肌肉之中，借助肌肉它们能够以一切可能的方式移动肢体，还有全部其他能够以各种各样的方式推动动物的元气的原因，也足以把它们引向肌肉。那个是灵魂的主要处所的小腺体是这样地悬挂在充满动物元气的脑腔之间，以至于在对象中出现感觉的多样性时它就能以许多种不同的方式被它们所推动；但是它也可能以各种各样的方式被灵魂所推动。灵魂具有一种本性，即它能在自身之中接受感受，也就是说，它拥有各式各样的知觉和在这个腺体中所有的运动一样多。反之，同样，这个小腺体被灵魂或其他这样的原因（无论是什么）以各种各样的方式推动着，它把它周围的元气推向大脑的孔道，这些孔道通过神经把它们引向肌肉，借助肌肉它们能够使肢体运动。② 精神和肉体、心和身就是这样相互作用的。这是一幅复杂的神经生理学的图谱。

---

① Oeuvre de Descartes, Tome XI: Passions de I'âme. Charles Adams et Paul Tannery. Paris, 1909: 353.
② 同①354—355.

综上所述，笛卡尔关于心身统一的基本思想是：第一，感觉是精神和肉体统一的最好明证。饿、渴、痛等感觉就是对心身统一的最好说明。第二，精神和肉体是全面地结合为一个整体的，它们浑然一体，而不是外在的、可以分离的。精神和肉体的联系，如同重力和物体的关系，精神结合在整个肉体之中并与肉体同在，并且精神永远是一，是不可分的，也不会因某一个肢体的丧失变小。第三，精神虽然整个地与肉体相结合，但是它主要处在大脑之中，并且笛卡尔后来确定它存在于大脑的一个小腺体之中，在那里直接发挥它的功能。精神和肉体的相互作用是以动物元气和神经系统为中介的，神经系统为它们提供了联系通路，而动物元气则提供了两者相互作用的动力。第四，笛卡尔的心身统一（union）的基本含义是心身相互作用（interaction）。可以说"统一"是一种静态的描述，大脑中分出的神经遍布全身各个部分，精神通过大脑与全身紧密地联系着。而"相互作用"是一种动态的考察，由于外界对象的刺激，通过这些神经传递到大脑，在大脑中产生一些运动，并使灵魂产生一些感受知觉；反过来，灵魂中的一些活动可以通过大脑中的动物元气以及神经系统传递到肌肉，使肌肉活动起来。前者是物体作用于灵魂，后者是肉体和物体被灵魂所推动。

笛卡尔在论述心身统一的时候，遇到的一个最大的矛盾就是：有广延的肉体和无广延的精神如何相互结合并相互作用的问题，具体体现在整体结合与点结合的问题上。笛卡尔时而说，精神虽然与肉体整个地、紧密地结合在一起，但并不存在于身体的每一部分之中，只存在于大脑之中；时而又说，精神存在于身体的每一部分之中，但它并没有广延，不占空间，"思维的广延"与"物体的广延"不同，它不具有不可入性和排他性，可以与肉体同在；时而又说，精神虽然与整个肉体结合着，但是主要在大脑中发挥它的功能，精神和肉体的相互作用只是与大脑中行使"共同感官"的职能的那一部分相互作用，精神、灵魂就位于这个小腺体之中。精神从分布到全身各个部分最后退缩到一个腺体、小点（物理的点）之中，但这个广延的肉体和无广延的精神相结合的难点仍然没有解决。这个小腺体无论怎么小，它仍是一个物体，一个有广延的东西。精神和整个有广延的小物体结合的说法，同样难以成立。这是笛卡尔第一哲学最后留下的一道难题，同时还标志着，第一哲学、形而上学本身是无力解决这一难题的。

对于心身统一的证明，笛卡尔从第一哲学、形而上学领域退到了物理学领域，从纯粹理智的证明下降到感觉经验的证明。即心身的统一只有靠感觉、靠日常生活来证明。在这里已经不是形而上学的概念的推演，取而代之的是生理学、解剖学、心理学的具体研究。笛卡尔最后对于心身统一的描述完全是神经生理学的探讨，而不是形而上学的探讨。首先，他研究的大脑、松果体、神经、血液、肌肉在外部对象和灵魂之间如何产生相互作用的这些论述，都是与当时解剖学、生理学和心理学的最新成果相联系的。其次，他描绘的这种心身统一的图景就是他自己提出的"反射弧"理论的一种表述。由于科学发展水平的限制，他还不得不借用"动物元气"的概念，把动物元气看作精神和肉体发生作用的一种力量和工具，同时还由于对大脑的生理心理功能的不了解，不能说明人类的意识产生的地方。并且还可以看出，笛卡尔常说的精神和整个肉体相结合，不过是意味着神经系统是遍布整个肉体的。这些不仅体现出笛卡尔第一哲学的局限性，而且体现了当时的自然科学和机械唯物主义理论的局限性。

不过我们应该看到，无论笛卡尔是否能从理论上证明心身的统一，但他确实把人看成是一个具体的人、一个统一的人。他在致伊丽莎白的信中讲到关于人有两个方面，一方面心身、精神和肉体是有分别的，另一方面它们两者又是统一的。他在《第一哲学沉思集》中也讲到精神和肉体实质上是统一的，但是这种统一并不妨碍我们对它们分别形成一个清楚明晰的观念。人本身是统一的，只是为了克服我们认识中的错误，才把精神和肉体清晰地分别开来，看看哪些认识是由精神形成的，哪些认识是由肉体形成的，哪些认识是由精神和肉体统一形成的。

人是精神和肉体的总和体，这种统一是两个实体的统一，但是，笛卡尔把精神和肉体说成是两个完全不同的、可以独立存在的实体，那么就给对这种统一的说明带来了困难。为了更好地解释这一点，他提出了"完全实体"和"不完全实体"、"简单实体"和"复杂实体"的理论。笛卡尔认为，精神和肉体单独看起来是完全的实体，是可以单独存在的，但它们两者又是可以统一起来的，并且构成一个完整的实体——人。把它们两者和人这个总和体相比较来看，人又是一个完全的实体，精神、肉体是不完全的实体。同时，精神和肉体都是简单的实体，每一种实体都有一个属性，精神的属性是思维，肉体的属性是广延，而人是一个复杂的实体，它有两种属性，一是思维，一是广延。

在经院哲学的亚里士多德主义中，人也被描述成一个灵魂和肉体的统一体，但是灵魂对于形体的关系是形式对于质料的关系，灵魂统治着、运用着肉体，灵魂被看成是肉体的本源，是灵魂使肉体能够存在。实际上肉体成为灵魂的样式，因而它最终是唯心主义的一元论。而在笛卡尔的作为统一体的人中，精神和肉体是并列的、具有同等地位的实体，因而是彻底的二元论。这种二元论标明人自身的分裂，精神和肉体的分裂，从此出发，也将世界二元化，世界分裂成为对立的两大世界，精神世界和物理世界，它们各自遵从着不同的发展规律。笛卡尔的这一分裂，对近代哲学和近代科学都发生了深刻的影响。从哲学上来说，它使哲学基本问题更加鲜明化了，直接地提出了思维和存在的同一问题，为近代哲学提出了一个长久的主题；对于科学来说，将世界分成精神世界和物理世界，更进一步地促使人们分别对这两大世界去进行深入的研究，寻找各自不同规律，对自然科学和人文科学的发展起了极大的促进作用。

贯穿笛卡尔的第一哲学的一个主要矛盾就是二元论和交感论。笛卡尔把人分裂为二，世界的二元化最终体现为人的二元化。但是，笛卡尔又不否认人的统一性，因为日常生活和感觉也清楚、分明地告诉我们人是一个统一的整体，任何一种玄妙的哲学都不能违背日常生活的常识。但是在本质上绝对不同的东西怎么能够统一呢？把灵魂和肉体两者绝对分离开之后，就为说明它们的统一造成了困难。笛卡尔为了找到两者统一的桥梁，又求助于心身交感论，或心身相互作用论，认为灵魂居住在大脑的松果体之中，在那里借助动物元气和神经系统与身体相互作用。笛卡尔的心身交感论是为了替二元论辩护、进一步贯彻二元论提出来的，但是心身交感论和心身二元论是相矛盾的。因此，笛卡尔的交感论受到伊丽莎白等人的驳斥。它也不断地进行自我辩护和自我修正，一会儿说心身的结合就像重力和物体的结合一样，一会儿说感觉是心身结合的最好明证，一会儿说灵魂就居住在大脑中，一会儿又说灵魂是居住在大脑的一个小腺体中。交感论使尽浑身解数，仍然不能解除二元论的困境，反而加深了笛卡尔第一哲学中的矛盾——二元论和交感论（相互作用论）的矛盾。同时还表明，心身关系问题尽管是笛卡尔第一哲学中的一个重要问题，但是这个问题是第一哲学本身无法解决的，要解决这个问题则要依靠自然哲学和自然科学，从非感性的、超经验的领域走向感性的、经验的领域。身和心的关系、物质和意识的关系，只有依靠近代科学的发展才能解释。

三、心身难题与心智哲学的发展

"一旦把身体和心灵割裂开，就会产生足以使哲学家们世世代代去研究的种种问题。"[①] 笛卡尔将心身、灵魂和肉体彻底地割裂开来，建立起近代第一个二元论体系之后，心身关系就不仅仅是笛卡尔哲学中的一个中心问题，而且成为整个近代哲学中一个长久的主题，产生了各种各样新奇的学说。综观近代哲学史，对于心身关系问题的解决，大致有以下几种理论：(1) 相互作用论。首先，笛卡尔本人在提出了二元论之后就面临着如何将两者统一起来的问题。他提出了心身交感论，实际上就是心身相互作用论。他认为心和身两者互为因果，身体作用于心灵，心灵作用于身体，这种相互作用把两者联合为一个整体。(2) 心身平行论。有些哲学家则完全抛弃心身之间有因果作用的概念，而持一种平行论（parallelism）的观点。它认为，一连串的心理事件和一连串的物理事件总是相互对应的，但绝不存在任何因果相互作用。心身平行论又有三种形态：其一是实体平行论。它把心灵和身体当作不同的实体，认为两者从不相互作用，只是平行地发展，两者之间有着某种对应关系。这是格林克斯的观点。其二是属性平行论。它认为实际上只存在着一种实体，心灵和身体、思想和广延是同一个实体的两种属性，它们平行而又相互作用地发展着，它是斯宾诺莎的观点。由于斯宾诺莎的唯一实体却保留着两个对立的属性，并没有实际上消除二元论，而是变成了属性二元论，因此人们仍然把斯宾诺莎称作"心身平行论"或"心身两面论"。其三是现象平行论。它认为，同一个实在一方面表现为身体的某种活动，一方面表现为某种思想意识。有人认为这是康德的观点，同一个"物自体"既可以表现为"外在感官"的现象，又可以表现为"心的"现象。一种实在从一种角度去看是"心的"，从另一种角度去看是"物的"，这实际上是心物两面论。(3) 偶因论。由于上帝的随时干预，使心灵内发生的情况和身体内发生的情况严密一

[①] 理查德·泰勒. 形而上学. 上海：上海译文出版社，1984：17.

致，一切自然的原因不过是心身作用的一种机缘或偶因。马勒伯朗士就是这种思想的代表。马勒伯朗士的偶因论假设，心身之间的相互关系依赖于上帝的干预。在心灵中发生的事件绝不是在身体中发生的事件的真正原因，反之也是一样，它们只为上帝的作用提供一种偶因。（4）前定和谐论。认为上帝在造人的时候将心和身的活动预先安排得和谐一致，使心灵好像没有身体一样活动着，又使两者彼此和谐地活动着。这是莱布尼茨的理论。莱布尼茨论证，心灵中的一连串事件与身体中的一连串事件之间的相互关系绝不是由于上帝不断的干预，而是由上帝建立起的前定和谐。（5）随附现象论（Epiphenomenalism）。随附现象论认为精神状态是由大脑的物质活动引起产生的，思想观念、情感等精神活动是身体内部，特别是大脑和神经内部变化的直接或间接的结果。但是它不会反过来对大脑产生因果作用，他们只是大脑活动的随附现象，如同火焰中溅出的火星。由于大脑的工作而"放射出"精神现象，意识被看成是物理过程的一个副产品。身体作用于心灵以产生意识、思想、情感，但心灵对于身体没有任何物质的作用；这里不是相互作用，而是单向决定。18世纪法国唯物主义的部分哲学家就持这种观点。（6）实体一元论。这种理论取消精神实体或物质实体，从而消除二元实体的对立。这又有两种形态：其一是物质一元论。它否定精神实体的存在而保留唯一的物质实体，这是唯物论的观念。如霍尔巴赫就是这样，他把精神实体看作一种虚构，把通常所说的灵魂看作身体的一部分。其二是精神一元论。它不承认物质实体的存在，只保留唯一的精神实体，贝克莱就是这种观点的代表。贝克莱抛弃了物质实体，认为"物质是无"，只存在一个实体即灵魂或心灵，因此，贝克莱成为唯心主义的一元论者。笛卡尔的二元对立在他这里是不存在的。认识主体和认识对象的关系是灵魂和灵魂之中的观念的关系，而灵魂中的观念并不是客观世界的反映。18世纪的唯物主义哲学家拉美特里则与贝克莱相反，他把灵魂或心灵还原为物质的属性或功能，还原为完全没有实体性的心灵，把人的一切意识活动解释为人的身体的某种复杂的机械运动，因此不存在心物矛盾，他用机械唯物主义的一元论消除笛卡尔的二元论。心身关系问题对现代哲学也产生了深远的影响，它仍然是现代哲学不得不解决的一个问题。但现代哲学较多探讨的是"心物关系"问题。"心身关系"和"心物关系"两者从外延上不相等，"心身关系"表示心灵和肉体的关系，"心物关系"表示心灵与身体以及身体以外的其他物质事物的关系。身体在本质上和它以外的物质事物是一致的,是"物"的一部分,因此,尽管"心身关系"和"心物关系"两者的外延不同,但要解决的问题的实质是相同的,因而通常把它们看成是同一个问题。这实际上要解决的是一个本体论问题,即思维和存在的关系问题。

笛卡尔哲学的难题即二元论和相互作用论的矛盾成为心智哲学的出发点。笛卡尔给他的后继者们留下了两种可能性:或者是消解二元对立,或者是修补相互作用论。近代以来的心智哲学的发展基本上是沿着这两条道路前进的。

1. 消解二元论

现在,让我们来看一看一些哲学家是怎样沿着第一条道路前进的,即克服或消解笛卡尔二元论的。

现代哲学中出现了形形色色的理论,特别是20世纪60年代以来,出现了"唯物主义"占主导地位的倾向,即把精神现象看作一种特殊的物质现象,从而消解笛卡尔的二元论问题。下面,我们来对这些理论做一简要的考察。

(1) 中立一元论。

中立一元论把世界看成是由一种"中立"的"现象"或"经验"所组成,整个世界是一个经验的统一体,不存在精神和物体、思想和事物、心理的东西和物理的东西、主体和客体之分,它们只是同一经验在不同结构中扮演的不同角色、发挥的不同功能。在世界中不存在两种实体,只有一潭混沌的经验,二元论是不能成立的。威廉·詹姆斯(William James,1842—1910)把"纯粹经验"看作世界的本原或质料,他说:"思维和事物,就它们的质料来说,绝对是同质的,它们的对立仅仅是关系上和功能上的对立。我曾说过,没有什么与事物素质不同的思维素质;不过同一的一段'纯粹经验'(这是我给任何事物的原材料所起的名称)既可代表一个'意识事实',又可代表一个物理实在,就看它是在哪一个结构里。"[①] 就好比"油彩",当它装在罐子里时,它纯粹作为出售的物质,当把它涂在画布上,再配上其他的油彩时,它就在画面上呈现出它的色彩,行使着它的精神职能。实际上它是同一个东西,在本质上没有任何

---

① 詹姆斯. 彻底的经验主义. 上海:上海人民出版社,1965:74.

不同。罗素认为，心与物是一种中立素材构成的，由于他们包含的共同元素的程度不同，这些元素按照不同的因果规律，分别参与到不同的集合当中去，从而形成了心与物的区别。他说："心和物的不同不过是一种排列上的不同。"他用邮局的人名簿做比喻，人名簿上的人名有两种排列方式，一是按字母顺序，一是按地理位置。在前一种情形下紧接着某人名字的是那个在字母上与他接近的人，在后一种情形下紧接着他的是他的邻居。他认为，"同样，一个感觉可以借记忆连锁和一些别的事物归为一类，那样它就成了心的一部分；也可以和它的因果上的前项归为一类，那样，它就是物理世界的一部分。这种看法就把事情弄得非常简单，当我意识到放弃了'主体'就可以承认这种简单化的时候，我很高兴，认为传统上的心和物的问题算是解决了"①。

（2）现象主义。

有些哲学家围绕"广延性"和"空间"概念做文章，现象主义就是从广延性和空间概念入手来"解决"心物关系、心身关系的。因为二元论者认为物体是有广延的，而思想是绝对没有广延的，它们在本质上相区别，这才产生无广延的思想和有广延的身体怎样结合的心身关系问题。现象主义要消除二元论，就选取了"广延""空间"做突破口。

詹姆斯认为，把内部经验即思想看作绝对无广延的，这很荒谬。他认为，物体有广延，关于有广延的物体的心理图画即主观经验也具有广延。詹姆斯把物体本身的广延叫作客观的广延，把我们对于物体的客观广延的表象称作主观的广延。这样就有了两种广延，不仅物体有广延，而且内部经验、思想也有广延，但是这两种广延是有区别的。在物理世界里，各种各样的有广延的物体彼此之间保持着必然的硬性秩序，互相敌对、互相排斥，保持着一定距离，它们加在一起构成了一个包罗一切的实在的空间。而在心里，它们则不是这样，它们的秩序不是硬性的而是松弛的，彼此之间并不是互相排斥而是互相渗透的。因此，"这两个世界之不同，不在于有或没有广延，而在于在两个世界里都存在的各种广延的各种关系"②。罗素也认为，在心物关系问题上，容易引起混乱的是"空间"概念。并不像二元论者认为的那样，物质的事物具有空间关系，心理的事物

---

① 罗素. 我的哲学的发展. 北京：商务印书馆，1982：125.
② 詹姆斯. 彻底的经验主义. 上海：上海人民出版社，1965：17.

不具有空间关系。其实,"空间"一词有两种含义,一是"知觉的空间",一是"物理的空间",知觉的空间和物理的空间之间有一种大体上的对应关系,有时也会出现不对应的情况。关键是,不能像朴素实在论那样把知觉结果的空间关系与物体的空间关系等同起来,把心理上的东西与物理上的东西等同起来,把我们看到的太阳与实在的太阳等同起来。如果像二元论那样,认为我们所看到的事物就在我身外存在,并且说它有空间,那么就要引出无数麻烦。

逻辑经验主义的创始人石里克(Moritz Schlick,1882—1936)对心物关系问题的解决也是沿着罗素的思路。他说:"在近代哲学里,大约从笛卡尔以来,就占据了全部形而上学的中心地位,这就是精神和形体、'灵魂'和肉体的关系问题。这个问题,我们认为是错误的提法所造成的问题之一。"① 石里克认为,心物关系问题是由于对"物""物的"不正确的定义所引起的。包括笛卡尔在内,许多人用空间的广延来定义物理形体,把空间性看作一切事物的本质特征。他批判了这种思想,认为空间广延从一种意义上来讲,并不是客观存在的,而是主观的直观形式,因而它不能归属于心外的世界,而只能归属于主观的世界,为心所具有。因此,我们应该将作为直观材料的空间与作为客观世界次序格式的"空间"区别开来。而普通的形体概念却忽视了这一重要区别,这样,"普通的形体概念包含有许多实际上彼此并不相容的特征,形体不仅是自在之物(即无意识内容的东西),而且还具有直观的、可知觉的广延特性。因为这两点是不相容的,所以这种物(形体、物质)的概念必定引起矛盾,正是这些矛盾构成了心物问题"②。

因此,应该区分物理空间和心理空间,并且在心理空间中再区分视觉空间、触觉空间和痛觉空间。笛卡尔和康德尽管对空间有着非常不同的理解,但他们都是一般的谈空间广延,而没有将几种不同的空间区别开来。并且,康德也和笛卡尔一样,认为精神、心理的东西是无广延的、非空间的,认为空间是外感官的直观的形式,而不是内感官形式,因而非空间性是精神、"心的"根本特征。石里克认为,经验告诉我们有几种空间并存,而不只是有一种空间,我们不能把作为物理对象的月亮的广延与月亮的视觉广延混为一谈。

---

① 石里克.普通认识论//洪谦,主编.逻辑经验主义:下卷.北京:商务印书馆,1984:427.

② 同①429.

心身关系或心物问题是由于不当概念或不当定义引起的。对于"物""物的"来说，没有将直观的空间与物理事物的次序或秩序区分开来，因而使"物"的概念陷入自相矛盾；对于"心""心的"来说，把它们完全排除在空间之外，认为它们完全是非空间的，没有看到除物理空间之外还有心理的空间。由此看来，笼而统之地说物体是有空间的，精神是没有空间的，这是不对的。概念不清、定义不当就是产生心身问题、心物问题的根源。石里克认为，要想解决笛卡尔提出的心物问题，就是要研究"我们究竟是怎样获得我们的那些物理概念和心理概念的。我毫不怀疑这的确是研究解决笛卡尔心物关系问题的正确途径。事实上我们确信，只要我们完全弄清楚了我们在使用'心灵的'和'形体的'这两个词时所依据的规则，那么与此同时，我们也就解决了笛卡尔的心物关系问题"①。这样，心物关系问题在石里克这里变成了语词分析、概念分析问题。

（3）物理主义和行为主义。

克服二元论的另一种理论是物理主义和行为主义。卡尔纳普认为物理方法能够对这个世界做出绝对完全的描述，物理语言是一种普遍语言，世界上发生的每一种事件都可以用物理语言来表述，每一个心理学的命题都可以译为仅仅包含物理概念的表述。他说："每一心理句子都能用物理语言来表达。用实质的说话方式来表达，这就是：所有的心理句子都描述物理事件，即人和其他动物的物理行为。"② 物理语言具有客观性、主体间性（intersubjectivity）、普遍性。卡尔纳普认为一切事件都可以翻译成为可以用时空坐标来表示的物理事件。如社会事件可以归结为社会中人们的行为事件；人的心理活动和生理活动可以归结为人的身体中发生的物理现象；人的行为状态和表情都是在一定时空中的事件，都是可以观察的，因而都是可以用物理语言表达出来的。如心理语言说："在10点钟，A先生发怒了"；物理语言说："在10点钟，A先生呼吸和脉搏加速，某些肌肉紧张，出现某些暴烈行为"。这样，卡尔纳普把"心的"、心理的东西变成了物理的东西，从而消除了二元论的对立，取消了心物问题。

牛津日常语言学派的代表人物赖尔（Gilbert Ryle，1900—

---

① 石里克. 普通认识论//洪谦，主编. 逻辑经验主义：下卷. 北京：商务印书馆，1984：454.

② 同①475.

1976)对笛卡尔的二元论也进行了分析批判。他认为笛卡尔的心物二元论是一种"范畴错误",即把概念放进本来不包括它们的逻辑类型当中去了。赖尔认为,真正发生的只有物理事件或物理过程,一切表面上关于精神的叙述实际上都是关于身体行为的叙述,因此不存在什么只有本人才知道的隐秘的内心世界。二元论的错误是要在身体的行为、活动之外去找精神,把精神看作一个不同于身体的东西。这个错误就如同一个去参观大学的人,当他看完图书馆、运动场、教学楼、实验室等之后,问:"大学在哪里?"他把大学当成和图书馆、实验室同属于一类的东西,把大学错放进一种本来不包括它的范畴之中。心身问题的范畴错误也是一样,"相信心与物之间有两极对立,也就是相信它们属于同一逻辑类型",就是把心、精神放进一种本来不包括它的范畴之中。赖尔认为,其实并没有"精神"这个东西,通常表示精神行为的那些词只是指精神活动,而不是指精神实体。正是人们的行为方式才使我们认识到人们具有某种心理属性,因而精神的活动、心理的活动,并不是某种私人的东西,而是可以观察的客观的行为。

卡尔纳普和赖尔的观点都和逻辑行为主义有着密切的关系。逻辑行为主义认为,不存在一种幕后发生的精神现象,心理语言事实上只是和人的行为有关。当我们说"某人感觉不舒服"时,不是说那个人正在经受着某种秘密的经验,而是说他脸色苍白,躺下了,服用阿司匹林,看医生,等等。赖尔想运用这种逻辑行为主义来取消"两个世界"的二元论观点。卡尔纳普和赖尔的这种逻辑行为主义强调了客观性、主体间性,但它的一个缺点就是,否认了人的内部经验、内部感受,即纯粹"私人的"世界的存在。也就是说,它否认了人的意识经验的实在性。当一个人疼痛时,他有一种内部感觉,确实感觉到一种强烈的痛苦,这种痛苦的感觉是不能否认的,它不能与身体的某种行为相等同。

物理主义和行为主义的另外一种表现就是反对"第一人称"和"意识的私人性"的观点。

自笛卡尔开始直到 20 世纪的上半叶,对于心灵的了解和把握,一直是"第一人称"景观占主导地位。所谓心灵或意识的"第一人称"景观,即把心灵或意识看作我自己私人性的东西,我对我的心灵或心理状态有一种直接的把握或接近的优先性,认识我自己的心灵或意识状态要比认识外物容易得多,关于心灵的知识要比关于外物的知识可靠得多。

"第一人称"的观点可以直接追溯到笛卡尔那里去，它认为人的心灵或意识是"私人性"（privacy）的，即它是我个人的东西，只有我自己知道。我自己怎样知道的呢？我怎样获得关于心灵的知识呢？从认识方式上来讲，依靠的是直接把握（immediate grasp），笛卡尔把这种直接把握到的、清楚无误的知识叫作直观（intuition）；同时，还得要依靠自我意识（self consciousness），即心灵把自身作为对象，意识到这些知识是关于心灵的知识；另外，既然心理状态或意识是私人性的，要表达我关于自己心灵的知识，只有依靠内省（introspection），因而，我对于自己的心灵或意识具有一种"优先接近性"（privileged accessibility）。笛卡尔把"认识心灵比认识外物更容易，关于心灵的知识比关于外物的知识更可靠"作为心灵区别于物质的本质特征之一，或者说他把对心灵的认识方式的特点看作心灵的本质特征之一。他认为是心灵本身的本质特征使这种直接的、自动的、可靠的认识成为可能。

因此，"第一人称"景观可以归结为两个最基本的观点：一是心理状态的私人性的观点，一是认识自己心理状态的直接性和优越地位的观点。然而，这两个观点在20世纪中叶受到了现代心智哲学家的批判和否定。

维特根斯坦在《哲学研究》中对于"私人语言论证"的阐述，批判了"第一人称"景观的意识或心理状态以及它们使用的语言的私人性的观点。

维特根斯坦在对所谓"私人语言论证"的批判中证明了下述这种观念的不一致性，即感觉的名称和经验的名称是通过一个与心理"对象"相联系或通过心理的（私人性的）实指定义（ostensive definition，又译作指物定义）而被赋予意义的。

近代哲学的主流包括经验论者、唯理论者和康德等人都认为，知识的确立，从而语言的确立都是以私人经验为基础的，我们大家所说的语言是私人性的，学习语言就是把词语和主观经验联系起来，或者是参照主观经验来对词语做实指定义。交流思想无非是在听者心中刺激起与说者心中具有相同性质的联系模式。维特根斯坦认为，私人语言论证有一系列的预设或曰理论前提。第一，它预设了奥古斯丁的"语言图画理论"，按照这种理论，词语的基本功能是给现实中的事物命名，句子的基本功能是描画事物的状态。把这种理论用于心理现象,"疼痛"一词通过私人性的实指定义来和它命名的感觉相联系。第一人称现在时的心理表述例如"我有一个痛",被构想成是说话者读取那些他私下接近的事实的描述。第二,私人经验被设想成是私人拥有的、不可让渡的。别人不能有我的疼痛,最多有一种只是在性质上而不是在绝对值上与我的疼痛相同的疼痛。私人经验也被看作在认识论上是私人性的,也就是说,只有我真正知道我所有的是疼痛,别人最多只能够相信或猜测我在痛。第三,假设存在自我认识和自省。对于经验的公开承认是对于自我认识的表达。当我有一个经验(例如疼痛)时,我是通过自省(一种内感功能)意识到我所有的经验,我对于我的主观经验有一种直接的、当下的认识。因为没有别人能有我所有的经验,或窥视我的心灵,我对我的心理经验的接近是有优先地位的。第四,他人的经验不能直接接近。人们不能通过自省的途径获得他人经验,对他人的经验只能获得间接的知识或信念。它们是隐蔽在可观察的行为背后的,直接观察是不可接近的,或者是通过类比,或者是通过由果溯因的方式来推断。第五,预设了心身(心理和行为)之间的区别和怀疑论或唯我论。可观察的行为是由赤裸裸的身体的运动组成的,这些身体运动是由内部心理事件引起的,而行为(身体运动)和内部的心理事件没有逻辑联系。心理的东西从本质上讲是私人性的,只有它的所有者才知道。私人性的、主观的东西比公开的东西更好认识。因而,一个人绝不能肯定别人是否真的会有他在行为上似乎正具有的那种经验。这种想法就导致了怀疑论或唯我论,我不能肯定他人是否具有和我相同的经验,我不能肯定你用"红的""痛苦"所指的意思和我用"绿的""快乐"所指的意思,在性质上不是同一的。所以,一切语言都是私人性的,严格的相互不能理解的。

总之,私人语言不是仅仅由一个人所说的但能教给他人的语言,也不是一种能够被他人破译的私人密码,也不是一种表达个人的感觉或心理状态的公共语言,而是一种仅仅由它的创造者运用来表达他的内部感觉或他人不知道的情绪,实际上是假定的、想象的语言。这种论证实际上是一种笛卡尔的二元论式的、内省论式的论证。维特根斯坦对这一论证发起了猛烈的攻击。他认为,没有人能够有一种他人不知道的绝对的私人经验,没有人能够有一种绝对的私人语言来表达他自己的私人经验。他论证,心理现象是主观性的而不是私人性的,我们关于外部世界的感觉是所有的人所共同的,我们能够决定我们的感觉是否和他的感觉相一致。每一个正常的人都能感觉到"痛苦",甚至有些人说,我有一种和你一样的痛。我们运用的公共语言是以这种共同的感觉为基础的。我们的内部感受不得不通过公共语言中的共同概念来表达。一个人不可能有任何私人的感觉,也不可能通过运用绝对私人的语言来表达他自己的感觉。主观感觉是一切人所共同的,它们能够在他的行为中表现出来。他必须运用公共概念来构想他自己的内部感受,他必须运用公共语言来表达他自己的感受或情绪,否则,他就不能使别人理解他。另外,语言的规则是在社会实践和某种生活方式中形成的,或者它们是由社会成员的一致而达成的,然而,私人语言是不能形成这种规则的。语言是一种遵循规则的活动,没有规则就没有语言,私人语言把主观感觉作为真和假的规范,取消了语言必须遵循的规则,所以就根本不存在语言。

"第一人称"景观的另外一个观点是,"认识自己的心理状态比认识他人的心理状态或外界事物更容易,关于我自己的知识比关于他人的知识更直接、更可靠"。

如前所述,认识我自己的心理状态与认识他人的心理状态是明显不同的,认识自己的心灵或心理状态是直接的、自动的,而认识他人的心灵或心理状态则不是自动的,必须以行为作为中介。要认识你在想什么或你在感觉什么,我必须依赖你怎样看、怎样行和说些什么,而认识我自己的心理状态则不依赖行为,反观内心就一目了然。关于我自己心灵的知识确实可靠,而关于他人心灵的知识则经常出错,不可靠。因此,认识他人的心理状态与认识自己的心理状态不同,倒是和认识日常的物理对象和过程更为相似。

现代心智哲学家们对上述观点强调的两种认识方式(认识自己的心理状态和认识他人的心理状态)的差别的合理性产生了怀疑。他们对"我们如何认识自己的心理状态"和"我们如何认识他人的心理状态"分别进行了考察,他们要追问这两种知识是如何可能的。

首先,我们关于自己心理状态的知识是否真的是直接的和自动的呢?如果我们认识自己的心理状态时,不依赖行为的证据,那么我们关于自己心理状态的知识到底依靠什么取得这种优越地位?这种知识是可能的吗?

休梅克(Sydney Shoemaker)似乎是坚持认为,我相信我在一种特殊的心理状态中和我正在那个状态中是没有区别的。所以,一个人关于他在什么状态中的信念是不会出错的,关于这些状态的忠实的陈述始终是真的,我们认识自己心理状态的唯一方式是"意识到"或"意会到"(aware of)它们,而不是通过其他间接方式。因为我能知道我在痛,只是我正意识到痛,我认为我在痛,那我就是在痛,如果我在痛,我会意识到痛。任何关于我是否在痛的证据都是无聊的;当我说我在某种心理状态中,要问我是怎样知道的那也是无意义的。休梅克把第一人称的心理陈述(first person psychological statement)分成两组:一组是"可修正的"(corrigible),一组是"不可修正的"(incorrigible)。在可修正的陈述中,一种是日常类型的知觉陈述,在这些陈述中知觉报道的对象是物质对象或一种可以公共观察到的事态;还有一种是记忆陈述,这一组陈述的特征是,一个人能够忠实地做出这种陈述,相信它是真的,而事实上它是假的或者原则上可以被他人发现是假的。在不可修正的陈述中,有关于私人经验和心理事件的陈述,例如痛苦的陈述、心理意象的陈述、思想的报告等等。说它们是不可修正的就是指,如果一个人忠实地做出这种陈述,这个陈述就不会是错误的,他所说的就不会是假的。这一类陈述,只要忠实地做出断定,它们永远是真的,诚实地做出断定就是它们为真的在逻辑上的充足条件。"我已经论证我一直关心的,这类第一人称心理陈述不是以它们的真值标准为基础而做出的,它是必然真理而不是偶然真理。如果在什么地方做出这样的陈述,它们就总是真的。如果这样说明之后,人们还会想问:如果我们不把它们放在真值标准的基础之上,在那些特殊的场合我们怎么可能做出这样一种陈述呢?唯一的答案就是,这正是一个自然的事实,人类能够训练成这样,他们能做出这样的陈述。严格地讲,训练的结果是在某种条件下(这些常常是所说的那些东西的真值条件)说出确实的东西的一种能力,而无须首先确定那些条件是否满足。如果人类对这种方式的训练没有反应,就不会有第一人称的心理陈述这种东西。"[①] 休梅克的意思是讲,如果说把心理概念用于他人是以行为标准为基础的话,当我们把这样一些概念用于我们自己时则不是以行为标准为基础的。这正是关于人类的一个事实,不依赖标准,而当符合正确的行为标准时,我们就能学会说出我们处于何种心理状态之中。

---

① Sydney Shoemaker. Self-Knowledge and Self-Identity:Chapter 6//The Nature of Mind. edited by David Rosenthal. Oxford University Press,1991:124—125.

澳大利亚哲学家阿姆斯特朗（David Malt Armstrong，1926—2014）则反驳了休梅克关于现时的心理事件的内省报告在逻辑上是不可修正的和无可怀疑的，我们每一个人对于我们自己的心理经验有一种逻辑上优先接近等观点。首先，阿姆斯特朗认为，不可修正性与不可怀疑性必须与逻辑的必然性区别开来。不管忠实地陈述现在"我似乎正看见某种绿色的东西"是否不可修正的，它在逻辑上肯定不是必然的。逻辑上的必然真理应该是在一切可能世界中都是真的，而现在我肯定能描画出许多世界，在那里我似乎并没有看见某种绿色的东西。也就是说，我们关于我们自己的心理状态的信念并不是不犯错误的。反过来说，逻辑上必然的陈述也不需要是不可修正的。对于逻辑上必然的陈述，我们并不是一理解了它就同意它，我们有可能错误地认为它是假的，例如，花了很长时间才使霍布斯确信毕达哥拉斯定理是承接了阿基米德公理的必然性。其次，阿姆斯特朗赞成 J. J. C. 斯马特（Smart）等人的观点，把心理的状态看作大脑的状态。如果我们承认内省的存在的话，我们必须把内省和内省的对象两者都设想成是大脑的状态。内省必定是大脑的一种自我搜索过程。这样一种自我搜索过程将产生错误的结果，这在逻辑上是可能的，这一点是很清楚的。因为已经证明，没有内省意识能够在逻辑上保证是不犯错误的，这使有些人做了一些让步，但是他们仍然坚持认为，我们对于我们的内部状态有一种逻辑上的优先接近，或者说，对于我产生的内部状态在逻辑上来讲我是最终的权威，即使在承认我们有可能犯错误的时候也是如此。阿姆斯特朗认为这个观点是不能接受的。他论证："一旦我们已经承认了对于我现时的内部状态我可能出错，那么我们就必须承认这种可能性，即在我出错时别人（例如，大脑技术人员）会对我的内部状态得到一种正确的信念。那么，有什么理由否认技术人员对于我的心理状态比我自己更具有权威性呢？确实，如果退一步说，对于一种心理状态的把握与那个心理状态本身是不同的，那么其他人就会对我的心理状态有一种直接的知识，不以对行为和大脑状态的观察为中介，这在逻辑上不是可能的吗？并且如果当我错误时他们是正确的，那么对于我的心理状态他们不就会比我更具有权威性吗？"① 阿姆斯特朗预见，将来大脑科学可以提供这样一种强有力的心身相互关系，以至于通过

---

① D. M. Armstrong. Is Introspective Knowledge Incorrigible? // The Nature of Mind. edited by David Rosenthal. Oxford University Press，1991：129.

对大脑的直接考察就可以说出某人处于何种心理状态之中,如果那时我就我自己的心理状态所说的与大脑技术人员所说的不一致,我就可以通过推论得出结论,我错了。

理查德·罗蒂(Richard Rorty)对自我对主观的心理经验有接近的优先权也提出了不同意见。他认为,我们通常容易犯两种错误:一种是事实上的错误,常常在某物是什么的问题上出错;一种是词语上的错误,即虽然我们在某物是什么的问题上是对的,但是在怎么称呼它的问题上出错。当人们报告他们的心理状态时,我们不能排除他们对于这些状态运用了错误的词语的可能性。也就是说,他们对于自己的心理状态,即使不会犯事实上的错误,也有可能犯语词上的错误。罗蒂还进一步论证,在报告我们自己的心理状态时,我们无法将词语错误和事实错误区别开来,而这一点则又是与"关于我们自己的心理状态的报告在事实上是无误的"观点直接抵触的。

(4)同一理论。

"同一理论"或称"等同理论"(identity theory),是唯物主义论点的一种特殊的表现形式。它认为心理状态就是大脑的生理状态,每一种心理状态和过程在绝对值上等同于大脑神经系统中的某种生理状态和过程。因而,这种观点也被称作"还原论唯物主义"(reductive materialism)。

阿姆斯特朗提出的"中枢状态唯物主义"(central-state materialism)是一种典型的"同一理论"。中枢状态理论把"心"、精神、心理状态等同于大脑,等同于大脑的中枢神经系统。这一理论有两条理论前提:第一,心灵是某种内在分离的、在行为之后的东西,因此它承认了确定的非行为的心理事件的存在,因而避免了行为主义否认心理东西的存在的问题,同时也承认心理状态在行动中是具有因果有效性的;第二,心理的术语是根据它们所指的心理状态的行为结果来获得它们的意义的,或换句话说,心理的原因是根据它们与行为模式的联系而得名的。因此中枢状态理论实际上仍然是心身因果作用论,因果作用论的任务就是要发现在人之中是什么与作为心理状况的表现的行为有因果关系。

中枢状态理论认为,大脑和它的附属物是身体的重要部分,如果身体中有一个部分它的事件和过程是行为的原因,那么中枢神经系统就是那个东西。行为完全可以根据中枢神经系统中的事件来解释。中枢状态理论把行为的原因等同于纯粹的物质对象,即像神经生理学家所设想的中枢神经系统。并且，中枢神经系统没有别的非物质的性质，它所有的唯一性质就是在物理学和化学中所承认的那些性质以及它们的派生物。中枢神经系统是身体的一部分，是一个特殊的能控制行为的部分。这个部分在它自己的状态（如目的）以及通过感官所获得的关于身体周围环境的信息的影响下来控制肢体的运动。这个部分就是大脑，大脑与作用于它的感官有联系，与它所作用的肌体也有联系。心灵是物质有机形式的一种特殊排列，它不是一种非物质的东西。心灵等于大脑、等于中枢神经系统的状态，心理的状态和过程等同于大脑和神经系统中的状态和过程，因此，我们说它是一种典型的同一理论或等同理论。它通过这种方式消解了笛卡尔式的二元论。按照中枢状态唯物主义的观点，心身问题被消解成为一个科学的细节问题，神经生理学可以对心身关系提供充分的说明。

实际上，持"每一心理状态都等于某种身体状态"这种等同论观点有两种不同的方式，一种方式是类型（type）层次上的等同，即认为每一种心理状态的类型等同于某种生理状态的类型。一种特殊类型的心理状态的全部例证也是一种特殊类型的身体的例证。简单地说，可以将某人在某一时刻的全部心理状态等同于这一时刻这个人的全部生理状态，即心理类型与生理类型是严格同一的，这就被称作"类型同一理论"（type identity theory）。另一种方式的同一理论可能是指，心理状态的一个例证等同于某种类型或其他类型的身体状态的一个例证。这样心理状态的各种各样的类型和身体的类型没有对应关系，一种单一精神类型的例证可能等同于不同身体类型的各种记号（tokens）。在这里不是类型与类型的同一，而是一种类型中的一个具体事例与另一种类型中的某一特殊事例（token）之间的特殊同一。这种稍弱一些的论断被称作"记号同一理论"（token identity theory）。

类型同一理论实际上还意味着一种理论间的还原或理论间的同一性，即用不同的概念框架或理论框架去描述同一个实在。如同把"光"看作电磁波，把"热"看作平均分子运动能量一样，我们熟悉的内省的精神状态可以还原为大脑的物质状态。"同一性假设"认为，除了大脑中的生理活动的实在性之外，还有意识经验的实在性，但它们是同一种实在性。意识经验被看成是大脑中的一种特殊的生理活动过程，如人的痛苦的感觉就是大脑中的一种特殊的生理活动过程。一个神经生理学家从外部把大脑看作一个生理对象，他可以借助仪器观察到大脑的生理过程，但病人对大脑有一种内部景观，即有意识经验；而神经生理学家看到的这个生理过程和病人自己的内部精神活动是同一的，它们是用不同的理论框架去描述同一实在，这两种理论间是可以互相还原的。

但实际上，这种"同一性假设"仍然是以"内省论"为基础的。意识经验是依赖于病人自己的内省的，我们永远不能通过直接的观察，哪怕是最为准确的观察来描述病人的内心活动，而只有依靠他自己的内省和体验来做出报告。因此，意识经验概念不能还原为行为和可观察的活动的概念。对于个人心理体验的描述是主观性的、私人性的，用的是一种心灵语言，但缺乏一种客观性、普遍性和主体间性；而物理主义和行为主义的优点是用一种客观的、公共的、主体间的语言来描述心理的东西，"同一性假设"则是通过对大脑的神经生理过程的观察来描述心理的东西，也具有主体间可观察的、公共的、客观的等特点。费格尔（Herbert Feigl，1902—1988）企图建立一种"系统同一理论"，把以上主观的、内省的特点与公共的、可观察的特点结合起来，把心灵主义、行为主义和神经生理学三者统一起来。他主张心灵语言、行为语言和神经生理学语言所描述的事实是相互同一的。这种相互同一是指它们既是独立的又是同一的。首先，它们各自都有独立的存在，不是同一个事实从不同的方面去看、用不同的语言去描述；其次，它们不是逻辑上的同一，不是把三种语言中的一种还原为另两种，不是指三种语言概念之间的可还原性。特别是心灵语言，它在逻辑上是独立于而不能还原为另两种语言，甚至可以说它是另两种语言的基础，因为只有它才能表达感觉内容、意识经验。这种同一理论只意味着在这些语言的所指者之间，有一种可以经验地证明的统一。

实际上，类型同一理论一开始就受到多方面的反驳。有人认为，不同种类的有机物可能共有某些类型的生理状态，比如说疼痛，尽管它们的解剖的、生理的差异如此之大，根本不可能具有共同类型的身体状况。由此可见，同一种心理状况可以在不同类型的身体状态中实现，即多重实现，因而就不能是一种心理状态的类型完全等同于一种身体状态的类型。

也有人根据"莱布尼茨规律"来批驳"类型同一理论"。莱布尼茨认为，两个项目只有在这样的情形下才是完全等同的，即一项所具有的任何属性也被另一项所具有，它的逻辑含义是：$(x)(y)[(x=$

y)]≡(F)(Fx≡Fy)。如果找到了某种属性符合大脑的状态而不符合精神的状态，或者相反，这个理论就不攻自破了。例如，大脑状态和过程具有空间属性，占有某种特殊的空间位置，如果精神状态等同于大脑状态，那么精神状态也应该具有同样的空间位置。但这显然是没有意义的，内省揭示出心理的状态和属性彻底不同于任何神经生理学的状态和属性，既然两者的属性是不同的，就不能说一种类型和另一种类型完全等同。因此，有人根据莱布尼茨规律证明：第一，我的心理状态通过内省是可以认识的；第二，我的大脑的状态通过内省是不可认识的；所以，根据莱布尼茨规律，第三，我的心理状态和我的大脑的状态是不能等同的。①

也有人根据"内省论"来对同一论进行反驳，认为即使未来的神经生理学家对人的大脑的物质结构和活动以及视觉系统的实际的和可能的状况无所不知、了如指掌，假设他因为得了色盲，从未有过"红色的感觉"，他仍然不知道有红色的感觉是怎一回事。也就是说，即使他对视觉的物理事实的知识再全面，仍然不可能有红的感觉的意识经验。可见，这两者是不能同一、不可还原的。

同样，"记号同一理论"主张的"每一个精神事件（mental event）等同于一个生理（神经的）事件"的观点也受到了挑战。如前所述，记号同一理论认为一个具体事件可以是其他不同类型事件的一个例证。如某人按开关的事件可以是与他开灯的事件同一的，某人把一块木头从板上的一个方格移动到另一个方格中的事件可以是与他正在和棋友对弈的事件同一的。但有人认为，在理解心和身的事件—类型怎样能相互适应时则没有这种类似性。例如，"某一时刻 t 发生在史密斯心灵中的一个疼痛事件 P"是否等同于"某一时刻 t 发生在史密斯大脑中的一个神经事件 N（如 C 纤维的某种烧灼）"呢？我们关于 P 的概念，根据它的心理特征，似乎不能提供任何线索来说明它怎么能够也有一种神经的特征；我们关于 N 的概念，根据它的生理特征似乎也不能提供任何线索说明它也能有一种意识经验的特征。也没有任何办法使这两个不同的概念在一种更为丰富全面的框架中结合起来，表明它们的对象是一致的。因此，当我们注视某种作为疼痛的事件时，我们只能**假定**它是一个神经的事项，而无法向我们自己表明这同一个事件怎么能够被生理学家的考察得到；

---

① P. Churchland. Matter and Consciousness. The MIT Press，1984：33.

当我们注视某种事件如 C 纤维的烧灼（C-fibers' firing）时，我们只能**假设**它是一个精神的事件，而无法向自己表明，这同一个事件怎么可能被内省所接近。由此可以证明，P 和 N 绝对不同，完全不能等同。

为了维护同一理论，同一论者又主张在心理的东西和非心理的东西之间有某种概念的（分析的）还原。他们宣称，我们用来指称心理事件的谓词可以用纯粹非心灵主义的术语来定义或分析，这样来表明心理事件怎么能够是神经事件。另外，他们还从这些事件所起的因果作用来说明心理事件与神经事件之间的等同关系，这样就使同一理论与功能主义发生了联系。当然，也有一些心智哲学家如唐纳德·戴维森（Donald Davidson，1917—2003）认为，"类型同一理论"是站不住脚的，但"记号同一理论"则是正确的。

（5）消除论唯物主义。

时下流行的"消除论唯物主义"（eliminative materialism）以另一种方式来消解笛卡尔式的二元论。它论证，对内部心理状态的二元论的说明是属于"常识心理学"（folk psychology）的做法。然而，常识心理学的概念是前科学的、常识性的概念框架，例如信念、欲望、痛苦、快乐、爱、恨、高兴、害怕、怀疑、记忆、承认、愤怒、同情、意图。它们只体现了对人的认知的、情感的和目的的性质有一些最基本的、初步浅显的了解，对于我们内部的状态和活动常常是提供一种混乱的概念和错误的表象。从常识的观点看，心灵的本性对于我们来说仍然是神秘之地，所以常识心理学的理论和概念应该被消除或淘汰，代之以一种现代的、高级的、科学的神经科学的理论和概念。由于它要用物理主义和唯物主义的概念去取代常识心理学的概念，所以它被称作"消除论唯物主义"。既然对内部心理状态做二元论表述的常识心理学被消除了，笛卡尔的二元论也就自动被消除了。

（6）知觉现象学。

前面讲的对二元论的几种消解是英美哲学中分析哲学和实用主义等流派的做法，而实际上，在大陆哲学的现象学运动中同样有人对笛卡尔的二元论不满，他们要克服笛卡尔的二元论，消解笛卡尔的意识哲学和主体哲学。其中最为突出的代表是法国现象学的主要代表梅洛-庞蒂。梅洛-庞蒂利用它的知觉现象学对知觉和感觉的讨论，特别是对运动感觉的讨论来反对笛卡尔的实体二元论。

梅洛-庞蒂（Maurice Merleau-Ponty，1908—1961）的哲学是从讨论身体开始的，因此有人把它的哲学称作"心身哲学"。他从实验心理学和生理学入手，描述了人的身体在经验中的独特作用。他区分了"人自己的身体"（le corps proper）或"现象的身体"（le corps phenomenal）和"客观性的身体"或"作为对象的身体"（le corps objectif）。"人自己的身体"是正在经验着的身体；"作为对象的身体"是被生理学家研究的身体，这里的身体和外部世界的其他事物是一样的。他将这两者区分开来的一个主要依据是，我们对于两者的经验方式是不同的。我们对于身体的经验，在本质上来讲不是对于对象的经验。我们对于我们自己身体的知识是不同于我们对于其他事物的知觉或知识的。

在我们的日常生活经验中，我们并没有对我们的身体有一种特别的经验，它对于我们好像是"透明的"一样，例如，在我们看东西的时候我并没有意识到我的眼睛，在我听东西的时候我并没有意识到我的耳鼓，在我们经验世界的时候，我对我自己的身体的知识是缄默不语的。"由于我的身体看到和触摸世界，所以它本身不能被看到，不能被触摸。"① 身体在认识过程中的这种透明性，人对于自己身体的知识的这种缄默不语的本性，使得笛卡尔和萨特等人完全忽视了身体在经验中的作用，以至于认为人在本质上是没有身体的。

我们对于外部物体的把握主要是靠我们对于它们的形状、重量和物理结构以及化学构成的经验性的了解，而我们对于我们自己的身体的把握并不依靠我们对于身体的构成、重量和形状的认识。人能够移动自己的身体并不依赖于对于生理过程的理解。当我们把握其他物理对象例如桌椅板凳时，我们需要在空间中对它们定位，而在我们把握我们自己的身体时，我们并不需要在牛顿空间或爱因斯坦空间中对我的身体的各个部分进行定位。我的身体不处在客观空间的某个点，以便我把它挪到另一个地方，我不需要寻找身体，身体与我同在。"事实上，身体的空间性不是如同外部物体的空间性或'空间感觉'的空间性那样的一种位置的空间性，而是一种处境的空间性。"② 任何正常的个体的身体都被经验为是统一的。一个正常的人在通常的情形下，无须上下打量看看自己身上的各个部件是不是连接在一起的。"身体的各个部分以一种独特的方式相互联系在一

---

① 梅洛-庞蒂. 知觉现象学. 北京：商务印书馆，2001：128.
② 同①137-138.

起：它们不是一些部分展现在另一些部分旁边，而是一些部分包含在另一些部分之中。"①

我们移动我们的身体并不像我们移动其他物体一样。人的行为还有运动和行动的意向。人的思想并不是纯粹的，思想一方面以习惯、文化、个人经验和特殊情境为条件，另一方面还以对象性的生理的身体为条件。一方面，世界不是我们创造的，它存在于我们的面前；另一方面，人对世界的认识，也不能摆脱人的经验方式的影响，人会把结构和意义赋予经验和世界。人的各个感官的功能不是分离的，感官知觉和运动技能也不是分离的，一个正常成人的全部感官和运动技能在主体探索世界的过程中是以统一的方式联合发挥作用。世界对于我们来说是统一的，而经验着的身体也有经验的统一性。当一个感官发挥作用时，它是以其他感官的潜能的存在作为背景的。如果没有潜在的运动和潜在的感官作为背景，知觉就不可能产生；在知觉中，不同的感官、各种运动能力必定是互相越界和侵犯领地的。

人对于自己的身体的知识是来自人对于自己的身体运动和活动、人和世界上其他事物相互作用的能力的知觉。人的心灵是身体能力（潜能）的一种统一的集合。这些能力不是通过学习得来的，而是通过身体自然地获得的。它们是习惯性的，是开放的、可以延伸的。因此，人的心灵不是一个封闭的体系。活的人体在生理上是一个有机的实体，它有获得习惯性技能的能力，我们自己的身体是这些潜能的集合。他认为，"灵魂和身体的结合不是靠两种外在的东西——一个是客体，另一个是主体——之间的一种随意决定来保证。灵魂和身体的结合每时每刻在存在的运动中实现"②。

梅洛-庞蒂反对笛卡尔的二元论，他只承认一个实体即人的身体。"因为身体始终和我们在一起，因为我们就是身体。……因为我们通过我们的身体在世界上存在，因为我们用我们的身体感知世界。……因为如果我们用我们的身体感知，那么身体就是一个自然的我和知觉的主体。"③ 梅洛-庞蒂把身体看作知觉的主体，因而也就是认识的主体，我们是通过身体把握世界。笛卡尔的"我"是"精神"、精神性的认识主体，只有精神、心灵才能有认识。而梅洛-

---

① 梅洛-庞蒂. 知觉现象学. 北京：商务印书馆，2001：135.
② 同①125.
③ 同①265.

庞蒂则把身体灵性化，把身体和精神一体化，认识就是用身体去知觉、体验，认识就是人的各种知觉能力的一种统一性，因此身体本身就是认识的主体。言语动作和表达行为也是身体的一种行动能力。人的身体不同于一般物体的地方就在于，它能将意义投射给或赋予周围的物体和世界。"身体不是自在的微粒的集合，也不是一次确定下来的过程的交织——身体不是它之所处，身体不是它之所是——因为我们看到身体分泌出一种不知来自何处的'意义'，因为我们看到身体把该意义投射到它周围的物质环境和传递给其他具体化的主体。"① 人们仅看到，身体的言语动作和表达行为表现了思维或灵魂，而没有看到是身体在表现，是身体在说话，也就是说，没有脱离身体或在身体背后还另有一个灵魂。我们对于身体的认识也不同于对于物体的认识，我们对身体的意识也不是一种思想，我们不能分解或重组身体，以便对身体形成一个清晰的观念。"不管是他人的身体，还是我的身体，除了体验它，即接受贯穿身体的生活事件以及与身体融合在一起，我没有别的手段认识人体。"②

梅洛-庞蒂把身体看作唯一的实体，是知觉和认识的主体，思维和认识能力不过就是身体的各种活动能力包括言语和表达能力的统一。梅洛-庞蒂不是只讲身体，不讲精神，而是把精神融入身体之中。因此，有人认为，梅洛-庞蒂类似于"心身两面论"，身和心是一个物体的两个方面。有生命的身体具有获得习惯的自然能力，它也有探索世界、对于外部世界的结构的自然"理解"的能力，这不是一种有意地或有意识地学习到的理解。在这里，梅洛-庞蒂把心的东西归结为身的东西。但是心灵到底是等同于人的自己身体的全部，还是身体的某些部分或功能呢？梅洛-庞蒂在这里语焉不详，体现了他的哲学的"模棱两可"或"含糊性"的特征。如果心灵等同于"自己的身体"，那么就意味着心灵等同于知觉和身体其他潜能的集合。如果心灵是一串能力，那么它必定是一个系统的、有机的串，即各种感官和运动能力的紧密结合。心灵被看作一个对等物的系统，这个系统可以把视觉的世界翻译为听觉的世界，把视觉和听觉的世界翻译成为运动、行动和意向的世界。

梅洛-庞蒂把主体理解为身体，主体在处境中，主体是处境的一

---

① 梅洛-庞蒂. 知觉现象学. 北京：商务印书馆，2001：255-256.
② 同①257.

种可能性。主体与世界的关系不是一种想象的关系，而是一种实际的关系。主体作为身体，实际上是和世界联系在一起且密不可分的。"只有当主体性实际上是身体，并通过这个身体进入世界，才能实现自我性"。"主体性的本质联系于身体的本质及世界的本质，是因为作为主体性的我的存在就是作为身体的我的存在和世界的存在，是因为被具体看待的作为我之所是的主体最终与这个身体和这个世界不可分离。"①

2. 修补相互作用论

与前述做法相反，许多哲学家并不完全抛弃二元论，而是沿着第二条道路前进，即求助于其他的理论来解释心理事件和物理事件之间的因果作用，努力地解决笛卡尔的相互作用论引起的种种问题。

（1）功能主义。

功能主义（functionalism）把因果关系作为它研究的主题。如果说，同一理论把心理事件等同于中枢神经系统中的生理状态是把它等同于具体的物体，那么功能主义就是从因果作用的角度来把它等同于某种具体的功能。也就是说，不是看心理事件在物理世界中是什么而是看它们能做什么。比方说，疼痛或信仰，如按照同一理论的观点看，要理解它们就要看它们在物理的领域譬如在中枢神经系统中体现为什么东西；如用功能主义的观点看，要理解它们就要看它们能做些什么，即通过描述它们能做什么来理解特殊的心理现象。实际上，从"记号同一理论"转向功能主义也只有一步之遥。例如，如果把疼痛看成是C纤维的烧灼，那么，在不同类型的解剖和生理差异非常之大的生物体中只要它们有C纤维的烧灼，它们就会有疼痛这样的心理状态。也就是说，如果不看C纤维的材料和结构，只看"C纤维的烧灼"能起什么样的因果作用，凡是有这种因果属性的系统都会有同样的心理状态。功能主义认为，因果关系可以被任何系统模仿或复制，不管这个系统是由什么材料构成的，也许是生物体，也许是钢铁构成的，也许是硅片构成的。

大卫·刘易斯（David Lewis）用一个著名的"思维实验"来说明功能主义。这个思维实验被叫作"火星人的痛"，它的基本内容如下：我们设想火星人存在，他们的行为和人类的一样。但是我们必

---

① 梅洛-庞蒂. 知觉现象学. 北京：商务印书馆，2001：511-512.

须设想他们的心理状态是大脑状态吗？完全不！他们不能有我们这样的大脑。他们大概有水压脚，火星人的疼痛的发生是火星人脚中水压的增加而不是大脑中发生的任何事情。让我们设想，在火星人那里，引起疼痛行为的功能作用是由火星人脚中发生的事情来充当的。功能主义把火星人的疼痛等同于在火星人中产生疼痛行为的功能或因果作用，因此，在水压脚中发生的那些事件和火星人的疼痛是同一回事。如果说人的疼痛等同于人脑的某些特殊状态，那么在其他动物中的疼痛就不可能是人脑的状态了。在某些非人的动物如火星人中，疼痛可能是某些不同于大脑的器官如水压脚的状态。功能主义抽象掉构成系统的材料，单独考察系统能够做什么，起什么样的因果作用。

功能主义认为，心身复合体是一个相互作用状态的系统，心理状态不仅与物理的输入（如感官刺激等）和行为的输出有因果相互作用，而且与其他心理状态有相互作用。所以，这就存在着心与物的因果作用、身体与环境的因果相互作用以及各种心理状态之间的相互作用，一个心理状态可以根据同在这个相互作用之网中的各种各样的因果作用来定义。

功能主义有多种多样的形式，如机器功能主义、认知心理学、人工智能和计算机模型的功能主义、目的论功能主义等等。

普特南（Putnam）主张机器功能主义，他把心理状态与计算机的功能状态相比较。正如一个电脑程序可能通过大量的在物理上不同的硬件构造来实现或具体示范，同样，心理的"程序"能够通过由各种生理化学组合物构成的不同有机物来实现。这就是为什么不同物种的有机体的不同生理状态能够实现同一种心理状态类型。这就和同一理论的类型等同发生了关系，"在 M 类型的心理状态中就是在 N 类型的神经生理状态中"。也就是说，在心理状态中也就仅仅是在某种生理状态中，或在相关的电脑程序中起作用的其他状态中。所谓生理状态起作用，就是指它处于与物理的输入、输出和其他内部状态的一整套关系之中，这些物理的输入、输出和其他内部状态与电脑程序中编码的抽象的输入/输出/逻辑状态关系是一一对应的。功能主义者把三种不同层次的描述用于同一种根本性的实在：在某一特殊时刻某人头脑中的物理状态记号有一种神经生理学的描述，但是也有一种与大脑碰巧正在实现的机器程序相关的功能描述，进而它还有一种心理的描述，如果某种日常心理状态在类型上等同于它例示的功能范畴。

认知心理学和人工智能理论要克服二元论，但不满足于物理主义、行为主义的极端机械论的观点，要求保留心理经验、意识的独立性，承认它们的存在和作用。它们通过"功能类比"把人的心理现象和意识活动看成是和一定的物理结构系统相联系的功能现象。认知心理学把人的认识和思维看成是一种信息加工过程，人脑是一个以物质和能量为基础的信息加工厂。人的心理表象、心理状态、心理过程，作为一种机能作用，实际上是由一定的信息处理系统的活动机制来实现的。电脑也是以物质（硬件）和能量（电源）为基础的人工的自动信息处理机，人脑和电脑的共同点是对信息的处理和加工。电脑能模拟人脑的某些思维功能，主要是从思维功能、思维过程和思维状态等方面进行模拟，即机能模拟。这里的关键是建立一定的系统机制来实现这些机能。我们可以把心理活动的不同水平和计算机做一比较。心理活动的最高层次是生理过程，即中枢神经系统、神经元和大脑的活动。计算机也有三个层次：最高层次是程序、软件系统，它和人的思维策略机能相似；中间层次是计算机语言，这相当于初级信息加工过程；最低层次是计算机的硬件，它是神经系统的等值物。人脑的心理功能与计算机的信息处理功能具有可类比性，因此，我们可以运用计算机模拟人的初级信息加工过程和思维策略。通过人工智能的研究，反过来更进一步地揭示了人类思维的物质属性。思维是一种物质的过程，从中枢神经系统的活动、初级信息加工到高级思维决策，这是一个物质因果链条中的不同环节。心理活动的机能取决于神经系统的不同活动机制，就如同计算机从硬件、语言到软件也是一个因果链条中的不同环节、硬件系统的合理组织能以一定的计算机制来实现的，两者是一种结构和功能之间的关系，它们之间没有什么"本质上"的区别。这样，"心身关系"问题也就解决了。

（2）变异一元论。

美国哲学家唐纳德·戴维森的"变异一元论"（anomalous monism）在某种意义上讲，也是探讨心身的相互作用和因果关系的。可以简单地把戴维森的观点表述为，实体一元论加描述二元论，即坚持物理主义或唯物主义的观点，只承认一个实体，但是认为可以有两种不同的描述方式。所以，他将自己的理论称为"变异一元论"。

戴维森的变异一元论认为，心理事项可以用一种特殊的性质即"意向性"来定义。意向性是心理状态的一种属性，依据这种属性，心理状态可以有无须和物质世界中的任何事物相对应的内容。所以，对物质世界持一种错误信念的心理状态并不对应于物质世界中实际的事物。戴维森把心理特征看作一种特殊类型的物理特征即大脑的特征，心理特征是依赖于、伴随着物理特征的。

可以说，变异一元论是由三个基本原理组成的：第一，因果相互作用原理（The Principle of Causal Interaction）。一切心理事件都是和物理事件因果相关的，心理事件引起物理事件，反过来也是一样，物理事件引起心理事件。也就是说，心理事件是物理事件的原因或者是结果。第二，因果性的类似规律特性原理（The Principle of the Lawlike Character of Causality）。如果两个事件作为原因和结果而相互关联，就会有一种严格的规律。也就是说，哪里有因果性，哪里就有因果规律。第三，心理变异论原理（The Principle of the Anomalism of the Mental）。因为心理事件的意向性，就不可能有规律能使我们预见或解释心理事件。也就是说，没有严格的心理—物理规律连接着在心理描述下的心理事件和在物理描述下的物理事件。戴维森论证，关于心理事件，没有精确的或严格的规律。心理事件是反常的、变态的，不仅没有规律把心理事件和其他心理事件关联起来，也没有规律把心理事件和物理事件关联起来。这就意味着在心理和物理之间，没有任何类似规律的联系能使我们将前者还原为后者。

戴维森认为，这第三条原理排除了两种形式的还原论。一种是通过用物理的词语明确定义心理的谓词而把心理的东西还原为物理的东西，一种是严格的连接规律使心理属性和物理属性相联系来还原。而他的观点是本体一元论与概念二元论的结合。

表面上看来，变异一元论的第三条原理和前两条原理是冲突的。戴维森消除这种冲突的理由是，他认为我们有两类词语：一类词语是能够用来形成科学规律的，这一类是物理的词语，用来描述物理事件和因果规律。所有严格的规律都是用纯粹物理的词语来表达的。另一类是完全不适合构成类似规律的陈述的，这一类词语就是我们日常谈论心理事件的那些词语，它们充满了意向性。具有意向/心理属性的事件没有因果作用，也完全不能用因果的词语来解释。那些心理事件和心理特征实际上是大脑的事件和大脑的特征，但当它们披上了意向性的标签，它们就不适合类似规律的陈述，就不能通过因果规律来预见或解释。这个事实与心理事件实际上是物理事件的原因或结果并不矛盾。因为，按因果性的类似规律特性原理，当两个事件是原因和结果时，它们会有一些描述来体现规律。但只有当那些事件以适当的方式描述时，它们才能体现规律，或换句话说，只有当事件以一种适当的方式描述时，它们才能通过因果规律来解释或预见。戴维森辩解说，因果相互作用原理讨论的是那些非意向性描述的事件，而心理变异论原理则关心的是被描述为心理的事件，因为这些事件"只是被描述为心理的"。所以，它们和因果性的类似规律特性原理是不冲突的。

但是，戴维森的变异一元论还是存在着它内在的理论矛盾。为什么心理事件只是被描述为心理的，而物理的事件就不只是被描述为物理的呢？另外，为什么心理事件是不可预见的呢？既然某个心理事件和某个物理事件相等同，如果那个物理事件服从因果规律，是可以预见的，为什么当它换了一个不同标签——心理事件的标签，就会成为一个不可预见的事件了呢？

功能主义和戴维森的变异一元论尽管对心身之间的因果相互作用做了比其他哲学家更为具体详细的探讨，但是他们的答案并不是完美无缺的，它们仍然是值得商榷和争论的。

总之，笛卡尔提出的心身问题之谜并没有被心智哲学完全解开。心身问题的两个方面即心身区别和心身因果相互作用似乎构成了迄今为止笛卡尔哲学的辩护者和笛卡尔哲学的反对者的共同领域。虽然现在相信笛卡尔实体二元论的人越来越少，但心身问题并没有解决，甚至二元论的形式也更加多样化。笛卡尔本人似乎给了我们一个方法论的启示，心身问题不是一个形而上学的问题，而是一个科学的问题，它最终解决的主要希望在于科学。在我看来，即使是在今天，我们仍然面临着笛卡尔所面临的同样情形，神经生理学、认知心理学和人工智能等科学的发展应该朝着这样一个目标迈进，即既要尊重心和身之间的根本区别，又要驱除它们在作为整体的人之中的相互关系的神秘。

第七章 物理学——自然哲学

笛卡尔仍然以亚里士多德为样板,将哲学区分为第一哲学和第二哲学,即形而上学和物理学。两者的对象和方法是不同的,一个的对象是本体,一个的对象是现象,一个的方法是先验的概念分析,一个的方法是经验的观察和实验;但是两者之间有着内在的联系。笛卡尔把这种联系比作树根和树干的联系,物理学是形而上学发展的必然结果。笛卡尔的物理学比我们今天物理学的含义宽泛得多,是指关于物质事物的学说,既包含自然哲学,也包含力学、天文学、地球物理学、气象学、矿物学、植物学、化学、光学等具体的科学。笛卡尔对各门具体科学的论述现在已经不属于哲学的范围,因此我们今天研究笛卡尔的物理学,主要是指他的自然哲学思想,即机械唯物主义的自然观。笛卡尔的物理学思想集中体现在《论世界》、《哲学原理》和《灵魂的激情》三部著作之中,现将其基本内容分述如下。

一、《论世界》

在笛卡尔诞生前的半个世纪,自然科学已经取得了长足的进步,打破了封建神学的自然观。1543 年,哥白尼出版了六卷本的《天体运行论》,全面阐述了他的太阳中心说,摧毁了统治一千多年之久、经院哲学作为"科学根据"的亚里士多德—托勒密的地球中心说。同是在 1543 年,维萨里(A. Vesalius,1514—1564)出版了《人体的构造》一书,他总结了自己亲自对人体解剖观察的大量资料,系统地叙述了人体的构造,否定了基督教的上帝用男人身上的肋骨造出女人、耶稣通过复活骨使死人复活等无稽之谈。伽利略发现了惯性定律、自由落体定律、抛物体定律、钟摆等时性定律等许多自然规律,将通过数学表达出的定律运用于自然界,勾勒出了一幅机械的世界图景。这些也是近代启蒙思想的一个重要部分,对笛卡尔世界观的形成产生了重大的影响。

笛卡尔从17世纪20年代就开始对物理学进行系统的研究,1629年至1633年他对自然哲学的研究取得了丰硕的成果。《论世界》一书系统地阐述了他的物理学、宇宙学的观点。可以说,它是哥白尼、伽利略的思想在科学上的继续和哲学上的发展。全书分成两个主要部分:第一部分是"论光线",主要论述了感觉和物理条件的区别、光和热的本性、物质的广延等特性,地球上和天体的物质运动的规律等等;第二部分是"论人",主要论述了包括人在内的动物有机体运动,同时还说明动物是一种无意识的机器。正当笛卡尔准备发表这本书的时候,1633年6月22日,伽利略因在《两大世界体系的对话》(*Dialogue sur les deux grands systemes du monde*)中论述了地球运动的思想而被罗马教廷判罪。笛卡尔觉得在伽利略的论述中看不出任何有违宗教的地方,因为害怕落得和伽利略同样的下场,他不敢发表《论世界》;因此直到笛卡尔死后十年多,《论世界》才第一次出版。

但是,笛卡尔这本书中的物理学和宇宙学的思想过了三年多,在《谈谈方法》一书第五部分中第一次得到公开的表述,它给我们简单地描绘了物质世界的图景。笛卡尔写道:"这些真理的主要部分,我曾经在一篇论文中力图加以说明,但是因为某种顾虑,我没有把它发表,所以我想,在这里把它的内容摘要说给大家知道,是最合适不过的。"① 他简述的《论世界》中的机械唯物主义的基本思想,体现在以下几点:

1. 假定上帝创立一个新世界

"假定上帝现在在想象的空间中的某处创造了一些足够构成一个新世界的物质,并且把这团物质的各个部分以不同的方式毫无秩序地搅和起来,以便将它构成一团混沌","然后上帝就不做别的事,只是给予自然'通常的协助',让自然依照他所建立的规律活动"②。上帝所创造的这种物质是能被我们的心灵所认识的。物质运动遵守着上帝确立的各种自然规律,"即令上帝创造出许多世界,也不

---

① 笛卡尔. 谈谈方法//16—18世纪西欧各国哲学. 北京:商务印书馆,1975:152.
② 同①153.

会有一个世界不遵守这些规律"①。

2. 混沌的物质构成了天体、地球和世界上的一切事物

混沌物质的最大部分遵照上帝确立的规律来安排布置自己以成为我们的天体，这团混沌物质的某些部分形成一个地球，某些部分形成行星和彗星，其他一些部分形成一个太阳和许多恒星。水、空气、山脉、海洋、河流、金属、植物和一切称作混合或复合的物体都是这种混沌物质形成的。

3. 动物和人的身体也是由混沌物质造成的

人也是上帝用我们刚才描述的那种物质造成的。并不是一开始就在人之中注入理性灵魂或任何别的东西来代替植物生长的灵魂和感觉灵魂，而只是在心脏中激起一种无光的火，它的性质如同一种发酵剂。全部这些无须我们的思维能力，从而无须我们的灵魂就可以在我们之中存在。心脏和动脉的运动，是我们在动物身上见到的最基本、最普遍的运动。动物的身体是一架机器，"这架机器是由上帝的双手造出来的，所以安排得比人所发明的任何机器不知精致多少倍，其中所包含的运动也奇妙得多"。"如果有这样一架机器，有着猴子或某种别的无理性动物的构造和外形，我们是根本无法知道它们的性质与这些动物有什么不同的。"②

4. 人与动物的区别在于人有语言和理性

纵使一些机器与人的身体完全类似，并能够模仿人的动作，我们还是能够很容易地把它们和真正的人分开。第一种区别是，"它们绝不能用语言和别的信号来彼此联络，像我们用语言和信号来向别人表达自己的思想一样"，"第二种是：这种机器虽然可以做出某些事情来，做得和我们一样好，甚至更好，却断然不能做出另外一些事情"③。因为，它们缺乏理性，它们的活动不是凭借知识，是靠某种特殊的构造来应付每一特殊活动，而不是依赖理性，"因为理性是一种普遍的工具，可以使用于任何一种场合"④。人具有理性灵魂，它不是

---

① 笛卡尔. 谈谈方法//16—18世纪西欧各国哲学. 北京：商务印书馆，1975：153.
② 同①154-155.
③ 同①155.
④ 同①155.

从物质中派生出来的，它独立于身体，不与身体同生死，它是不朽的。

二、《哲学原理》

笛卡尔为了把自己的哲学确立为天主教的官方哲学，于 1644 年用拉丁文以教科书形式写了一部著作，名为《哲学原理》。全书分为四章：第一章"人类知识原理"，叙述了他的形而上学的思想；第二章"物质事物的原理"，第三章"可见的世界"，第四章"地球"，后三章又全面、系统地阐述了他在《论世界》中的机械唯物主义的基本思想。他用的方式是经院哲学所喜欢的演绎形式。

1. 物体和广延

笛卡尔在形而上学中就已经确立起这样一条规定：物体和精神是两种完全不同的实体，精神的本质属性是思维，而物体的本质属性是广延。在物理学中首先发挥了物体就是广延的思想。

笛卡尔承认物质世界的客观存在，认为物质的根本特性是广延性。广延性实际上就是指物体占有一定的空间，因此物质实体的根本特性就是它的空间性。笛卡尔把物质性和广延性、空间性等同起来，认为空间和物质实体在本质上是没有差异的，长、宽、高三向量的实体广延不但构成空间，而且也构成物体。这两种事物，实际上没有差异，只是我们设想它们的方式不同。当我们排除掉一切与物体的本性无关紧要的性质，如硬度、颜色、重量、冷热等性质（因为没有这些性质，物体仍然成其为物体）之后，物体观念中并没有剩下别的，只剩下一种在长、宽、高三面延伸展开的东西。这种东西是包含在我们的空间观念中的。

既然把广延性等同于空间性、物质性，认为物质和广延是不可分割的，那么物质的"虚空"就是不存在的。"要说有一个绝对无物体的虚空或空间，那是反乎理性的。"① 所谓空间就是指物体的广延，也必然包含实体。因此，绝对没有物质的空间、虚空是不存在的。我们通常所说的"虚空"并不是指一个绝对没有任何事物的场所或空间，而是指在一个场所里没有我们假设为应有的东西，如水瓶装

---

① 笛卡尔. 哲学原理. 北京：商务印书馆，1958：42.

水，当里面装满空气时我们就说它是空的，其实里面仍然有物体，即空气这种实体。没有可感知的事物，并不等于没有任何事物存在。

既然将物质的根本特性归结为广延性，而广延性又只是一种量的特性，量是可以分割的，那么原子是不存在的。笛卡尔说："宇宙中并不能有天然不可分的原子或物质部分存在。因为我们不论假设这些部分如何之小，它们既然一定是有广延的，我们就永远能在思想中把任何一部分分为两个或较多的更小部分，并可因此承认它们的可分割性。……确实地说来，最小的有广袤的分子永远是可分的，因为它的本性原来就是如此。"①

因此，笛卡尔将自己的哲学和德谟克利特的哲学区分开来。区别的主要理由是，"第一是因为他假设这些原子是不可分的，而根据这一点我也同样加以排斥。第二乃是因为他想象在原子周围有一个虚空，而我又指出这是不可能的"。在这里，笛卡尔既坚持了唯物主义的立场，又表明了他的唯物主义高于德谟克利特唯物主义的地方。最后，笛卡尔从广延性出发来证明世界的无限性和物质统一性，认为世界的广延是无定量、无界限的。他说："这个世界或物质实体的全部，其广袤是无有界限的，因为不论我们在什么地方立一个界限，我们不只可以想象在此界限以外还有广延无定的许多空间……它们所含有的物质实体的广袤也是无定限的，因为我们在前面已经详述过，在任何空间方面，我们所设想到的广袤观念，和物质实体的观念，分明是同一的"，"由此我们也就推断说，天上和地下的物质都是一样，而且世界不是多元的"。"地和天是由同一物质做成的，纵然有无数世界，它们也都是由这种物质构成。"② 一切别的世界所占的一切可以想象的空间都为物质所占有。可见，在物理学方面笛卡尔坚持了物质一元论，否认了任何非物质性的世界的存在。

2. 运动及其规律

笛卡尔在证明了世界的物质统一性之后，还要进一步说明物质世界是运动的，因为如果不进一步说明世界是运动的，就不能解释物质世界的多样性。在笛卡尔看来，"物质的全部花样，或其形式的多样性，都依靠于运动"③。全宇宙中只有一种有广延的物质，而在

---

① 笛卡尔. 哲学原理. 北京：商务印书馆，1958：44.
② 同①44-45.
③ 同①45.

物质方面我们所清晰地知觉到的一切特性，都是由它各部分的运动和被分割所造成的。

运动是什么呢？笛卡尔把运动理解为机械的位移，按通常意义来说，运动乃是指一个物体由此地到彼地的动作、位置的移动。而按照科学的定义，"我们可以说，所谓运动，乃是一个物质部分（或物体）由其紧相邻接的物体（或我们认为静止的物体），移近于别的物体的意思"①。运动就是指这一转移过程，运动永远存在于可动的物体之中，它是可动事物的一种样态，因而它是实体的一种存在方式，而不是实体本身。除了单一的机械运动形式外，别无其他运动。

运动和静止只是物体的两种不同样态，运动和静止不能与运动着和静止着的物体分开。同时，产生运动所需要的力和产生静止或阻止运动、中止运动所需要的力是相等的。不过，运动是绝对的，静止是相对的，全宇宙中并没有真正静止的点，"……任何事物，除了在我们的思想中使之固定不变外，都没有恒常的位置"。同一个物体能够参与无数的运动。例如，一位在船上航行的水手戴了一只手表，虽然手表的轮子有了它特有的运动，但它被戴在水手的手上，肯定参与了水手的运动。水手坐在船上，它又参与了船在海洋上的运动。而海洋本身也是运动的，它也参与了海洋的运动。而海洋所在的地球也是运动的，因此手表参与了地球的运动。所有这些运动都体现在手表的轮子上，只不过是平常我们不能将所有这些运动设想出来，所以认为手表的轮子只有一种运动。不仅一个物体能够参与无数的运动，而且同一个运动我们既可以把它看成是单一的，也可以看成是复合的。例如，车轮子绕着轴做圆周运动，同时又沿着道路做直线运动。任何事物都是运动和静止的统一，如一个人坐在航行的船上，当他只注意岸上时，认为自己是运动的，但当他只注意船身时，则以为自己是静止的。

运动的第一原因是上帝。笛卡尔在考察了运动的本性之后，进一步考察了运动的原因。他认为运动的原因是双重的。首先，是一般的和第一位的原因，它是世界中一切运动的总的原因，这就是上帝本身。上帝是全能的，一开始就创造了具有运动和静止的物质。"上帝首先在创造物质时就以各种不同的方式推动了物质的部分，并

---

① 笛卡尔. 哲学原理. 北京：商务印书馆，1958：46.

且仍然将这些物质的全部保存得和创造它们时完全一样,像那时一样遵循着同样的规律:他们也在物质中总是保持着相同的运动量。"① 其次,是事物运动的特殊原因,事物依据这些特殊的原因而获得它们原先所没有的运动,我们在现实中所见到的运动都是由特殊的原因引起的。

在宇宙中,运动的量是不变的。上帝在创造世界时将一定的运动量和静止量放进物质中,而始终如一地保存着它们,使宇宙中现在的运动量和上帝放进去时一样多。"运动的量在宇宙中作为一个总体总是同样的,即使在它的某些个别部分中运动的量时而增加、时而减少……当一个部分的运动减少时,另一部分的运动就以完全同样的比例增加。"② 笛卡尔在这里借助上帝来论证了宇宙中运动量守恒的定理。

自然界是运动的,而运动是有规律的。笛卡尔将运动归结为机械运动的一种形式,因而机械运动的规律就是自然界运动的规律。笛卡尔本人概括出三条自然规律:

第一条自然规律是:"任一特殊事物,只要可能的话,都会持续地保持同一状态,如果没有受到他物的影响它绝不会改变这一状态。"③ 如果某物体是方的,只要没有别物改变它的形状的话,它总保持方形;如果某物是静止的,它也不会自己开始运动;一旦它开始运动了,只要没有外物来减缓或阻止它,它将持续地自我运动,绝不会自动停止。这一规律差不多来自伽利略的"惯性定律"。

第二条自然规律是:一切运动的物体,倾向于沿直线继续它的运动;因而,做圆周运动的物体总是倾向于离开它所描画的圆的中心。④ 这一规律就是通过一切运动都是直线运动来说明圆周运动是运动的一种特殊形式和离心力产生的根源。

第三条自然规律是:如果一个运动的物体和一个比它的运动能力更强的物体相碰撞,它并没有丧失任何运动;如果它和一个运动能力比它更弱的物体相碰撞,它所失去的运动和它给予弱者的运动一样多。⑤ 这一规律实际上是弹性碰撞运动守恒的定律。为了解释

---

① Oeuvre de Descartes, Tome Ⅸ-2: Principes de la Philosophie. Charles Adam et Paul Tannery. Paris, 1904: 84.
② 同①83.
③ 同①.
④ 同①85.
⑤ 同①86.

这一规律，说明任何物体的运动在多大程度上因为受到其他物体的影响而改变，笛卡尔提出了弹性碰撞的七条规则，来说明在碰撞中运动方向和运动量改变的各种不同情况。

物质性等于广延性，运动等于机械运动，因而物理学的方法只能是几何学证明的方法。笛卡尔说："因为在这里我公开地承认，我所认识的不过是物质实体，它们是可分的、有形状的、能以各种方式运动的实体，几何学家把它们叫作量，当作他们证明的对象。关于这些物质，除了它的分割、形状和运动之外别无什么东西可以研究。最后，关于这些研究对象，如果不是像数学的证明那样明确地演绎出来，我们绝不会把它当作真的加以接受。因为这样我们能够理解一切自然现象，据此我们能够做出判断，我认为，除了物理学的原理外，我们不应该接受其他原理。"① 笛卡尔的物理学就是运用几何学的方法对被量化了的世界进行推理证明的数理物理学。

3. 两种性质学说

笛卡尔在说明了广延性是物质实体的根本特性之后，还要进一步说明物体的其他性质，如色、声、香、味等性质。形相、体积、运动、数目是物体的根本性质、第一性质，光、色、声、香、味等性质是第二性质，第二性质是依赖于第一性质的。

我们借助感官所知道的事物的属性是形相、体积和运动，反过来说，物体的形相、体积和运动作用于我们的各种感觉器官中的神经，然后传送到大脑，从而形成感觉。也只有物体的形相和运动才能在人心中激起各种感觉来，即使是光、色、声、香、味等性质，也不过是对象的不同配置，是因为它们各部分的体积、形相和运动造成的。可见，第二性质是依赖于第一性质的。

但我们对这两类性质所形成的观念、知觉是有区别的。关于第一种性质的知觉所表象的东西真正存在于对象之中，和对象本身相似；而关于第二种性质的知觉所表象的东西与对象本身不相似，我们看到了颜色，但对象本身中并不存在颜色，如果以为自己是在对象中看到了颜色，那就会陷入错误。色、声、香、味这些感觉实际上并不表象在我们心外存在的任何事物，它们完全由我们自己所引起。对象中有的只是各部分或分子的形相、体积、运动，而没有我

---

① Oeuvre de Descartes, Tome Ⅸ-2：Principes de la Philosophie. Charles Adam et Paul Tannery. Paris, 1904：102.

们心中产生的色、声、香、味的感觉。

两种性质的问题是一个古老的问题。在古代，德谟克利特就研究过这个问题，近代的伽利略又将这个问题重新提了出来。笛卡尔把形相、体积和运动当作物体的第一性质、根本性质，以它们作为基础来解释物体的其他性质，说明世界的质的多样性，排除了经院哲学的"隐秘的质"、"物体形式"等概念，出发点是唯物主义的。他在说明色、声、香、味等感觉时，既注意到了外界对象的刺激，同时也注意到了感觉主体的感官结构不同和心理状况的差异，这与当时的实验科学的研究成果是一致的。但是，他把物体的一切特性都归结为机械性，走向了彻底的机械论。另外，认为色、声、香、味等感觉不反映任何存在的事物，导致了一种主观片面性。笛卡尔在两种性质问题上的观点，对牛顿、玻义耳（Robert Boyle，1627—1691）和洛克都产生了影响。

4. 宇宙的生成和演化

笛卡尔《哲学原理》一书的第三、第四两章论"可见的世界"和"地球"，是研究宇宙的生成和演化的学说，主要是讲天体的起源和地球的起源以及地上物体是如何产生的。

在笛卡尔生活的时代，正是哥白尼革命的时代，可以说天文学在科学领域中是占主导地位的一门科学。关于宇宙、天体的研究是当时科学的主要兴奋点，每一个大科学家都要对其做出回答，可以说，这是哲学世界观的一个重要部分。在当时的天文学界有四位巨头：第一位是哥白尼，他用"日心说"和统治了一千多年的托勒密的"地心说"对立起来；第二位是第谷·布拉赫（Tycho Brahe，1546—1601），他通过长期的天文学观察所获得的大量精确的天文资料，为科学家们总结和概括天文学的规律提供了精确的基础；第三位是开普勒，他修正了哥白尼的学说，使其更加完善，他发现的行星运动的三大规律，使哥白尼的学说更加理论化；第四位是伽利略，他发明了第一架天文望远镜，大大拓宽了天文观测的范围，观测到太阳的黑子、月亮上的山脉和低谷、木星的卫星以及许多新星，这些发现给人们展示了一个全新的世界，同时又证明了哥白尼日心说的正确性。

哥白尼的日心说和开普勒关于行星运动规律的发现，都只是描述太阳系的现有结构及其规律。伽利略的观察拓宽了我们对宇宙空间认识的范围。但他们都未能说明太阳系是怎样产生和形成的，没有说明它们的发展和演化。笛卡尔就是要把说明宇宙天体，包括地球的形成和发展过程作为自己的任务。笛卡尔说明了天空、地球、行星、彗星、太阳和恒星是怎样由一团混沌的物质按照一定的规律形成的；说明了光如何从太阳和恒星反射到地球上；说明了天空和星体的实质、位置、运动以及各种性质；说明了地球上各种物体向地球中心集中的向心力；说明了天空和天体特别是月球是如何引起潮汐的；说明了山巅、海洋和河流是怎样自然形成的；说明了矿石如何在矿山中产生，植物如何自然而然地在田野里生长；说明了复合的物质是怎样产生的；说明了火是怎样产生的，它如何把一些东西变成液体，又如何把一些东西变成固体，它如何把一些东西变成灰烬，又如何把灰烬变成玻璃；等等。在说明了无生命的物体和植物之后，笛卡尔还力图说明动物、人类、人的感觉和心灵。总之，笛卡尔力图说明整个世界的形成和演进。

在笛卡尔的宇宙生成演化学说中最为精彩的是他的天体漩涡说。笛卡尔认为天体是由不同元素的漩涡运动形成的，可见的世界有三种不同的元素：第一种元素有着极强的活动能力，和其他物体碰撞就可以分裂成为无限小的粒子，形状极富变化，可以充盈其他物体所留下的全部狭小空间；第二种元素是一种可以分成球形粒子的物质，它比我们肉眼所见的物体要小，具有确定的量，还可以分割为其他更小的物体；第三种元素是由一些巨大的、形状不易变化的部分所组成。其实第一种元素是火状元素，第二种元素是气状元素，第三种元素是土状元素。①

宇宙中充满着漩涡运动。在漩涡运动中，火状元素被掷在漩涡的中心，形成了太阳恒星；土状元素被抛离大中心而形成地球、行星和彗星；气状元素弥漫于各处，形成天宇、太空。宇宙天体都是由这种漩涡运动形成的，大漩涡中又有许多小漩涡，每一个行星作为小漩涡的中心是静止不动的，但它却随着其他行星一起围绕太阳这个大漩涡的中心旋转。

笛卡尔在自然哲学方面的主要贡献是提出了天体演化学说。这一思想是在《论世界》中提出的，在《哲学原理》中进一步系统化，它比康德的星云假说早一百多年（以《自然通史和天体论》为标

---

① Oeuvre de Descartes，Tome Ⅸ-2：Principes de la Philosophie. Charles Adam et Paul Tannery. Paris，1904：128-129.

志）。笛卡尔在近代天文学中第一次引进了发展概念，用漩涡理论来说明宇宙天体的形成，尽管带有很大的猜测性，但其中包含着辩证法思想的因素。它的意义就在于从形成过程的角度来看现存的世界，运用历史的观点来观察宇宙、天体以及一切无机物和动植物。宇宙最初起源于一种混沌物质的漩涡运动，由于离心的漩涡运动而形成了恒星、行星和彗星。笛卡尔还认为有多个世界存在，地球只是许多行星中的一个，而作为这个行星系的中心的太阳也是无数恒星之一。正像恩格斯评价康德一样，笛卡尔的这种宇宙进化学说给形而上学的自然观打开了一个缺口。

但是，笛卡尔的进化学说并没有摆脱上帝，它是以上帝造化说为前提的。上帝创造了一团混沌的、运动着的物质，它是运动的始因。但是笛卡尔的上帝类似于自然神论的上帝，上帝创造完了之后就不再干预世界了。世界按照上帝赋予的自然规律发展着，从无机物到植物、动物、人是一个渐进的发展过程，并不是上帝一开始就把它们造成这个样子的。笛卡尔的这种学说推翻了经院关于物质存在的高级形式不能从低级形式中产生的教义，从发展进化的观点把握了世界的物质统一性。

笛卡尔的宇宙进化学说还是和机械论相联系的。无论是宇宙从混沌中形成，还是从无机物到动物的进化，都是按照力学规律和机械运动形式发展的。机械运动是唯一的运动形式，其他一切运动形式全部消融在机械运动之中，动物也是一架机器。

笛卡尔在他的物理学中描绘的世界图景在当时的条件下，是一种先进的自然观，但是在当时的科学界并没有得到广泛的流传。因为在17世纪，人类还没有到达掌握宇宙起源的时代，这一思想的价值只有到康德时代才会被人们所认识。

但笛卡尔仍然是一位伟大的科学家和哲学家。他除了提出物质不灭、运动量守恒定理、宇宙天体和演化模式等光辉思想外，还创立了解析几何学、反射和反射弧理论、光的折射定律等，在自然科学的许多领域都做出了极大的贡献，和伽利略、牛顿一样是近代科学中的巨人，同时也是欧洲近代机械唯物主义自然观的奠基人。

三、《灵魂的激情》

按照笛卡尔描绘的人类知识之树，树根是形而上学即第一哲学，这已通过《谈谈方法》的部分章节和《第一哲学沉思集》表现出来；树干是物理学即关于自然事物的运动规律、物理属性的科学，《论世界》和《哲学原理》的后三部分则对其做了充分的表述。因而，笛卡尔仍需要对树枝即各门具体科学做更为完备的研究和表述。他认为在各门具体科学中最重要的是机械学、医学和伦理学，因为它们都是直接与人相关、为人服务的。机械学解放人的体力，医学研究人的生理和病理，减轻人的肉体的痛苦，保持身体的健康；而伦理学则是树枝的顶端，即智慧的最高等级，它要减轻人的精神的痛苦，保存人的灵魂的健康。因此，笛卡尔需要有一本著作专门来研究人自身，人的肉体和灵魂的关系，人的激情与人的生理和心理的关系，人的各种激情与伦理道德的关系。这本著作将标志着笛卡尔哲学体系的最终完成，它就是《灵魂的激情》。表面看来，笛卡尔写作此书的直接原因是回答瑞典女王克里斯蒂娜和波希米亚公主伊丽莎白在通信中所提出的关于激情的问题和道德问题，而实际上，写作此书也正如前面所言，是笛卡尔完成他的体系的需要。

《灵魂的激情》一书是笛卡尔于1645—1646年用法文写成，在1646年9月初稿曾送给好友伊丽莎白公主征求意见，1649年11月底该书在荷兰的阿姆斯特丹由路斯·埃尔泽维尔（Louis Elzevir）印行，同时也由亨利·勒格拉斯（Henri le-Gras）在法国巴黎发行。其时，笛卡尔本人已到瑞典女王克里斯蒂娜的宫中讲学，这本书本来就是为献给女王而作，笛卡尔大概在去瑞典前已经看过清样，并且在1650年2月11日去世前他给女王讲学时就已有了样书。该书的问世，成为笛卡尔临死前留给世人的一份珍贵礼物。

《灵魂的激情》一书分为三章（部分）207条。第一部分是"激情总论并附带论及人的全部本性"，重点讲人的身体、心身关系，主要是生理学的探讨；第二部分"论激情的数量和顺序并对六种原始激情做出说明"，在这里主要是心理学的探讨；第三部分"论特殊的激情"，最后通过对这些特殊激情的研究，上升到对伦理道德问题的研究。

下面，我们将对笛卡尔对这三方面的论述做一简要概括。

1. 什么是"激情"

笛卡尔认为，激情是每一个人都有的，都曾在内部经历过的，我们无须到别处或借助别人的观察来发现它们的本性。然而自古以来的各门科学并没有对激情做过深入的研究和清楚的表述，古人能够教给我们的东西是如此的微弱和不可信,以至于我们不得不把激情作为一个全新的对象加以研究。

笛卡尔宣称,要正确地了解灵魂的激情是什么,首先就要弄清灵魂的功能与身体的功能之间的区别。因为与灵魂结合在一起的身体是最直接作用于灵魂的东西。在灵魂中称作激情(passion)的东西,在身体中通常称作活动(action)。活动和激情是同一个东西,它有着不同的名字,只是因为它和两个不同的主体(灵魂和身体)发生关系。因此,要获得关于激情的知识,最好的办法是考察灵魂和身体即心身之间的区别,看一看在我们之内的这些功能的每一种应当归于它们两者中的哪一个。

如果说在第一哲学中笛卡尔对人的灵魂、心,特别是对理智进行了全面研究,那么在《灵魂的激情》中,重点则是研究人的身体、情感、情绪、意志。前者是一种形而上的研究,后者则是一种形而下的即具体科学的考察。笛卡尔分别考察了身体的热和运动、心脏的运动、肌肉的运动、任何外部对象作用于我们的各种感官。特别是笛卡尔对人的神经系统、动物元精(或动物元气,animal spirits)进行了研究,认为动物元精是产生于大脑,活动于血液,能使灵魂和肉体、心和身产生相互作用的一种物质力量,它能将外部对象的作用传递到大脑,也把大脑中的信息传达到肢体。并且,笛卡尔还提出了著名的"松果体理论",认为松果体是心身发生相互作用的场所,血液、动物元精、神经系统、灵魂在松果体中产生了一种复杂的相互作用的场景。笛卡尔这方面的思想,我已在前面"心身关系"一章中做了具体描述,不再重复。在此,我们仅考察笛卡尔关于激情的论述,把动物元精和"松果体理论"作为大家熟知的理论前提。

在考察了仅仅属于身体的各种功能之后,应该归之于灵魂的功能只有思想(pensée,thought)。而思想主要分为两类:一类是**灵魂的活动**,另一类是**灵魂的激情**。被称作灵魂的活动的这一类是我们的全部**欲望**(desire),我们从经验得知,它们直接起源于我们的灵魂;而我们称作灵魂的激情是在我们自身中发现的那些各种各样的知觉或知识形式,它们不是由我们的灵魂造成的,而总是从它们表现的那些事物中接受到的。

我们的欲望又分为两种:一种是由终止于灵魂的自身之中的活动所组成,如我们热爱上帝的欲望,概而言之,即把我们的思想用于某种非物质的对象;另一种是由终止于我们的身体中的活动组成,如我们想要散步的欲望,有了这个欲望,我们的腿和身体就会移动起来、走起来。

我们的知觉也分成两种:一种是以灵魂为原因,而另一种是以身体为原因。那些把灵魂作为原因的知觉是对于我们欲望的知觉,以及对于那些依赖于欲望的想象和其他思想的知觉;而由身体引起的知觉,大部分都依赖于神经。从笛卡尔的表述看来,前一种知觉更像反省,它是对于我们欲望活动的一种自觉,而后一种接近于我们说的感觉。

笛卡尔认为,知觉按其相关的对象不同,可分为三种:第一种,与外部对象相关的知觉有光、声等感觉,外部对象作用于我们的感官,在神经和大脑中激起不同的运动,给予灵魂不同的感觉。第二种,与我们身体相关的知觉有饿、渴和其他自然知觉如疼痛、冷热等。第三种,与我们灵魂相关的知觉有快乐、愤怒和其他这样的知觉。笛卡尔要指出的是,按最一般的意义讲,前两种即与外部对象相关的知觉和与身体相关的知觉相对灵魂来讲也可以算是激情,然而,我们习惯把灵魂的激情限制在一个严格的范围之内,即第三种那些仅仅和灵魂本身相关的知觉。他以"灵魂的激情"的名义所做的一些解释正是最后这一种。经过一番考察之后,笛卡尔对"灵魂的激情"做出了明确的定义,"在考察灵魂的激情与全部其他思想有哪些不同之后,在我看来,我可以把它一般地认为特别地与灵魂相关联的那些知觉、感受或情绪,它们由动物元精的某种运动引起、保持和加强"[①]。

笛卡尔对"灵魂的激情"所做的上述定义可分为两个部分:第一部分指明激情的范围,即那些只和灵魂相关的知觉、感受或情绪。在这里知觉、感受或情绪是同一个东西,笛卡尔的措辞是"我们可以把它叫作知觉","我们也可以把它叫作感受","然而我们可以更准确地把它叫作情绪",因为情绪可以对灵魂产生强有力的冲击,最能体现激情的特点。第二部分指明激情是由动物元精的某种运动所引起、保持和加强的,其目的一是要把激情和由灵魂自身所引起的欲望分开,二是要解释它们最终和最近似的原因以便把它们和其他感受分开。

[①] The Philosophical Works of Descartes, vol. 1. Rendered into English by Elizabeth S. Haldane and G. R. Ross. Cambridge University Press, First Edition 1911. Reprinted with corrections 1973:344.

笛卡尔在对"激情"做出明确定义后，进一步以动物元精和"松果体理论"来说明激情不存在于心中，而是位于灵魂中。既然灵魂位于松果体中，那么激情也是在松果体中与灵魂发生关系；同时，激情也主要是由储存于大脑的空隙中的动物元精所引起的。在《灵魂的激情》一书的第二部分，笛卡尔重点是对激情做生理学的考察，说明激情与外部感觉和内部感觉的区别，与人的身体和灵魂的关系，如何被血液中的动物元精推动并通过神经系统和位于松果体中的灵魂发生关系。可以说笛卡尔是欧洲近代第一个对人的激情进行生理学解释的人，笛卡尔的这些解释是以他的医学知识和解剖学实验为基础的。他把对人的知、情、意的考察与对人的生理学、科学的考察结合起来，把对人的激情的考察与对人自身内部心和身的相互作用联合起来考察，这为从哲学和科学两个方面对人进行综合研究开了先河。现代的神经生理学、心理学哲学和心智哲学都或多或少是沿着笛卡尔开辟的道路前进的。

2. 原始的激情

综观人类的激情，笛卡尔一口气列举了达40种之多，然而，这40多种激情的作用和影响并非完全相同或平分秋色。从来源上讲，有些是原初的，有些是派生的，也就是说，有些是第一等级或第一序列的，有些是第二等级或第二序列的，有些甚至更次之。而笛卡尔重点考察了六种原始的激情，把它们考察清楚了可以达到纲举目张的效果，其他数十种激情的原因、影响也就自然清楚了。笛卡尔说："在对我们列举的激情做了一个概览之后，我们就会很容易看到，只有六种这样的原始激情，即惊奇、爱、恨、渴望、快乐和悲伤。所有其他激情都是由这六种中的某一些所组成的，或者是它们的亚种。为了不让它们的纷繁复杂使我们的读者感到迷惑，我在这里将要分别考察这六种原始激情的原因，俟后我还将要说明全部其他激情是以什么方式起源于它们的。"①

第一，惊奇（wonder）。惊奇是灵魂的一种突然惊讶，它使灵魂全神贯注地考虑在它看来是稀有的和不同寻常的那些对象。它首先是由我们大脑中所有的印象所引起的，这个印象代表着那个稀有从

---

① The Philosophical Works of Descartes，vol. 1. Rendered into English by Elizabeth S. Haldane and G. R. Ross. Cambridge University Press，First Edition 1911. Reprinted with corrections 1973：362.

而是值得认真关注的对象。然后，它由动物元精的运动引起，那个印象支配着动物元精，以极大的力量趋向它所在的大脑的那一部分，以便在那里加强和保护它，那个印象也支配着动物元精通向用于保持各种感官的肌肉。由于惊讶所致，惊奇具有很大的力量，惊讶即这个印象的突然出现改变了动物元精的运动。惊奇的力量取决于两种因素，即新奇性（novelty）和它引起的运动从一开始就拥有它的全部力量这一事实。新奇的感官对象影响了大脑中通常不受影响的某些部分，而这些部分比那些常受影响的部分要更柔弱，这就更增加了动物元精在那里激起的运动的效果。

惊奇是一种对认识非常有用的激情，因为它能使我们学习并在记忆中保存我们从前不知道的东西。我们只是对那些在我们看来似乎是稀有的、非同寻常的事物感到惊奇，以前我们对它们一无所知，或者说它们不同于我们熟知的那些事物。但是，一种我们原先并不认识的事物呈现于我们的感官和理智面前，我们并不一定就把它完全保存在记忆中，除非我们关于它的观念在大脑中被某种激情所加强。我们只是对那些出现得非常稀少的东西才感到惊讶，那些对这些激情缺乏自然倾向的人通常是非常无知的。但是，惊奇这种激情也不能过度，不能做过分的使用，不值得大惊小怪的事情就无须惊奇。因为惊奇越用就越微弱，我们对那些稀罕的东西，见得越多就越不稀罕，我们也就习以为常不再感到惊奇。这样，习惯使我们的好奇心越来越迟钝，我们就会满足于事物的表面影像而不能获得关于它们的知识，惊奇也就失去了它的作用。

第二，爱。爱是由动物元精的运动引起的一种灵魂的情绪，动物元精激起灵魂自愿地与那些使它感到愉悦的对象结合斗争在一起。通常将爱分为两种，一种是仁慈之爱（love of benevolence），一种是色欲之爱（love of concupiscence），以此来区分爱的效果，但这并没有说明爱的本质。爱的本质应该是，我们乐意和那些令我们愉快的对象结合在一起。有多少种我们可能爱的对象，就有多少种爱。虽然野心家爱荣誉，吝啬鬼爱钱财，酒徒爱酒，以及一个高尚的人对他的朋友和夫人的爱，一位慈父对他孩子的爱，这些爱可能是非常不同的，但就他们都分享了爱而言，它们又是相似的。但是，前三种爱只是爱占有与他们的激情相关的那些对象，对那些对象有与其他特殊激情搅混在一起的欲望；然而，慈父对孩子的爱是纯粹的，他不希望占有他们，因为他们就是他的，他也不希望和他们结合得更紧,因为他们已经和他结合得很紧,他对孩子关怀备至,甚至为了保护他们而不惜牺牲自己。这说明这种爱不是要占有对象,而是爱对象本身。

笛卡尔阐明了"单纯的好感"(simple affection)、"友谊"(friendship)和"奉献"(devotion)这几种爱之间的细微区别。他认为,当人把被爱的对象和他自身相比较时,给予他所爱的对象以不同程度的尊重,因而就产生了上述三种不同的爱。"当我们对爱的对象的尊重低于对我们自己的尊重时,我们对那个对象只有单纯的好感;当我们对爱的对象和对我们自己有同样的尊重时,这就叫作友谊;当我们对它更为尊重时,我们所有的这种激情就名之为奉献。"① 所以,我们可以对花儿、鸟儿和马有好感。一般说来,我们只是对人才有友谊,对至高无上的上帝才有奉献,但有时我们也会为了我们的君王、祖国和城市,甚至为了某个特殊的人而奉献。在这三种不同的爱中,我们是和所爱的东西结合在一起,而进入到一个整体之中,并且随时准备着抛弃这个整体中次要的那一部分,而保存重要的那一部分。例如,在好感中,我们偏爱自己总是胜过所爱的对象,而在奉献中,对所爱对象的偏爱远远胜过我们自己,为了保存他我们不惧怕死亡。为了保卫君王和祖国而使我们自己置于死亡的危险中,这种例子不胜枚举。

第三,恨。恨是由动物元精引起的一种情绪,它激起灵魂渴望与呈现在它面前的有害对象分开。虽然恨和爱是直接对立的,但是我们并没有将它们划分为那么多的种类,因为在某种程度上,我们并没有注意到我们有意要与其分开的那些坏的事物中存在的区别,不像我们注意我们与其结合在一起的那些好的事物中存在的区别那样。

第四,渴望。渴望是由动物元精所引起的一种灵魂的激动,动物元精使灵魂为了未来而期望那些使灵魂感到愉悦的东西。所以,我们不仅渴望所缺乏的善的出现,而且还渴望出现了的事物的保存,甚至还渴望不要有恶;既渴望我们已经有的东西,也渴望我们认为在将来可能要经历到的东西。渴望是一种没有对立面的情绪(爱和恨、快乐和悲伤是相互对立的),因为趋善和避恶是同一的运动。当

---

① The Philosophical Works of Descartes: vol. 1. Rendered into English by Elizabeth S. Haldane and G. R. Ross. Cambridge University Press, First Edition 1911. Reprinted with corrections 1973: 368.

我们趋善时，所有的渴望是由爱，随之希望和快乐伴随着；而同一个渴望，当它避恶时，它是由恨、害怕和悲伤伴随着，这就是我们通常把它们对立起来的原因。但是，如果我们希望在它同样的与它要趋向的善以及与它要避的恶相关的条件下考虑它，我们就可以清楚地看到，渴望不过是引起这两者的同一激情。渴望的种类和被渴望的对象一样多，例如好奇心是对知识的渴望，它不同于对荣誉的渴望，也不同于对复仇的渴望。

第五，快乐。快乐是灵魂的一种愉快的情绪，灵魂对善的欣赏就在于这种情绪，除此之外，灵魂从它所拥有的善的事物中并不能接受到其他任何结果。但是我们不要把作为一种激情的快乐与那种纯粹的理智的快乐相混淆，理智的快乐是由灵魂的活动而产生的，而作为激情的快乐是在灵魂中激起的一种令人愉快的情绪。因为人的灵魂和肉体是结合在一起的，所以理智的快乐通常也是和作为激情的爱相伴随的。

第六，悲伤。悲伤是一种令人不愉快的沉闷，灵魂从恶接受到的不舒服和不安就在于此种激情。同样也有理智的悲伤和激情的悲伤之别，但两者也常常是相伴随的。快乐起源于我们所有的那个信念即我们拥有某种善，悲伤起源于我们所有的那种信念即我们拥有某种恶或缺陷；然而，常常是我们感到了悲伤或快乐但未能清楚地观察到作为它的原因的善或恶。

笛卡尔认为，前述的几种激情既可以由仅与身体相关的善的或恶的事物所激起，也可以由属于灵魂但灵魂没有注意到的那些善的和恶的事物所激起。前述六种原始的激情中，除惊奇之外，后五种激情都是起源于血液和动物元精的运动，它们是如此结合在一起或相互对立，以至于把它们放在一起来考虑比单独讨论它们更容易。它们的原因不仅仅在大脑中，而且也在心脏、脾脏、肝脏和身体的其他部分中，因为这些部分为血液的产生，从而为动物元精的产生服务。笛卡尔不厌其烦地分别讨论了这五种激情的产生与血液及动物元精的运动之间的关系，而这些充分体现了人的心身之间相互作用的关系。

笛卡尔对六种原始激情的讨论重点是对人进行心理学的考察，与他在第一哲学中对人的理智、理性、意志的认识论的研究相对应，也可以说是对前者的补充。按照笛卡尔的观点，考察人的理智、理性，可以脱离开人的身体，因为理智、理性和身体是没有任何关系的，前者的本性在于思想，而后者的本性在于广延；而考察人的激情及知觉、情感和情绪，则离不开身体，恰恰相反，它正是人的心身相互作用的结果，是由身体中的血液和动物元精的运动引起的。通过这两方面的研究，笛卡尔对人的灵魂形成了一个完整的概念。在笛卡尔对灵魂的研究中，提出了一整套常识心理学（folk psychology）的基本概念，为近现代哲学和心理学对人的心灵的研究提供了一整套范畴概念，当然，这套范畴概念已成为消解唯物论要消除的对象。但无论怎样，似乎在日常生活中已经无法逃避这套概念。另外，我们还看到，笛卡尔在讨论爱、恨、渴望、快乐、悲伤这后五种激情时，总是把它们和善、恶、趋善避恶相联系，这又把心理学的研究与伦理学的研究联系起来了。而这种联系在对特殊激情的研究中，笛卡尔论述得更为详尽。

3. 特殊的激情

笛卡尔以对一般的激情和原始激情的生理学、心理学的考察为基础，进一步对各种特殊激情进行了深入的研究。特殊的激情是由六种原始激情产生化合而成的，在这些考察中有一些是心理学的问题，而有一些则触及伦理学的问题，即笛卡尔认为智慧最高等级的问题，它位于人类知识之树的顶端。可以说，笛卡尔对激情的生理学和心理学的研究，是为伦理学的研究做铺垫、打基础的。在这里，我仅就和伦理学相关的一些特殊激情做一些讨论。

（1）尊重和鄙视。

尊重作为一种激情，它是灵魂所拥有的、向它自身表示被尊重事物的价值的一种倾向。这种倾向是由动物元精的特殊运动所引起，这些动物元精传输到大脑中，它们在那里强化服务于这个目的的那个印象。与此相反，鄙视的激情是灵魂所拥有的考虑它所鄙视的那个事物低下与渺小的一种倾向。它也是由动物元精所引起的，这些动物元精强化着那个渺小的观念。尊重和鄙视是原始激情"惊奇"的亚种，因为如果我们对于对象的伟大与渺小不感到惊奇，我们就不会对它采取尊重或鄙视的态度，就会凭着理性而不带激情地去评价它。因为我们对对象有了或多或少的爱慕，我们就或多或少地考虑一个对象的伟大与渺小。尊重与鄙视这两种激情可以与一切对象相关，但是特别明显的与我们自己相关。引起这两种特殊激情的动物元精是如此明显，它们甚至能够改变人的风采、姿态和步伐。可以说，它们能够改变对自身具有褒贬意见的那些人的全部活动。我们有许多理由尊重我们自己，最为突出的一个理由就是我们具有自由意志，正是依赖于自由意志的那些活动可以有理由使我们受到称赞或贬损。在某种程度上，自由意志使我们像上帝一样成为自己的主人，只要我们不因为疏忽而失去了上帝给予我们的权利。

笛卡尔通过人对于自己的尊重就在于人有自由意志并能很好地支配自由意志这一思想，阐发了人是平等的，应该尊重他人、善待他人，而不应该鄙视他人的伦理思想。他提出：一个人完满地追求善德，就是他务必要运用自己的意志去从事或实施他评判为最好的那些事情。在意志自由这一点上，每一个人都是平等的。

具有慷慨美德的人总是平等待人。慷慨防止他们蔑视他人。"因为他们并不认为他们自己比别人低人一等，尽管那些人有更多的善和荣誉，甚至有更多的精神天赋、更多的知识，或者一般说来在某些其他完善性方面超过他们；同时，他们也并没有尊敬他们自己远胜过尊敬那些超过他们的人，因为在他们看来，所以这些东西和善良意志相比都微不足道，他们仅就善良意志而尊重自己，他们也假定善良意志的存在，至少是能够存在于其他所有的人之中。"① "所以通常是行为最高尚的人最谦卑"②。具有慷慨美德的人自然就会去从事一些伟大的事业。他们认为，没有比为他人做好事、轻视个人利益更重要的了。因为这个原因，他们总是非常谦恭、和蔼可亲和乐善好施。除此之外，他们能够完全控制自己的激情，特别是欲望、妒忌和羡慕等。那些自视很高的人就没有真正的慷慨，而只有骄傲，而骄傲总是非常有害的。

（2）勇敢和怯懦。

笛卡尔认为，勇敢（courage），当把它看作一种激情而不是习惯或自然倾向时，它是动物元精的某种热或搅动，强迫灵魂专心致志并且充满力量地去从事它渴望要做的那些事情。英勇（bravery）是勇敢的一种，它使灵魂去从事那些最危险的事情。虽然英勇的对象是困难的，通常从困难那里得来的是害怕甚至绝望，但是我们在最危险、最绝望的事情中，表现得最英勇或勇敢，这就是中国人说

---

① The Philosophical Works of Descartes, vol. 1. Rendered into English by Elizabeth S. Haldane and G. R. Ross. Cambridge University Press, First Edition 1911. Reprinted with corrections 1973：402.

② 同①.

的哀兵必胜的道理。重要的是，为了和我们遇到的困难做斗争，我们应该希望，甚至我们应该有信心：我们提出的目标是会达到的，我们一定会成功的。竞争（emulation）也是勇敢的一种，它不过是动物元精中的一种热，使灵魂去从事它希望自己的能力能够取得成功的那些事情，因为它看到别人在这些事情上取得了成功。

怯懦和勇敢是直接对立的，它是一种沉闷和冷漠，阻止灵魂着手从事在没有这种激情时灵魂会做的那些事情。害怕或恐怖是怯懦的一种，与英勇相反，如果说英勇是一种过度的勇敢，害怕则是一种过度的怯懦。它不仅是灵魂的一种冷漠，而且也是灵魂的混乱和震惊，它能从灵魂中得到抵御灵魂认为就存在于眼前的恶。也就是说，怯懦并不完全是坏的东西，它也有某种用处，起码它能使我们免除因为某些可能的原因我们被激动起来去承受的痛苦。除了使我们的灵魂免除这些痛苦之外，它的第二个方面就是有益于身体，因为它控制动物元精的运动，防止我们耗费我们的体力。但通常说来，怯懦是非常有害的，因为它使我们的意志不去进行有益的活动，它起因于我们没有足够的希望和渴望。

（3）光荣和羞愧。

光荣是以自爱为基础的一种快乐，它起源于我们所有的要得到他人称赞的信念或希望。所以，它不同于内部的满足，后者来自我们的信念即我们已经进行了某种好的行为。我们有时因为我们自己并不认为是好的东西而受到称赞，而有时则因为我们自己认为是很好的东西而受到谴责。但是两者既是自尊的种类，也是快乐的种类，因为受到他人的尊重是自我尊重的一个原因。与此相反，羞愧则是悲伤的一种，它是建立在自爱的基础之上的，它起源于我们对被谴责的忧虑和害怕；此外，它还是一种谦虚或谦卑以及对自我的不信任。因为，如果我们尊重自我达到了如此的高度，以至于我们不能想象自己会被任何人所鄙视，那么我们就不能很容易地感到羞愧。

光荣和羞愧，它们一个是通过希望、一个是通过羞愧鼓动我们通向美德，就此而言，它们具有同样的功能。为了使我们不会因为做了好事而感到羞愧，或使我们的恶行不会成为我们虚荣心的一种来源，因此有必要告诉人们判断什么是真正值得羞愧的或什么是真正值得称赞的。但是，像晚期希腊的犬儒学派那样完全弃绝这些激情也是不对的。虽然普通人的判断不一定正确，但我们不能离开他们而生活，受到他们的尊敬对于我们很重要，我们应该常常看重他们的意见。

从笛卡尔对于特殊激情的分析，我们可以对笛卡尔的伦理观有部分的了解。笛卡尔虽然没有系统的伦理学著作，但是并不能说没有系统的伦理思想。首先，在他的《谈谈方法》一书中，为自己确立的行为守则就体现出了他的伦理思想和处世之道。除了《灵魂的激情》的第三部分之外，笛卡尔还在1647年2月1日给夏尼特（Chanut）的信中论述了"爱的辩证法"，在1649年1月给伊丽莎白公主的信中论述了道德问题。[①] 仅就笛卡尔论述"特殊激情"这一部分中表现出的伦理思想来看，他的伦理思想有以下三个特点：第一，笛卡尔的伦理思想是以他对人体的生理学的了解为基础的。可以说，他是以物质为基础去说明精神的。他根据他的解剖学和生理学的知识，以人体的血液循环、神经系统、反射理论，以及由于当时科学水平的限制所提出的、在今天看来并非科学的动物元精理论，来说明人的道德的形成及其影响。可以说，笛卡尔的伦理思想是朴素唯物主义的。第二，笛卡尔的伦理思想也是以他的情感理论为基础的。他对于道德善恶的分析是以人的爱和恨、快乐和悲伤等情感或原始激情为基础的，或者说他把尊敬、鄙视、慷慨、勇敢、怯懦、光荣和羞愧等道德观念看作由原始激情所产生的一些特殊激情。因此，可以说他的伦理学不是理性伦理学，而是情感伦理学或激情伦理学。第三，笛卡尔的伦理学具有利他主义的色彩。在《谈谈方法》的开篇处，笛卡尔在论述人的理性能力时说，良知是世界上分配得最均匀的东西。也就是说，在理智或理性上每一个人都是平等的，每一个人都具有认识世界的能力，都是认识的主体。而在《灵魂的激情》中笛卡尔则讲，在意志自由方面人人都是平等的，即每一个人都是自由活动的主体、道德的主体，没有自由意志就不可能有道德。既然我们因为我们有自由意志而尊敬我们自己，我们也要因为自由意志存在于每一个人中而尊敬每一个人。同时，笛卡尔还常常将"自由意志"与"善良意志"混用，认为每一个人都有善良意志。具有慷慨美德的人就是要为他人做好事，把个人利益置于次要的位置，因此，利他成为一种美德。笛卡尔强调人人平等、利他爱人这些思想在17世纪是很独特和少有的，与稍后出现的霍布斯著名的利己主义思想形成了鲜明的对比。

[①] Descartes ou le combat pour la vérité. par Pierre Mesnard. Seghers Philosophie. 1974.

笛卡尔的《灵魂的激情》讲到了人类的情感、激情和道德等问题。与他的第一哲学相比，他在这里所做的这些分析是一种形而下的分析，是科学的、实证的分析，而不是形而上的、抽象的、演绎的分析，因为在笛卡尔看来，医学、伦理学都是具体的科学。由于我在本书中不打算专门论述笛卡尔的具体科学，权且把它放在"物理学——自然哲学"一章中来讲。

笛卡尔是一位多方面的科学家，他的成就也不仅仅限于哲学。有人说："笛卡尔即使仅限于自然科学的范围，他的成就也足以惊世骇俗了，但事实上他研究的领域要广泛得多。"我认为这句话完全可以颠倒过来。笛卡尔仅限于哲学的范围来讲，他的成就也足以惊世骇俗，然而，他的研究领域远远超出了哲学范围。他创立了解析几何、"反射和反射弧理论"，发现了光的折射定律，表述了物质不灭、运动量守恒定理以及宇宙的星云演化模式等光辉思想。这些成就的任何一项，都足以使他成为名垂史册的巨人。

第八章 笛卡尔哲学的影响

笛卡尔思想的形成和发展与当时的学术交流和各种学说的争论、融会是分不开的。在17世纪初期，科学交流机构还不发达，学术交流的主要场所大多是贵族的沙龙、神学和宗教团体，以及科学家的住所。当时，巴黎是世界学术的中心，科学家和哲学家们要想和学术界保持联系，就必须直接或间接地和巴黎的这些团体发生关系。笛卡尔虽然长期住在荷兰，但是，他在巴黎的朋友们成为他学说的热心支持者和义务宣传者，并且不断地给他传递学术信息。因此，尽管笛卡尔隐居荷兰，但是他仍然和欧洲学术界保持着紧密的联系，其学说也受到学术界的广泛关注，甚至晚年在学术界引起许多讼争，不得不通过外交途径来斡旋调停，这在西方哲学家中也是绝无仅有的。

一、笛卡尔哲学的传播者

讲到笛卡尔哲学的影响和传播，首先要提到的是麦尔塞纳（Abbé Mersenne，1588—1648）。麦尔塞纳是一位神甫、数学家兼哲学家，比笛卡尔大八岁，早年就读于拉·弗莱舍公学。他一生的活动主要在巴黎，可以说他是17世纪科学和哲学革命的中心人物。他一生为科学活动而奔波，对于推动、协调哲学家和科学家的工作做了极大贡献。在17世纪初期，法国科学院还没有成立，科学交流机构还不发达，很大一批科学家的交流是通过麦尔塞纳神甫进行的，他在巴黎的寓所成为欧洲科学家的活动中心。他召集科学界的朋友们每个星期四在一起聚会，交流各种知识、见闻及科学实验和研究成果。许多著名学者都来参加，如罗贝瓦尔（Gilles Personne Roberval 或 Personne de Roberval，1602—1675)、德扎尔格（Desargues，1593—1662)、费马（Pierre de Fermat，1601—1665，又译费尔玛)、伽森狄等都是常客，人们将这个学术沙龙称作"自由学院"或"麦尔塞纳学院"。他十分热心和世界各国的学者们保持联系，有一个庞大的国际通讯网。他是笛卡尔的密友，笛卡尔一生中的大部分书信都是给他的。他自称是笛卡尔的信箱，成为笛卡尔在法国的私人代表，正是他使隐居荷兰的笛卡尔与欧洲的学术界保持着紧密的联系。笛卡尔的《第一哲学沉思集》也就是通过他送给当时的哲学家和神学家们征求意见，然后产生了六组反驳和答辩，对传播笛卡尔的哲学起到了很大的作用。此外，麦尔塞纳还翻译出版了许多学者的著作，如伽利略的《力学》（*Mécaniques*，1594)、霍布斯的《论公民》（*De cive*，1642）等。可以说，他与笛卡尔的哲学创作息息相关，分享着其中的辛酸和快乐。在法国，很大一批科学家的交流是通过麦尔塞纳神甫进行的。笛卡尔通过他同费马、伽森狄、霍布斯、帕斯卡等人建立了联系，他们之间的相互争论、切磋，从正反两个方面对笛卡尔思想的形成产生了积极的影响。

麦尔塞纳在今天是作为笛卡尔的密友而被人铭记的。其实，他本人也是一位非常重要的学者和哲学家。他在哲学上的主要贡献是对于怀疑论的批判。他的主要著作《科学的真理——反对怀疑主义或皮浪主义》就是以对话体的形式来讨论怀疑主义总问题的，在其中他详细考察了塞克斯都·恩披里柯的《皮浪主义纲要》，并认为：尽管怀疑主义的论证不能使我们获得关于事物本性的知识，但是我们还是能够获得关于现象界的知识；虽然感觉经验不能告诉我们事物的本来面目，但我们还是能够发现一些连接现象的规律，可以在行动中做出预测；虽然我们不能找到任何绝对确实的第一原则，但我们还是能够得到足够的无可怀疑的原则，使我们能够筑起关于经验世界的信息体系，这些有限的知识足以作为我们行动的指导。我们能够建立起关于现象的科学，它们对于我们的生活有适当的实用价值。麦尔塞纳认为，对怀疑主义最好的回答就是指明我们所能认识和实际上认识到的东西。麦尔塞纳认为怀疑论的主张有一定的合理性，但他不同意从怀疑论得出不可知论的结论。他坚持一种可知论的立场，认为认识论上的怀疑论是关于经验世界的科学真理发展的序曲，这和笛卡尔为了发现真理而进行方法论上的怀疑是相通的。与笛卡尔不同的是，他认为，我们不能获得关于本体的知识，而只能获得关于现象的知识、事物呈现给我们的表面的知识，并把数学看作关于这些事物的假设体系。麦尔塞纳是位实证科学家，他发展了一种现象主义，并首先运用力学的模式来说明世界。麦尔塞纳传播和宣扬笛卡尔的哲学看重的是笛卡尔对于科学的贡献，而并不推崇笛卡尔的形而上学，因为按照他的实证观点看来，科学并不需要形而上学的基础，这和笛卡尔主张从形而上学推演出科学的普遍原则是针锋相对的。

雅克·罗奥（Jacques Rohault，1618—1672，一说是 1620—1675）和皮埃尔·席尔文·雷吉斯（Pierre Sylvain Régis，1632—1707）对于传播笛卡尔哲学也做出过贡献。罗奥生于法国的亚眠（Amiens），他是一位数学教授，醉心于精确科学和经验科学，热情地宣讲笛卡尔的哲学。使他名噪学坛的是他开设的"罗奥讲座"。这是一个公开的讲座，每周一次，星期三举行，地点是在他的住所圣玛丽的坎尚坡大街。愿意去听的人都可以去，主要是宣讲笛卡尔哲学，讲方法论问题、梦的研究、我思、广延或形体等。许多名人都去听过这个讲座并受益匪浅。后来这一讲座在国王的干预下停办了，因为害怕笛卡尔哲学在他的国家引起麻烦。

可以说，皮埃尔·席尔文·雷吉斯就是罗奥讲座培养出来的哲学家。他生于法国阿让（Agen）附近，后在巴黎学习神学，被罗奥的笛卡尔讲座所征服，成为一位笛卡尔主义哲学家。并且，在罗奥逝世之后，他继续了罗奥的讲座，讲座在官方干预下停办之后，他修改自己的讲义，等到十年后将其出版。他曾经和于埃（Huet）、马勒伯朗士及莱布尼茨等人进行过论战，因为这些哲学家指责笛卡尔的原理是违背宗教的。

他的《哲学体系》（*Système de philosophie*）一书用逻辑学重新表述了笛卡尔的方法论规则，认为三段论是无用的。尽管他在形而上学方面恢复了笛卡尔的思想与广延的二元论，但他的思想表现出明显的经验论色彩。雷吉斯的笛卡尔主义学说最明显的特征就是把人看作复合的实体。人是精神和肉体的偶然统一，人只是在这种统一中才是一个精神、一个灵魂。因为统一，灵魂才有广延的观念，特殊的大脑运动总是引起特殊的感觉，而对象的观念也影响大脑。灵魂的全部观念，包括上帝观念依赖于大脑的运动，快乐和痛苦使人爱和恨或追求和退却。但在人死后，精神就会和肉体分离，精神不再有广延观念，不再想象、记忆或作用于物质世界。不与肉体相统一的精神只能认识、爱它自身和上帝。在他的物理学中，研究了星体通过漩涡而形成、流体力学、空气动力学、磁力等问题，描述了温度表、气压表等新的仪器，还研究了行星的发展、人和运动的生理功能、感觉性质以及激情等笛卡尔研究过的自然哲学问题。

二、笛卡尔哲学的反对者

如果麦尔塞纳是笛卡尔哲学的传播者的话，那么与笛卡尔同时或稍后的伽森狄、帕斯卡则是笛卡尔哲学的反对者。

伽森狄站在唯物主义原子论的立场上对笛卡尔的二元论和唯心主义的形而上学进行了批判，运用唯物主义的经验论对笛卡尔的唯心主义的形而上学进行了批判，运用唯物主义的经验论对笛卡尔的唯心主义的唯理论进行了批判。可以说，在对笛卡尔的众多批评中，伽森狄的批判是最为全面、系统的。伽森狄对笛卡尔哲学的批判详见前面的第三、四、五、六章，在此不再赘述。

帕斯卡除了在自然哲学方面不同意笛卡尔"虚空不存在"的观点外，在方法论和形而上学方面，他认为，理性主义的几何学精神只能建立公理体系，但不能证明第一原理、第一原则。因为理性（reason, laraison）是有限制的，在理性之外还有"心"（Heart, le coeur），还需要直觉主义的敏感性精神，只有它才能够发现第一原理、第一原则。因而，理性主义低于直觉主义，理性低于直觉，哲学低于信仰。这实际上是对笛卡尔的理性主义的挑战。

帕斯卡指出，笛卡尔过分抬高理智或理性的作用是一种理性的独断。帕斯卡是要充分地肯定几何学方法的作用，但不像笛卡尔那样无限地抬高；帕斯卡注意理性和科学的价值，但不过分穿凿，认为也应该看到它们的局限性。在批判地考察了理性和几何学方法之后，帕斯卡指出了它们的以下缺陷：

第一，理性和几何学方法不能定义原始概念，不能证明第一原则。例如数学的确实性是不能仅凭理性来保证的，它必定另有基础。原始概念和第一原则虽然不能被理智或理性所证明，然而它们却是十分可靠的知识，这说明它的可靠性另有保证，那就是人心或内心，即人的直觉或本能，它是真理和知识的另一种保证，是理智或理性的基础。

第二，理性和几何学的方法不能建立人的科学。对人的生存状况、前途和命运、幸福和痛苦、伟大和渺小是不能进行推理与演绎的。如果说几何学的推理方法是适合自然科学的话，那么它对于人来说完全无用，理性思维不能完全解决人类生存的状况问题，我们不能将人类自身的状况完全归结为数学公式和几何学的推论。人类社会的一切制度都是由习俗造成的，有许多非理性的东西，不能完全用理性来解释。

第三，理性和几何学方法在形而上学和宗教领域也是无效的。笛卡尔企图在形而上学的沉思中用理性来证明上帝的存在，认为只有用理性对上帝的存在进行证明之后，才能使更多的人去相信上帝。帕斯卡认为，理性的活动与宗教信仰无关，理性不能证明上帝的存在和性质，基督教的真理不能由几何学的方法、先验的演绎推理来证明。

帕斯卡对于理性的分析和批判就是向我们表明，理性和几何学的方法并不是我们认识真理的唯一手段；并且数学和科学的真理对于人来说并不是最重要的，人除了求真而外，更重要的还是要求善、求美。不要对理性做过分的使用，认为理性万能、理性至上是理性主义的一种傲慢和偏见。在17世纪这样一个理性主义的时代，帕斯卡敢于对理性主义进行批判，这体现了他的思维敏锐性和理论胆魄。

三、笛卡尔哲学的继承者

笛卡尔的哲学在生前就已传播开来，并且遭到教会的排挤和打击，1663年天主教会把笛卡尔的全部著作列为禁书，1671年法国国王路易十四下令禁止在大学中讲授笛卡尔哲学。尽管如此，笛卡尔哲学还是广泛地流传，拥有许多追随者，形成了两个与笛卡尔相关的学派，即笛卡尔学派（Cartesians）和"理性派"或"唯理论"（Rationalism）。

笛卡尔学派又分为两支：一支是以法国的哲学家马勒伯朗士为代表的偶因论（Occasionalism），一支是以荷兰医学家雷吉斯（H. Regius，法文名 Le Roy，1598—1679）为代表的物理学的机械论，它们都是继承和修正了笛卡尔关于心身关系的问题提出来的。偶因论本身也有多种形态，在荷兰有格林克斯的偶因论，在德国有克劳伯格（Jean Clauberg，1622—1665）的偶因论，在法国有路易·德·拉福格［Louis de la Forge，生卒年不详，1666年曾发表了《根据笛卡尔的原则论人的精神的机能及其与身体的联系》(*Traité de l'esprit de l'hommé et Traité de L'âme humaine*)］的偶因论，还有科德莫瓦（Géraudde Cordemoy）和马勒伯朗士的偶因论。

科德莫瓦是一位语言学家、历史学家、律师，曾任法国皇太子的老师，在哲学上信奉笛卡尔，曾著有《身心区别和统一十论》(*Discernement du corps et a L'âme*，1666)、《话语物理学漫谈》(*Discours physique de la parole*，1668)和《形而上学、历史和政治杂论》(*Divers traités de méta physique，d'histoire et de politique*，1691)等。它使偶因论系统化，为马勒伯朗士的偶因论做准备。他是从笛卡尔的机械论特别是"动物是机器"的思想中引出偶因论的。他首先将一切运动形式都归结为位置的移动，将人的身体看作一架机器，并通过一系列的定义、定理和推理得出结论，任何形体都不能自己运动，第一推动力必然是一个精神。但是我们的精神是不能引起、阻止或加速运动的，只能改变它的方向。精神的推动者只能是上帝，因果性被归结为物质碰撞中的一连串运动。也就是说，上帝才是运动的根本原因，而现实因果性只是运动的一些偶因。把这理论推广到身心联系上，他认为心灵是身体活动的偶因，身体的活动是心灵活动的偶因。其实，拉福格在科德莫瓦《身心区别和统一十论》一书出版前就已经提出了"偶然原因"（Cause occasionelle）一词。科德莫瓦把偶因论运用到运动物理学和心身关系问题上，并且进一步把偶因论推广到我们的感知能力和意志能力上，认为精神推动我们朝着它运动，但与物体不同，精神有一种自由的能力中断这种运动。

马勒伯朗士从笛卡尔的心身二元论出发，受科德莫瓦的影响，建立了哲学的偶因论形态，把神作为我们一切运动的真正原因和动力，是自然界运动的总原因，自然界一切具体事物运动变化的原因只是一些偶因、机缘，是第二原因，最终的必然性是来自上帝的一般法则。灵魂和肉体也不能直接相互作用，也是上帝通过偶因使它们相互作用。精神和物体的相互作用、精神对物体的认识只有通过上帝才有可能。马勒伯朗士认为，世界上的万事万物都是由上帝的意志决定的，如果离开了上帝，一切事物都不存在，一切运动都不可能。首先，世界和我们是被神创造和持续创造（保存）的，如果神有一瞬间停止了他的意志，世界和我们就马上变成虚无。其次，神是我们一切运动的真正原因和动力。上帝在创造世界时赋予自然界一些"一般法则"，它是自然界运动的总原因。自然界一切具体事物运动变化的原因只是一些偶因、机缘，它们最终的必然性是来自上帝的一般法则的，所以上帝是真正的原因或一般原因，而自然的原因不是真正的原因，是第二原因。灵魂和肉体也是不能直接相互作用的，而是上帝通过某种偶因、机缘使它们相互作用，如上帝通过灵魂有某种思想的机缘而使身体做相应的运动，凭借身体中有某些运动的机缘而使灵魂有相应的思想，这种相互作用是上帝特殊意志的体现。我们的一举一动都是上帝安排的。上帝时时刻刻关怀着我们，如果没有上帝的帮助，我们甚至不能弹我们的手指。莱布尼茨讽刺这种偶因论是把上帝描写成一个蹩脚的钟表匠。再次，如果离开了上帝，我们就不能有任何认识。因为精神和物体是不能相互作用的，精神不能直接看到物体，不能认识物体，并且精神本身没有产生观念的能力，只有在上帝之中才有物体的观念，在上帝之中才包含了万物的观念，只有通过上帝才能看见万物。只有上帝才是一个真正的认识主体，而有限的精神根本不可能成为真正的认识主体，更谈不上能动的认识主体。上帝是我们的光明，没有上帝我们就什么也不能认识；知识的普遍必然性是靠上帝来保证的。马勒伯朗士从笛卡尔的第一哲学出发走向了神学的唯心主义。

笛卡尔学派的另一支以当时笛卡尔的学生雷吉斯和后来的18世纪法国唯物主义者、著名的医生拉美特里为主要代表。他们继承了笛卡尔物理学中的机械唯物主义的一元论，来反对笛卡尔第一哲学中的二元论。

雷吉斯是荷兰乌特勒支大学的医学家，起初是笛卡尔哲学的信奉者，后来成为笛卡尔的论敌。他重点继承和发挥了笛卡尔的物理学，著有《物理学初步》（*Fundamenta physicae*，1646）一书，但后来笛卡尔对他不满意，竭力和他划清界限。笛卡尔在给《哲学原理》一书法文版作序时指出："有一个人可能被大家看成是最为信服我的意见的，我也曾说过，我是十分相信他的天才的，他所有的意见我都高兴地承认就是我的意见。""一年前他出版了一本书题为《物理学初步》，虽然他在书中明确地说过，他关于物理学和医学所写的一切都是出自我已经出版的那些著作和落入他人之手的关于动物本性的手稿，然而，因为他抄袭拙劣，颠倒了顺序，否认了全部物理学应该立于其上的形而上学的确实真理,因此,我不得不完全否认他的作品,并请求读者不要把那些不是在我的著作中明白地表述出来的任何意见当成是我的。而且,任何意见无论是在我的书中或在别处,如果不是从真正的原理演绎出来,就不要把它当作真实的加以接受。"① 因为雷吉斯从笛卡尔的学生成为笛卡尔的论敌,笛卡尔十分恼火,因此他要极力否认雷吉斯的观点和他的联系,但实际上雷吉斯对传播和继承笛卡尔的物理学是起过很大作用的。

18世纪法国的唯物主义哲学家们,特别是拉美特里和卡巴尼斯(Pierre Jean Georges Cabanis)也继承和发展了笛卡尔"动物是机器"的机械唯物主义的思想。拉美特里在笛卡尔的"动物是机器"的思想基础上提出了"人是机器"的思想,把自己的哲学称为"人体哲学"。他的人体哲学的主要目的是解决笛卡尔提出的心灵和肉体的关系问题,主要表现为心灵依赖肉体,依赖大脑和身体的各种器官及组织,心灵随身体一起形成、长大和萎缩,"各式各样的心灵状态,是和各种身体状态永远密切地关联着的"②。心灵的活动、思想要借助感官接受外部对象的刺激,否则就不可能获得各种各样的观念和知识。人就是一架机器,"比最完善的机器再多几个齿轮,再多几条弹簧,脑子和心脏的距离成比例地更接近一些,因此,所接受的血液更充分一些,于是那个理性就产生了,难道还有什么别的不成?"③ 拉美特里描绘的是一幅机械的图景,理性和情感都是由物质的组织造成的,思想是机械的运动。这些观点对霍尔巴赫等人产生了很大的影响。霍尔巴赫也否认"灵魂"实体的存在,认为平常所说的灵魂实际上是物质性的东西,是身体的一部分,灵魂的作用都借助于大脑这个内在的器官进行着。他把人看成是一个物理的东西,其行动受必然的规律所支配而完全没有自由。如前所述,笛卡尔的第一哲学提出了心身统一和自然科学。靠近代科学的发展,从非感性、超验的领域下降到感性的经验的领域,身和心、物质和意识的关系才能得以解释。拉美特里就是沿着这条路线走的,可以说基本方面是正确的,但是又走到了机械论的片面,因此仍未能合理地解决这一问题。

---

① Oeuvre de Descartes, Tome Ⅸ-2:Principes de la Philosophie. Charles Adam et Paul Tannery. Paris, 1904:19—20.
② 拉美特里. 人是机器. 北京:商务印书馆,1959:25.
③ 同②52.

另一个从笛卡尔开始的哲学流派是唯理论。斯宾诺莎和莱布尼茨是笛卡尔的继承者，他们继承了笛卡尔确立的理性主义原则，反对笛卡尔的二元论。

为了消灭笛卡尔的二元论，斯宾诺莎把笛卡尔提出的两类三种实体（一类是有限的精神和物体，一类是无限的上帝），变成一种实体，这种实体就是统一的、无所不包的整个"自然""神"。笛卡尔的三个实体，在斯宾诺莎这里变成了一个实体，这样不仅消除了精神和物体的二元对立，而且也消除了无限和有限的对立。但是，斯宾诺莎并没有彻底消除二元论，思想和广延成为同一实体的两个相互平行而永远不相互发生关系的两大系列，这样实体二元论的矛盾就变成了属性二元论的矛盾。另外，斯宾诺莎的实体是一、无限的、不动不变的、绝对的，而实体的样式是多、有限的、变化的、相对的。这样，笛卡尔的有限与无限的矛盾又隐含在实体与样式的关系之中。

在知识的来源和可靠性问题上，斯宾诺莎继承了笛卡尔的理性主义原则，将知识分为四类，第一、二类是传闻和泛泛得来的知识，它们是不可靠的；第三类是由推理得来的知识，它基本是可靠的；第四类是从理性直观得来的知识，它能直接洞见事物的本质，是最可靠的。在真理标准问题上，斯宾诺莎同意笛卡尔以观念的清楚明晰为标准，认为真观念的"内在标志"就是它的清晰、恰当，真观念自身就是自身的标准等等。斯宾诺莎也和笛卡尔一样，把几何学的知识看作普遍必然的真理，并力图用几何学的方法来建构他自己的哲学体系。

莱布尼茨消灭了"物质实体"，只留下了精神实体"单子"，世界上的万事万物都是由这种单纯的实体复合而成的。单子是一种特殊的灵魂。它的主要功能是"知觉，因知觉程度不同单子分为无数等级，上帝是一种最高的单子，其他一切单子都是由上帝创造出来的，上帝和一般单子的矛盾仍然是无限和有限的矛盾"。莱布尼茨虽然否定以广延为本质的物质实体，但他并不否认人有形体。对于笛卡尔提出的心身问题，莱布尼茨认为，"灵魂依据目的因的规律，凭借欲望、目的和手段而活动，形体依据动力因的规律而活动"，但是，它们又是彼此一致的，"这两个界域，动力因的界域和目的因的界域，是互相协调的"①。这种一致与和谐是"一切实体的预定和

---

① 16—18世纪西欧各国哲学. 北京：商务印书馆，1975：497.

谐"，上帝在创造每一个单子时，就将它们的一切活动和变化都预先安排好了，这就是莱布尼茨的"预定和谐论"。

在认识真理问题上，莱布尼茨坚持"唯理论"，继承了笛卡尔的"天赋能力说"，认为"观念与真理是作为倾向、禀赋、习性和自然潜能而天赋在我们心中，并不是作为现实的作用而天赋在我们心中的，虽然这种潜在能力永远伴随着与它相适应的、常常感不到的现实作用"。他认为感性经验不能是普遍必然知识的来源，纯粹数学、逻辑学和形而上学等只能来自理性自身。当然他并不完全否认感觉经验，认为必然真理即推理的真理之外，还有一种偶然的真理、事实的真理，它是依赖于经验的。衡量必然真理的标准是"矛盾原则"，衡量偶然真理的标准是"充足理由原则"。莱布尼茨虽然认为知识的普遍必然性来自理性，但他并没有否认上帝的作用。"上帝的理智乃是永恒真理的所在地，或永恒真理所依赖的理念的所在地。"必然真理依赖于上帝的理智，而偶然的真理依赖于上帝的意志，所以上帝仍是信念真理性的最后保证。这些思想都是深受笛卡尔哲学影响的表现。

除了直接从笛卡尔产生出这两个哲学学派之外，笛卡尔第一哲学对19世纪的德国古典哲学也产生了很大的影响，由笛卡尔开始的理性论和由培根开创的经验论成为德国古典哲学的重要理论来源。

康德剥掉了笛卡尔第一哲学的本体论外壳，而继承了其中认识论的内容。康德批判了笛卡尔第一哲学所要证明的上帝存在和灵魂不死，批判了笛卡尔承认的灵魂实体和物质实体的独立存在，而合理地吸收了笛卡尔认识论方面的思想，把它发展成为以考察人的认识能力为根本任务的批判哲学。康德继承了笛卡尔关于认识能动性的思想，把笛卡尔的"经验的我思"变成了先验的自我意识，把认识看成是统觉、自我意识的综合统一。康德崇尚理性，以人为中心，提出了"人为自然界立法"的思想，使哲学实现了从以客体、对象为中心到以人、主体为中心的"哥白尼式革命"。这实际上是笛卡尔提出的"我思故我在"和理性至上的理性主义原则的一种升华。

黑格尔称赞笛卡尔的第一哲学从"思想""意识"开始，它标志着哲学从"自我意识"开始。但他认为笛卡尔的精神、思维只是一种主观的精神，而不是一种客观精神。黑格尔的"绝对精神"则是一种客观的精神，一种"理性的""逻辑的""宇宙精神"。笛卡尔认为，认识主体是一个精神实体即灵魂，而认识客体是物质实体即物体，主体和客体是两个独立的实体。黑格尔则认为绝对精神既是实体又是主体，它是唯一客观地独立存在的实体，是宇宙万物的本原或基础、本质或灵魂，同时，它又作为主体辩证地发展着，是一切自然、社会和思维的现象过程的外部表现。这种绝对精神既是认识主体又是认识客体，它是以自身认识为对象的。黑格尔把笛卡尔那里对立面的两个方面（精神和物体）变成一个连续的相互转化的过程，变成了一种自身的同一，从而克服了笛卡尔的二元论和交感论。

费尔巴哈的人本学是要解决笛卡尔提出来的灵魂和肉体关系即心身关系问题。费尔巴哈意识到肉体和灵魂，即物质和精神的关系问题是唯物论和唯灵论之间长期争论的关键。他认为灵魂和肉体是统一的，灵魂依赖肉体，同肉体一起成长、消亡。思维、意志、情感等是大脑的属性，大脑是思维的器官，是物质高度发展的产物。物质能思维，思维是高度发展的物质——大脑的特性。但是，费尔巴哈并不把思维等同于物质的生理活动，而承认精神的独立性，认为精神是一种非物质的活动。费尔巴哈这种灵魂和肉体相统一的思想闪耀着科学唯物主义的光辉。

可见，笛卡尔的第一哲学对整个欧洲近代哲学产生了不同程度的影响和启发，特别是他提出的二元论为近代哲学研究"思维和存在的统一"创造了直接的逻辑前提。笛卡尔哲学是近代哲学的起点，不懂得笛卡尔哲学就不能深入地理解欧洲近代哲学。由笛卡尔开始的理性论和由培根开创的经验论成为德国古典哲学的重要理论来源；从 19 世纪末到 20 世纪上半叶的科学主义和人本主义，都分别从笛卡尔哲学中吸取了不同的养分。直至今天，活跃于欧洲大陆的现象学和英、美、澳等英语国家的分析哲学、科学哲学和心智哲学，都可以从笛卡尔那里追溯到理论来源。

四、笛卡尔哲学的生命力

笛卡尔是理性主义的肇始者，他用崭新的科学方法论和"我思"概念开创了哲学的新时代，因而他被看作欧洲近现代哲学的创始人之一。笛卡尔哲学（Descartes' Philosophy）成为近现代哲学（Modern Philosophy）精神的体现和象征。笛卡尔哲学被近现代哲学家们继承和发扬，有着长久的影响和旺盛的生命力。

笛卡尔认识论的一个最重要的特征就是，哲学必须从"我思"开始，从自我意识开始，崇尚的是理性而不再是权威。我思、意识和自我意识成为认识的主体，笛卡尔哲学开创了"主体性哲学"。它从三个层次对认识主体进行了全面的研究：第一个层次是精神实体、灵魂即精神性认识主体内部的理智、意志及感觉、想象诸因素之间的关系；第二个层次是作为精神实体的"灵魂"和作为物质实体的"肉体"之间的关系即心身关系；第三个层次是有限的认识主体和无限的认识主体、最高的认识主体——上帝之间的关系。在对这三个层次的关系的研究中，笛卡尔提出了认识主体的本质到底是什么，认识主体到底是能动的还是被动的，在有限的认识主体之外是否还有普遍的、无限的认识主体，认识的来源是什么，真理的标准是什么，认识的普遍必然性是靠什么来保障的，等等一系列的重要问题。这些问题决定着整个近现代哲学的发展方向，后来的哲学家们都是从不同角度对笛卡尔的这些问题做出回答。

笛卡尔哲学对于20世纪哲学的影响主要体现在三个方面：第一，笛卡尔哲学影响了以语言哲学和心智哲学为代表的英美哲学；第二，笛卡尔哲学影响了以胡塞尔的现象学为代表的欧美大陆哲学；第三，笛卡尔确立的理性主义、基础主义和本质主义等成为20世纪末现代主义哲学和后现代主义哲学争论的焦点。

1. 笛卡尔哲学与当代英美哲学

笛卡尔对当代英美哲学的影响分直接和间接两个方面。笛卡尔对于意识、观念和真理等问题的研究影响了洛克、贝克莱和休谟等哲学家，尽管他们分属经验论和理性论的不同阵营，但是他们哲学的范畴、概念、讨论的问题都深受笛卡尔的影响，可以说是笛卡尔确定了他们哲学的基调。如洛克讨论的我们的观念到底是天赋的还是从经验得来的、到底是经验的知识可靠还是直观演绎的知识可靠、真理的标准到底是主观和客观相符合还是主观内部观念间的一致性和无矛盾性等等。休谟关于分析命题和综合命题的区分直接得益于洛克和莱布尼茨的论战，而他们的论战又是以否定或捍卫笛卡尔哲学为焦点的。说到意义的检验问题，笛卡尔的"融贯论"（Coherence Theory）影响了当代语言哲学家们。笛卡尔强调，真理确实性的标志是清楚分明、不证自明、无可怀疑，按照莱布尼茨的概括就是命题的一致性和系统的无矛盾性，这些思想通过新黑格尔主义影响到逻辑实证主义者纽拉特（O. Neurath），进而影响到亨普尔（Hempel）和奎因（Quine）等人的"整体论"。

笛卡尔对于当代英美哲学影响最为明显的是"心智哲学"。心智哲学直接就是从笛卡尔的二元论和心身关系学说出发的。到底是消解还是捍卫二元论、如何修补心身相互作用论、意识的本质是什么、物质能不能思维等等直接构成了当代心智哲学的基本内容。尽管现代科学技术的发展使人们对于心智的本质及其活动规律的了解已经和笛卡尔生活的17世纪有天壤之别，20世纪六七十年代以来关于心智哲学的各种唯物主义理论层出不穷，将笛卡尔提出的问题置于神经生理学、认知科学和计算机科学等广阔的领域中来考察，但是我们认为，它们至今仍没有逃出笛卡尔的"问题阈"，仍然是围绕着消解二元论和修补心身作用论来做文章（见本书"第六章，三、心身难题与心智哲学的发展"）。

2. 笛卡尔哲学与胡塞尔哲学

20世纪著名哲学家胡塞尔是笛卡尔哲学的崇拜者，他创立的现象学是20世纪在西方影响最大的哲学流派之一。为了纪念笛卡尔，1929年他将一系列演讲结集出版，名之为《笛卡尔式的沉思》，而与笛卡尔本人的《第一哲学沉思集》相呼应，以显示胡塞尔哲学和笛卡尔哲学的历史渊源关系。

胡塞尔哲学在许多方面是以笛卡尔哲学为蓝本。首先，胡塞尔要继承笛卡尔哲学的最基本的精神，即追求现代性或新奇性、与传统决裂或非连续性、主体中心论或主体性、追求基础的确实性、依赖纯粹理性、强调正确地运用理性必定不可避免地达到结论的普遍性和必然性。因此，主体性、理性主义、本质主义和基础主义成为笛卡尔和胡塞尔的共同特征，也成为哲学现代性的体现。因此，胡塞尔也成为继笛卡尔之后的极端理性主义的代表。但胡塞尔要克服笛卡尔哲学中的不足之处，将近现代哲学的精神或现代性推到极致。其次，胡塞尔哲学的方法和笛卡尔的方法有许多共同之处，例如，胡塞尔的"中止判断"（epoche）或曰"悬置"、"括弧法"和笛卡尔的"普遍怀疑"方法是异曲同工的。胡塞尔为了寻找一个可靠的知识开端，而对一切给予的东西的存在问题"中止判断"，将它们"悬置"起来、放进括弧里；而笛卡尔为了找到一切可靠知识的基础，即"阿基米德式的点"，必须对以往接受的一切知识进行一次普遍的怀疑。另外，胡塞尔的"本质还原方法"也是从笛卡尔那里得到启示的。笛卡尔认为，事物的本质，从最单纯的本质（simple nature, 亦称简单性质）到各种天赋观念、最基本的逻辑规律和数学规律都能在直观中清楚、分明地体现出来。同样，胡塞尔认为，直观是一种最直接的认识，一切本质都可以直观到，"直接的给予"和"纯粹现象"都在直观中显现出来，我们通过直观"面向事物本身"。可以说，胡塞尔"现象学的还原"方法是笛卡尔哲学方法的一种彻底的形式。

但与笛卡尔不同的是，胡塞尔认为，笛卡尔虽然在普遍怀疑之后，得出了"我思故我在"这一不可怀疑的事实，但是在他分析"我是什么"和"我在"的时候，又得出了"我是一个思想的东西"的结论。胡塞尔认为，笛卡尔又在纯粹的、透明的意识中重新引进了不透明的东西，又重新使意识具体化、实物化，重新把意识变成了"东西"，这样又重回老路，失去了他思想的新奇性和现代性。而胡塞尔的现象学的还原要进行"先验的转变"，转变到与经验的或心理—物理的意识相对立的纯粹先验意识。笛卡尔的"我思"仍然是一种经验的、心理的东西，而胡塞尔则要求转向超验或先验，因而是一种先验的主观唯心主义。

胡塞尔的哲学掀起了一场"现象学的运动"，海德格尔，包括萨特、梅洛-庞蒂在内的存在主义和伽达默尔（Hans-Georg Gadamer）、利科（Paul Ricoeur）等人的解释学等哲学思潮都源于胡塞尔。因而可以说，笛卡尔对当代欧洲大陆哲学的发展也产生了直接和间接的影响。

3. 笛卡尔与后现代主义哲学

如果说胡塞尔要继承笛卡尔哲学的基本精神，即现代性、主体性、本质主义、基础主义，那么后现代主义对这些问题同样感兴趣，但是它是把笛卡尔哲学的基本精神作为它攻击或解构的对象。后现代主义者反对从笛卡尔开始的理性主义哲学、启蒙运动，19世纪以康德、黑格尔为代表的德国古典哲学，马克思主义哲学，孔德的实证主义，20世纪的马克斯·韦伯（Max Weber）的哲学，萨特的存在主义，弗洛伊德的精神分析和哈贝马斯（Jürgen Habermas）的交往行为理论，等等。可以说，后现代主义哲学就是以摧毁建立在笛卡尔哲学精神的基础之上的现代主义哲学为目的的。

首先，后现代主义哲学对西方自柏拉图、亚里士多德经笛卡尔直至康德、黑格尔的形而上学传统进行了彻底的批判。德里达（Jacques Derrida）认为，从传统的形而上学到笛卡尔的形而上学，都是以二元论或两极性为思想前提的，它将一系列概念、范畴对立起来，善对恶，存在对虚无，在场对不在场，真理对错误，同一对差异，心灵对物质，男人对女人，灵魂对肉体，生对死，自然对文化，说话对写作。在这些对立中，对立两极的地位并不是独立的、平等的，每一组中的第二项被看作第一项的否定、败坏、缺乏，或是由第一项陷落而来，例如不在场是在场的缺乏，恶是由善而陷落，错误是对真理的歪曲。在概念体系的秩序中总是给予前一项以优越性，在这些二元对立中就是要使统一性、同一性、直接性、时空的当下性优越于差异、异化、距离和延迟。西方形而上学在回答存在（being）问题时，总是把存在确定为"在场""当下存在"，这就是以"当下存在"为中心的本体论。

其次，后现代主义哲学对于笛卡尔哲学中占主导地位的"理性"概念进行了怀疑和挑战。他们认为传统哲学是根源于理性的总体性哲学。福柯（Michel Foucault）描述到，从文艺复兴到笛卡尔，理性这个沉睡的巨人觉醒之后，赋予世界以理性的秩序，控制了社会生活和精神生活的各个方面，特别是自 18 世纪以来，理性发生了大爆炸，人类的一切行为都受制于现代话语的"帝国主义"和权力/知识统治。启蒙运动的任务就是要使理性的政治力量多样化，把它撒播到社会的每一个领域，占满日常生活的全部空间，现代理论把理性看成是知识和真理的基础。

福柯站在后现代主义的立场上，认为作为启蒙运动的神话的理性，是一种统一的、总体化、极权化的理论模式，它模糊了社会领域的分化的多元的性质，在政治上赞成一致性、同质性而压制多元性、多样性和个体性。因此，理性是还原性的、强制性的和压迫性的。后现代主义与此相对立，应高扬不可通约性、差异性和零散性（fragmentation）、特殊性和间断性，应该用知识形式的多样性和微观分析去超越总体性、总括性和强制性。

再次，笛卡尔哲学一个最大的特点就是高扬了人的主体性。笛卡尔的"我思故我在"首先确立了精神性主体的存在。具有自我意识和自由意志的主体可以摆脱机械决定论的支配，它能认识世界，把握物质世界的本质。启蒙思想家们把人确立为自主的、自由的、理性的实体。康德的"哥白尼式革命"又把人的主体性上升到了"人为自然界立法"的新的高度。黑格尔"实体即主体"的思想把人的主体性推崇为推动世界自我展现、自我认识的"绝对精神"。因此，人的主体性达到了顶峰。主体性哲学强调人是世界的主人，人在发挥主体性的条件下，可以不断地认识世界、控制世界，为了谋求人类的幸福，人可以利用外界一切可以利用的东西来为自己服务。

人道主义是以主体性为基础的，它从共同的人性出发，认为人既是自然的产物，又是自然的中心，高扬人的价值、人的地位、人的尊严，宣扬"自由、平等、博爱"是天赋人权，提倡个性解放和人的全面发展。这些思想成为资产阶级世界观的一部分，它对把人从封建神学的压迫下解放出来有着积极的历史作用。主体性和人道主义是启蒙主义的集中体现。

海德格尔认为近现代哲学一方面把人的本质归结为生物性的本质，另一方面以人为中心，把人看作一切存在者的主体和掌握者，特别是自笛卡尔以来，强调人的主体性，把人作为主体和存在者的基础，在为人自己的目的而组织起来的世界中规定每一个存在者的真正地位，而作为客体的存在者只有在人将其置于表象中时它们才是真正的存在物。主体性和人道主义对于事物价值的评价是视其帮助实现人的本质的能力、对人的利弊而言的。海德格尔的后期哲学坚决地反对这种主体性和人道主义的哲学，认为人不应该是存在者的主人，一切存在者的存在的显现并不是由人决定的，而是由存在决定的，存在自己展现自身的真理，人是在存在的近处，人是存在的邻居。

后现代主义者福柯追随尼采和海德格尔，把主体性和人道主义联系起来加以批判，提出了"人的死亡"或"人的消失"的著名命题来反对主体性和人道主义。福柯认为，尼采宣布"上帝死了，这就是人死了的先兆，因为上帝死了，人就没有了命运的主宰、生活的目的和价值标准，人失去了生存条件，所以人也死了"。

最后，笛卡尔是近代认识论的创立者。后现代主义认为，在笛卡尔—洛克—康德哲学的现代主义传统中，把认识看作心灵或精神对于外部世界的表象，心灵如同一面镜子，就像镜子反射外部物体一样，真理就是主体对客体的正确表象，主体无须中介就可接近实在，把握外部世界的本质和规律。这就是"表象论"的认识论。这种认识论也是一种基础主义，它认为知识和真理必有其基础和绝对基石，而理性主体是支撑着知识或全部认识论的"阿基米德式的点"。知识的真理性或可靠性的基础来自心灵的直观或天赋的纯粹知性概念的确实性和普遍性。

后现代主义在认识论上主张透视主义和相对主义，来反对现代主义的表象论和基础主义。福柯反对单一的分析框架，拒绝在一种哲学体系中或从一种中心优势点来系统地把握全部实在，而赞成尼采的透视主义，否认事实的存在而坚持只有对世界的解释。世界的意义不是单一的，而是具有不可计数的意义。解释世界的方式是无限的，我们应该寻求对于现象的多种解释。还有一些后现代主义者采取相对主义的态度，他们认为理论最多只能提供对象的部分景观，对于对象的全部认识表象都是以历史为条件，以语言为中介的。意识、同一、意义等是历史地产生的，也是随着历史变化而变化的。

从以上三个方面我们可以看出，笛卡尔哲学在 20 世纪哲学中，无论是在英美哲学中还是在大陆哲学中都仍然发生着重要的影响。后现代主义哲学企图消解笛卡尔确立的理性主义哲学，但是，理性主义是不是因为后现代主义的批判和消解就因此而消亡了呢？似乎并非如此。笛卡尔哲学在 21 世纪的命运又将如何？这将留给未来去评说。

参考书目

一、外文参考书目

1. Oeuvre de Descartes. publiées par Charles Adam et Paul Tannery. Paris：Léopold Cerf，Imprimeur-Éditeur.

笛卡尔全集. 查理・亚当，保罗・特纳里，编. 巴黎. Léopold Cerf 出版社.

Tome Ⅲ：Correspondance Ⅲ. 1899.

第 3 卷. 通信集Ⅲ. 1899.

Tome Ⅵ. Discours de la méthode et essais. 1902.

第 6 卷. 谈谈方法和三篇论文. 1902.

Tome Ⅸ-1：Méditations. 1904.

第 9 卷第 1 册. 第一哲学沉思集. 1904.

Tome Ⅸ-2：Principes de la Philosophie. 1904.

第 9 卷第 2 册. 哲学原理. 1904.

Tome Ⅹ：Recherche de la verité. 1908.

第 10 卷. 探求真理. 1908.

Tome Ⅺ：Passions de l'âme. 1909.

第 11 卷. 灵魂的激情. 1909.

2. The Philosophical Works of Descartes：Vol. 1-2. Rendered into English by Elizabeth. S. Haldane and G. R. Ross. Cambridge University Press, First Edition 1911. Reprinted with corrections 1973，1970.

笛卡尔哲学著作集：第 1 卷，第 2 卷. 伊丽莎白・S. 哈尔丹和 G. R. 罗斯英译本. 剑桥大学出版社，第一版 1911 年，修订重印第

1 卷 1973 年，第 2 卷 1970 年。

3. The Philosophical Writings of Descartes. 2 vols. edited and translated by John Cottingham et al. Cambridge University Press，1985.

笛卡尔哲学著作集：第 1 卷，第 2 卷. 卡丁汉，等编译. 剑桥大学出版社，1985.

4. Descartes' Conversation with Burman. translated with introduction and commentary by John Cottingham. Oxford. Clarendon Press，1976.

笛卡尔与柏曼的谈话. 卡丁汉英译本. 牛津：克拉兰顿出版社，1976.

5. Descartes' Philosophical Letters. translated by Anthony Kenny. Oxford University Press，1970. First paperback edition by University of Minnesota Press，1981.

笛卡尔哲学通信. 安托尼·肯尼英译本. 牛津大学，1970. 明尼苏达大学出版社，1981.

6. Descartes. par Pierre Mesnard. Paris：Seghers Philosophie，1974.

笛卡尔. 皮埃尔·梅纳，编著. 巴黎：西格尔哲学出版社，1974.

7. The Essential Descartes. edited and with introduction by Margaret D. Wilson. New American Library，1969.

笛卡尔精粹. 玛格丽特·D. 威尔逊，编. 新美书社，1969.

8. Kemp Smith. New Studies in the Philosophy of Descartes. London：Macmillan Co. Ltd，1952.

康浦·斯密. 笛卡尔哲学新探. 伦敦：麦克米兰有限公司，1952.

9. Bernard Williams. Descartes. The Project of Pure Enquiry. Penguin Books Ltd，1978.

贝尔纳·威廉. 笛卡尔：纯粹研究的计划. 企鹅丛书，1978.

10. Henri Gouhier. Les Première Pensée de Descartes. Paris：Libarairie Philosophique J. Vrin. 1958.

亨利·古耶. 笛卡尔的早期思想. 巴黎：让·弗兰哲学书店，1958.

11. Leon Roth. Descartes' Discourse on Method. Oxford. Clarendon Press. First edition，1937.

利昂·罗特. 笛卡尔的方法论. 牛津：克拉兰顿出版社，1937.

12. Desmond M. Clarke. Descartes' Philosophy of Science.

Manchester University Press, 1982.

德斯蒙德·M. 克拉克. 笛卡尔的科学哲学. 曼彻斯特大学出版社, 1982.

13. Jean Wahl. Tableau de la Philosophie Francaise. edition Gallimard, 1962.

让·华尔. 法国哲学概要. 加利马尔, 1962.

14. Copleston. History of Philosophy: Vol. 4. Image Books Edition, 1963.

科普斯顿. 哲学史: 第4卷. 影像书社, 1963.

15. Margaret D. Wilson. Descartes. London: Routledge and Kegan Paul Ltd., 1978.

玛格丽特·威尔逊. 笛卡尔. 伦敦: 劳特利奇与基根·保罗出版公司, 1978.

16. Pang Cheng-ren. L'idée du Dieu de Marlebranche et l'idée du Li de Tchu-xi. Paris. Librarairie Philosophique J. Vrin, 1942.

庞景仁. 马勒伯朗士的"神"和朱熹的"理". 巴黎: 让·弗兰哲学书店, 1942.

17. Descartes—Critical and Interpretive Essays. Micheal Hooker edited. The John Hopkins University Press, 1978.

对笛卡尔的批判与阐释. 迈克尔·胡克尔, 主编. 约翰·霍布金斯大学出版社, 1978.

18. Majorie Grene. Descartes. The Havester Press, 1985.

马乔里·格勒. 笛卡尔. 哈维斯特出版社, 1985.

19. The Encyclopedia of Philosophy. Paul Edward Editor in Chief. Macmillan Publishing Company Inc and Free Press, 1967.

哲学百科全书. 保罗·爱德华, 主编. 麦克米兰出版公司和自由出版公司, 1967.

20. Encyclopaedia Universalis: Vol. 5. Cortes. Elaslicite. Encyclopaedia Universalis France Editeur A Paris.

百科全书: 第5卷. 法国巴黎大百科出版社.

21. Peter Simpson. The Nature and Origin of Ideas. The controversy over innate ideas reconsidered. International Philosophy Quarterly, Vol. 25, 1985 (3.1).

彼特·辛普森. 观念的来源和本性. 天赋观念争论的再思考.

国际哲学季刊，1985，25（3.1）.

22. Jaynes. D. Stuart. Descartes' Proof of the External World. History of Philosophy Quarterly，Vol. 3，1986（1.1）.

雅纳·D. 斯图尔特. 笛卡尔对外部世界的证明. 哲学史季刊，1986，3（1.1）.

23. Bulletin de la Société francaise de Philosophie，1992（36）.
法国哲学学会会刊，1992（36）.

24. Jenny Teichman. Philosophy and the Mind. edited by Basil Blackwell. 1988.
珍妮·泰克曼. 哲学和心灵. 布莱克韦尔，编. 1988.

二、中文参考书目

1. 笛卡尔. 第一哲学沉思集. 商务印书馆，1986.
2. 笛卡尔. 哲学原理. 商务印书馆，1958.
3. 16—18 世纪西欧各国哲学. 商务印书馆，1975.
4. 北京大学哲学系外国哲学史教研室. 古希腊罗马哲学. 商务印书馆，1961.
5. 逻辑经验主义：下册. 洪谦，主编. 商务印书馆，1984.
6. 亚里士多德. 形而上学. 商务印书馆，1959.
7. 拉美特里. 人是机器. 商务印书馆，1959.
8. 詹姆斯. 彻底的经验主义. 上海人民出版社，1965.
9. 罗素. 我的哲学的发展. 商务印书馆，1982.
10. 罗素. 人类的知识. 商务印书馆，1983.
11. 艾耶尔. 语言、真理与逻辑. 上海译文出版社，1981.
12. 梅洛-庞蒂. 知觉现象学. 商务印书馆，2001.
13. 瓦托夫斯基. 科学思想的概念基础. 求实出版社，1982.
14. 黑格尔. 哲学史讲演录：第 4 卷. 商务印书馆，1978.
15. 文德尔班. 哲学史教程：上卷. 商务印书馆，1978.
16. 罗素. 西方哲学史：下卷.
17. 梯利. 西方哲学史：下卷. 商务印书馆，1979.
18. 陈修斋，杨祖陶. 欧洲哲学史稿. 湖北人民出版社，1984.
19. 奥·符·特拉赫坦贝尔. 西欧中世纪哲学史纲. 中国对外

翻译出版公司，1985.

20. 索柯洛夫．文艺复兴时期哲学概论．北京大学出版社，1983.
21. 奥依则尔曼．14—18世纪辩证法史．人民出版社，1985.
22. 经验主义和理性主义．陈修斋，主编．人民出版社，1987.
23. 刘放桐，等．现代西方哲学．人民出版社，1981.
24. 夏基松．现代西方哲学教程．上海人民出版社，1985.
25. 舒炜光，等．当代西方著名哲学述评．人民出版社，1987.
26. 现代西方著名哲学家评述：上、下集．杜任之，主编．三联书店，1980，1984.
27. 西方著名哲学家评传：第1、2、4、6卷．山东人民出版社，1984.
28. 萨特．存在主义哲学．商务印书馆，1963.
29. 西方逻辑史．马玉珂，主编．中国人民大学出版社，1985.
30. 施太格缪勒．当代哲学流派．商务印书馆，1986.
31. 李泽厚．批判哲学的批判．人民出版社，1979.
32. 李质明．康德《导论》述评．福建人民出版社，1984.
33. 存在主义哲学．徐崇温，主编．中国社科出版社，1986.
34. 姚鹏．笛卡尔的天赋观念说．求实出版社，1987.
35. 李杜．中西哲学思想中的天道与上帝．台北联经出版事业公司，1970.
36. 理查德·泰勒．形而上学．上海译文出版社，1984.
37. 海森伯．物理学和哲学．商务印书馆，1984.
38. 斯蒂芬·梅．自然科学史．上海译文出版社，1975.
39. 比埃尔·米盖尔．法国史．商务印书馆，1985.
40. 尚新建．笛卡尔．河北人民出版社，1997.
41. 汪堂家．自我的觉悟——论笛卡尔和胡塞尔的自我学说．复旦大学出版社，1995.
42. 冯俊．笛卡尔第一哲学研究．中国人民大学出版社，1989.
43. 冯俊．法国近代哲学．台湾远流出版公司，2000.
44. 冯俊．当代法国伦理思想概论．台湾远流出版公司，1994.
45. 冯俊．笛卡尔．世界圣哲全传：上卷．中国人事出版社，1998.
46. 张志伟，冯俊，等．西方哲学问题研究．中国人民大学出版社，1999.
47. 汤姆·索雷尔．笛卡尔．中国社会科学出版社，1992.

48. 冯俊，等. 后现代主义哲学讲演录. 商务印书馆，2003.
49. 庞景仁. 马勒伯朗士的"神"的观念和朱熹的"理"的观念. 商务印书馆，2004.
50. 冯俊. 法国近代哲学. 同济大学出版社，2005.

后　　记

　　我1989年在中国人民大学出版社出版《笛卡尔第一哲学研究》一书，在修订该书的基础上，2005年中国人民大学出版社出版了《开启理性之门——笛卡尔哲学研究》一书，这次出版社又将此书收入"当代中国人文大系"。

　　1982年初，我在陈修斋教授和杨祖陶教授的指导下读硕士研究生，开始研究英国经验论和大陆理性论。1985年初，我又师从庞景仁先生读博士生，学习和研究法国哲学。庞景仁先生逝世后，1987年底，我在王玖兴、苗力田二位先生的指导下完成了博士论文，也就是1989出版的《笛卡尔第一哲学研究》。后来，虽然给学生上课是从古希腊哲学讲到现代西方哲学，但就研究而言，除1994—1995年在牛津大学做高级访问学者时又重新关注一些当代英美哲学问题之外，我基本上是在法国哲学领域内徜徉。十多年来，我写过《法国近代哲学》、《当代法国伦理思想概论》、《后现代主义哲学讲演录》、《法国近代哲学史》，翻译过《笛卡尔》、《马勒伯朗士的"神"的观念和朱熹的"理"的观念》、《法国哲学史》，帮人校译过《笛卡尔与理性主义》等，这些都或多或少与笛卡尔有关。

　　由于研究生教学的需要，我们每年都要讲到笛卡尔哲学，但没有现成的教材，我在1989年出版的《笛卡尔第一哲学研究》一书市场上早已无法买到。许多兄弟院校的哲学系也经常问及我是否会重印或修订该书。于是，我将这些年涉及笛卡尔的点滴所得梳理了一下，将原来对笛卡尔所做的研究重新整理，进行了增删改写。利用去法国几次学术访问的机会，我专门拜望了有多年通信联系的法国哲学学会前任会长和国际法语国家哲学联合会前任主席雅克·董特先生。先生听说我要重写笛卡尔，欣然答应给我的拙著作序，我真是受宠若惊。2005年中国人民大学出版社出版了《开启理性之门——笛卡尔哲学研究》，读者可以看到，先生的序言确实使本书增色。此次中国人民大学出版社又将该书收入"当代中国人文大系",我又做了部分文字订正。

在此,我谨向教育过我的各位老师和多年来一直鼓励和鞭策我的雅克·董特先生表示衷心的感谢。

对中国人民大学出版社的领导、部门负责人和责任编辑及发行人员表示感谢。

冯俊
2020年7月于中国人民大学

图书在版编目（CIP）数据

开启理性之门：笛卡尔哲学研究／冯俊著.--北京：中国人民大学出版社，2021.1
（当代中国人文大系）
ISBN 978-7-300-28893-2

Ⅰ.①开… Ⅱ.①冯… Ⅲ.①笛卡尔（Descartes，Rene 1596—1650）-哲学思想-研究 Ⅳ.①B565.21

中国版本图书馆 CIP 数据核字（2021）第 008334 号

当代中国人文大系
开启理性之门
——笛卡尔哲学研究
冯　俊　著
Kaiqi Lixing zhi Men

出版发行	中国人民大学出版社				
社　　址	北京中关村大街 31 号		邮政编码	100080	
电　　话	010-62511242（总编室）		010-62511770（质管部）		
	010-82501766（邮购部）		010-62514148（门市部）		
	010-62515195（发行公司）		010-62515275（盗版举报）		
网　　址	http://www.crup.com.cn				
经　　销	新华书店				
印　　刷	北京联兴盛业印刷股份有限公司				
规　　格	155 mm×235 mm　16 开本		版　次	2021 年 1 月第 1 版	
印　　张	14.75 插页 3		印　次	2021 年 1 月第 1 次印刷	
字　　数	230 000		定　价	68.00 元	

版权所有　　侵权必究　　印装差错　　负责调换